사람을
사람으로

사람을 사람으로

지은이 | 정갑신
초판 발행 | 2018. 11. 22
등록번호 | 제1988-000080호
등록된 곳 | 서울특별시 용산구 서빙고로65길 38
발행처 | 사단법인 두란노서원
영업부 | 2078-3352   FAX | 080-749-3705
출판부 | 2078-3331

책값은 뒤표지에 있습니다.
ISBN 978-89-531-3349-5 03230

독자의 의견을 기다립니다.
tpress@duranno.com   www.duranno.com

두란노서원은 바울 사도가 3차 전도여행 때 에베소에서 성령 받은 제자들을 따로 세워 하나님의 말씀으로 양육하던 장소입니다. 사도행전 19장 8-20절의 정신에 따라 첫째 목회자를 돕는 사역과 평신도를 훈련시키는 사역, 둘째 세계선교(TIM)와 문서선교 (단행본·잡지) 사역, 셋째 예수문화 및 경배와 찬양 사역, 그리고 가정·상담 사역 등을 감당하고 있습니다. 1980년 12월 22일에 창립된 두란노서원은 주님 오실 때까지 이 사역들을 계속할 것입니다.

사람을 사람으로

하루를 다르게 사는 법에 관하여

정갑신 지음

두란노

차례

두려움과 편견을 벗고
그를 사람으로 볼 수 없을까?

나는 종종 이런 생각을 해본다.

그를 무신론자로 여기기 전에, 그녀를 가난뱅이로 보기 전에, 그를 시건방진 인간으로 치부하기 전에, 그녀를 무례하다 비판하기 전에, '사람'으로 볼 수는 없을까? 나의 두려움과 편견과 자기 확신의 프레임을 통과하기 전의 '사람'으로 상대방을 볼 수는 없을까? 반면, 그에 대한 과대평가로 주눅 들기 전에, 그녀가 마치 대화조차 나누기 어려운 초인적 존재인 듯 여기기 전에, '사람'일 뿐임을 생각할 수는 없을까?

내가 스스로 모든 것을 할 수 있을 것처럼 생각하기 전에 내가 사람일 뿐임을 기억할 수는 없을까? 내 힘으로는 안 된다고 고백한 직후 내 힘이 아니면 안 될 것 같은 의심과 두려움의 눈빛으로 상대방을 바라보곤 하는 내가, 그에 의해 동일한 눈빛으로 관찰당하고 있다는 사실을 생각할 수는 없을까? 나의 선택이 그의 선택보다 절대적으로 더 옳을 거라 생각하기 전에 내가 연약한 사람에 불과하다는 진실을 조금 더 일찍 깨달을 수는 없을까? 그리고 나 같은 것이 무엇이라도 제대로 해낼 수 있는 존재인가 하는 절대적 좌절의 늪에 빠지기 전에 내가 그래도 '사람'이라고 하는 사실을 기억해낼 수는 없을까?

언젠가부터 세상에 대한 나의 태도가 '사람을 사람으로' 생각하는 것과 연관되어 있다고 느끼기 시작했다. 세상의 적지 않은 문제들이 사람을 사람으로 생각하지 못한 것에서 비롯된다는 사실을 깨닫게 된 것이다. 그것은 사람을 사람 이하로 취급하는 지독한 편견들과, 사람을 사람 이상으로 치켜세우는 더 지독한 편견들로 나타난다. 자신을 사람 이상으로 상대를 사람 이하로, 자신을 사람 이하로 상대를 사람 이상으로 여기는 죄악의 양면성이 세상의 왜곡과 누추함을 가져온다는 것을 먹구름 속에서 가느다란 빛줄기를 보듯 관찰하게 되었다.

창세기는 우리를 어둠에서 빛으로 초대하는 하나님의 서사적 편지다. 혼돈과 흑암에 하나님의 질서가 부여되었다. 그리고 그 질서의 정점에 하나님을 닮은 사람, 하나님을 닮았으므로 짐승일 수 없는 '사람'이 있다. 그 사람은 사람의 원래 자리를 향해 힘겨운 걸음을 내딛고 있다. 그 사람은 하나님의 손길에서 온기를 느끼고; 하나님에게서 멀어질수록 호흡이 힘들어지며, 하나님께 다가갈수록 자신이 하나님이 아님을 명백히 알게 된다. 하지만 우리는 길을 잃었다. 길이 가려진 광야는 이미 내 안에 있다.

우리는 예수님을 닮은 사람에게서 사람 냄새를 맡는다. 그것은 예수님이야말로 사람 냄새를 내는 분이시기 때문이다. 예수님이 곧 사람이 되신 하나님이시기 때문이다. 예수님이 곧 사람인 우리의 원형, 하나님 형상의 실체이시기 때문이다. 사람의 원형은 태초의 창조에서 빚어진 하나님의 형상이고, 예수님은 그 형상의 실체시다. 하나님 형상의 원형이 사람의 모습으로, 실은 그의 세상인 사람들 세상 한가운데로 오셨다.

사람 냄새 나는 예수님은 자연스럽고, 너그럽고, 조급하지 않고, 따뜻하고, 다정하고, 이해심이 깊고, 사랑이 넘치고, 함께 있고 싶고, 무엇이든 함께하고 싶고, 두렵지 않고, 긴장되지 않고, 그의 외모와 관계없이 아름답고, 평화롭고, 담백하여 질리지 않는 분이다. 그는 대의를 향해 곧게 걸어가되 걷는 길에서 만나는 사람들을 마음 깊이 사랑하신다. 사람으로 오신 예수님이 그러했을 것이라 상상한다. 그런 예수님이 남기신 많은 말씀 중 우리가 자신을, 또 서로를 '사람으로' 바라보도록 격려하신 중대한 말씀이 바로 다음 성경구절이다.

> 그러므로 내일 일을 위하여 염려하지 말라 내일 일은 내일이 염려할 것이요 한 날의 괴로움은 그날로 족하니라 마 6:34

이 말씀은 목숨을 위해 무엇을 먹을까 몸을 위해 무엇을 입을까 염려하지 말라는 맥락에서 나왔다. 예수께서 염려하지 말라 하신 것은 그것들이 염려의 대상이 되지 못할 만큼 하찮아서가 아니라 그것들이 우리의 염려 대상이 되고도 남을 만큼, 빨려들 수밖에 없는 사이렌(아름다운 노랫소리로 뱃사람들을 유혹하여 배를 난파시켰다고 알려진 그리스 신화의 마녀)이라는 것을 아셨기 때문이다.

우리는 염려할 수밖에 없는 '사람'이다. 하지만 예수님은 우리가 염려하지 않는 '사람'이 될 수 있는 길을 가르쳐주셨다. 그것은 하나님이 우리의 실제 부모가 되신다는 사실을 나의 현실로 받아들이는 것이다(먹을 것과 입을 것을 걱정하는 이는 부모 없는 고아다).

하나님이 가장 책임 있고 무한히 풍성한 나의 부모라는 사실을 잊지 않을 때에야 비로소 우리는 '사람을 사람으로' 볼 수 있다. 모든 것을 내가 책임져야 하는 자는 염려하게 되고, 염려가 쌓이면 두려움이 일어난다. 그 두려움은 그를 사람 이하로 보아야만 그를 통해 내 필요를 채울 수 있게 만든다. 그때 탈취와 억압과 착취의 욕망이 생겨난다. 염려가 반복되면 두려움이 쌓이고, 두려움은 그를 사람 이상으로 여겨야만 그를 통해 내 필요를 채우게 만든다. 그때 아첨과 숭배, 줄서기의 천박한 질서가 양산된다.

염려는 내일과 연관되어 있다. '오늘은 먹었지만 내일은 먹을 수 있을까?', '오늘도 못 먹었는데 내일도 못 먹으면 어쩌지?'라는 생각이 염려의 실체다. 분명히 책임지시고 무한히 풍성한 부모가 없는 자나, 그런 부모가 있는데도 자기의 부모임을 알지 못하는 자는 그런 염려에 사로잡히게 마련이다. 하지만 그 부모를 가진 자는 오늘 하루만 살아도 족하다. 그는 내일을 염려하지 않아도 될 만큼 넉넉한 부모를 가졌다. 동시에 오늘 하루도 염려의 방식이 아니라 맡김의 방식으로 살 수 있다. 왜냐하면 오늘은 어제 내가 부모에게 맡긴 내일이기 때문이다. 그에 따라 예수님은 우리에게 '하루를 다르게 사는 법'에 관해 말씀하신다.

오늘 하루를 살되, 내가 내일에 대하여 염려하지 않아도 될 만큼 충분히 능력 있는 부모님과 함께 살고 있다는 사실을 기억할 때만 '오늘을 사는 사람'이 될 수 있다고 말씀하신 셈이다. 나는 오늘 틀림없이 책임지시고 무한히 풍성한 부모와 함께 걷기만 하면 된다. 나의 부모이신 하나님은 가장 위대하시며 동시에 그 어떤 것과도 비교할 수 없이 큰 사랑을 쏟아붓는 분이시다. 그 사랑은 자신의 목숨을 걸 만큼 말로 형용할 수 없다.

나는 그 부모님께 철저히 의존적이다. 그로 인해 나는 스스로 모든 것을 결정할 수 있다고 생각하는 '사람 이상의 존재'가 되려는 욕망의 늪을 피할 수 있다. 동시에, 내가 절대적으로 의존하는 부모님은 나를 절대적으로 사랑하신다. 그로 인해 나는 모든 상황에서 온갖 실패를 경험할지라도 '사람 이하의 존재'로 여겨지는 막막한 절망의 벼랑길에 떨어지지 않는다. 나는 창세기 초반부를 묵상하는 동안 그 소리를 들을 수 있었고, 그 소리가 반영되는 쪽으로 묵상하려고 마음을 모았다.

늘 한결같은 신실함으로 설교를 듣고 그 말씀 한 자락을 자신의 손발에 담으려 애쓰는 예수향남교회의 모든 교우들과, 복음적 교회갱신운동을 통해 선한 목회를 추구하느라 힘쓰는 CTCK(City to City Korea, 범교단적 복음 중심 교회개척운동 단체) 및 센터처치향남의 동역자들과 모든 상황에서 거의 무조건적으로 내 편을 들어주는 아내, 그리고 지극히 바쁜 와중에도 시골교회 목사의 설교를 듣고 출판을 격려해준 이재훈 목사에게 감사의 마음을 전한다.

2018년 11월
정갑신

PART 1

현실에 매인 종의 시선에서
왕의 시선으로

1

어두운 너에게
빛이 있으라

인 간 은   신 과   우 주 의   기 원 에   대 해
질 문 할   수   있 는   존 재 인 가 ?

어떤 사람이 사물을 보면서, "이게 뭐하는 물건이지?"라고 묻는다. 기능에 관한 질문이다. "이걸 누가 만들었지?"라고 물을 수도 있다. 기원에 관한 질문이다. 기능 질문은 '뭘 위해서, 왜'라는 목적과 의미에 관한 질문이고, 기원 질문은 '누가, 어떻게'라는 실체의 근원에 관한 질문이다.

21세기를 살아가는 우리에게는 기능 질문과 기원 질문 모두 중요하다. 하지만 고대 사회에서는 그렇지 않았다. 존 H. 월튼이 쓴 《창세기 1장과 고대 근동 우주론》에 따르면, 적어도 3천~4천 년 전 근동지

역 사람들의 우주와 세계를 보는 관점은 '기원'이 아니라 '기능'이었다고 한다. 자신들보다 먼저 존재하는 세상의 존재의미와 목적에 관심을 가지고 그것에 어떻게 대응하는가에 집중했을 뿐, 그것을 누가 어떻게 만들었는가에 대해서는 질문하지 않았다. 우주와 세계는 그 기원을 물을 필요도 없이 내가 범접할 수 없는 나보다 큰 존재에 의해 나보다 먼저 거기에 존재하고 있었기 때문이다.

서구에서 우주와 세계를 누가 만들었는가 하는 '기원'에 관한 질문이 본격화된 것은 고작 200~300년 전 계몽주의 이후, 인간이 이성을 모든 판단 기준으로 삼기 시작하면서부터다. 이성은 과학을 통해 놀랄 만한 결과들을 만들어냈고 그것에 힘입어 벽을 넘어보기로 했다. 세계와 우주의 의미와 목적보다는 그 기원에 대해 질문하기 시작한 것이다. 스스로 점점 더 강해지는 힘을 느끼면서 급기야 이성적·객관적·경험적·과학적이라는 자신의 틀을 세우고, 거기에 맞지 않는 것들은 오류·모순·환상·망상이라 치부하기 시작했다.

그 결과 드디어 하나님을 변방으로 밀어내거나 하나님에 대해 사망선고를 하고, 인간이 대신 신의 보좌를 차지했다. 하지만 그 순간, 이성이 그토록 자랑스럽게 내세우던 과학이 일으킨 대사건이 발생했고, 인류는 자신의 사악함과 무기력함에 어쩔 줄 몰라 했다. 전쟁은 과학적 이성 안에 짐승적 망상이 가득함을 증명했다. 이성이 심혈을 기울여 빼앗은 신의 보좌를 과학이 처참하게 짓밟으면서, 이성이 거들먹거린 결과가 얼마나 비참한지 확연하게 드러낸 사건이었다. 이성

어두운 너에게 빛이 있으라

은 아름답고 고귀하지만 오직 창조주가 허락한 곳에 자리할 수 있을 때만 그렇다.

따라서 우리는 자신의 아름다움을 주제 넘는 오만함으로 깨뜨린 이성에 대해 반성하면서 다음과 같은 질문을 할 수 있어야 한다.

"우리에게 세계의 기원을 말할 능력이 있는가?"

이런 질문이 자칫 염세적으로, 혹은 지나치게 보수적으로 느껴지지 않기를 바란다. 대신 정직하게 느껴지면 좋겠다.

40년 넘게 살을 부대끼면서 살아온 부부가 행복하고 여유로운 미소를 지어야 할 여행 중에, 서로를 향해 "당신은 나를 너무 몰라"라는 말로 거듭 다투는 모습을 본 적이 있다. 사실, 우리는 서로를 잘 모를 뿐 아니라 자신이 누군지도 잘 모른다. 우리는 자신의 판단이 정확하리라는 자기 신화 속에 빠져 살지만, 그것이 얼마나 허망한지를 일평생 경험한다.

우리 교회의 한 전도사님은 우체국에서 지갑을 잃어버린 후, 다른 곳은 몰라도 절대 그곳에 두고 왔을 리는 없다고 확신했다. 그런 확신 때문에 다시 우체국에 가볼 생각은 전혀 하지 않다가 한 달 만에 우체국에서 연락을 받고서야 지갑을 찾았다고 고백했다. 이처럼 우리의 확신은 틀릴 수 있다. 그런 우리가 신과 우주의 기원에 대해 말하는 것은 스스로도 신뢰하기 어렵다. 우리는 누가 어떻게 만들었는가 하는 기원 질문은커녕 의미와 목적을 묻는 기능 질문을 하기에도 턱없이 무능하다. 이미 존재하는 세계 가운데 아주 작은 부분의 의미를 발견하는 일조차 버겁다. 심지어 사람의 이성과 과학으로 만들어낸 휴대폰이나 컴퓨터만 해도 그렇다. 우리가 늘 익숙한 듯 사용하긴 하지만, 그 안에 내장된 수많은 기능들 중 존재 이유와 목적을 아는 것이 과연 얼마나 되는가?

혹독했던 애굽을 그리워하던 그들에게 알려주시려는 것

우리가 창세기를 읽을 때 주의를 기울여야 할 것은, 하나님은 창세기 최초의 독자들에게 무엇을 알려주기 원하셔서 이 말씀을 주셨을까 하는 것이다. 우선, 이미 언급된 것처럼 하나님은 창조의 기원에 대한 과학적 설명을 위해서가 아니라, 창조의 목적과 의미를 알려주시기 위해 이 말씀을 주셨다는 사실을 염두에 두고 창세기를 읽는 것이 좋겠다.

따라서 창세기 기록을 분해하면서 '과학적·객관적·경험적·이성적으로 볼 때 엉터리다', '이성적으로 판단할 때 세계는 우연히 만들어졌을 뿐'이라는 식으로 오만하게 주장하는 것에 두려움을 느껴야 한다. 반대로 그 오만함에 대한 적개심이나 두려움 때문에 창세기 말씀을 통해 창조의 기원을 과학적으로 낱낱이 설명해낼 수 있다는 전제를 가지고 다른 진지한 의견들에 대해 귀를 닫는 모습 역시 안타깝다. 둘 다 창세기 기록의 본래 목적에서 비껴서 있기 때문이다. 그렇다고 '하나님의 창조가 과학적이지 않다는 말이냐?'라는 식으로 조급히 묻지 않기를 바란다. 이미 하나님이 지으신 세상의 의미와 목적을 말하고 있는 상황에서 그런 질문은 의미가 없다.

창세기 최초의 독자들은 누구였을까? 의견이 분분하지만 분명한 것은 그들이 출애굽을 자신들 역사의 가장 위대하고 결정적인 사건으로 간직하고 있을 뿐 아니라, 당시 광야 같은 현실을 통과하고 있는 자들이었을 거라는 사실이다. 그들은 하나님의 말씀과 존재가 무기력해 보이는 광야 같은 현실을 살아내야 했을 것이고, 혼란스러운 우상들의 제국에 거주하면서 도무지 이루어질 것 같지 않은 희망 속에서, 자신이 가진 신앙이 진실로 인생과 역사의 답이 될 수 있는지를 물어야 했을 것이다.

그런 의미에서 창세기 최초의 독자가 누구냐 하는 질문은 광야 이스라엘에서 시작하여 훨씬 더 보편적으로 확장될 수 있다. 역시나 그런 의미에서 자신의 무력함에 대한 깊은 실망과 그보다 더 실망스러운 하나님에 대한 의심 때문에 광야 같은 시간을 통과하고 있는 하나님의 사람들 모두가 창세기 최초의 독자들이라고 할 수도 있다. 하지만 일단 최초의 독자를 갓 출애굽 한 이스라엘 백성으로 좁혀 생각한다면, 좀 더 이해하기가 쉬워진다.

그들은 이제 막 우리의 왕이 아닌, 그들의 왕이 통치하던 혹독한 애굽에서 벗어나 광야로 들어갔다. 그런데 우리의 왕이 통치하는 광야생활은 혹독했던 애굽이 그리워질 만큼 힘들었다. 현재의 핍절한 고통이 애굽으로 돌아가고 싶은 욕망을 일으킨다.

현재의 우리도 동일하다. 우리는 죄의 미혹과 억압적 지배 아래서 신음했지만, 죄에서 벗어나 하나님의 통치 안으로 들어간 후 벅찬 고통의 시간을 통과하게 되면, 죄의 지배 아래 살았던 삶이 훨씬 더 매력적이었다는 환상을 가지곤 한다. 다시 애굽으로 돌아가 죄의 지배를 받아보면, 그제야 그것이 얼마나 가련한 환상이었던가를 분명히 알게 될 테지만 우리는 알면서도 여전히 갈등하고 갈망한다. 그 상황에서 이런 질문을 하게 된다.

"도대체 나는 누구인가? 지금 지나고 있는 광야는 과연 끝이 있는가? 나는 가야 할 길을 제대로 가고 있는가?"

태초의 시간과 공간은
현재의 우리와 연결된다

이스라엘에게, 그리고 예수님 안에서 새 이스라엘이 된 우리에게 최초로 들려주시는 하나님의 말씀은 태초와 천지였다.

> 태초에 하나님이 천지를 창조하시니라 땅이 혼돈하고 공허하며 흑암이 깊음 위에 있고 하나님의 영은 수면 위에 운행하시니라
>
> 창 1:1-2

1절에서 중점적으로 등장하는 단어는 하나님, 창조, 태초, 천지다. 하나님과 창조가 기원에 속하는 단어들이라면, 태초와 천지는 창

조의 기능, 곧 목적과 의미에 속한 단어들이다. 이중 단연코 중요한 주제는 하나님과 창조, 곧 창조의 기원이다. 하지만 이미 언급한 것처럼 이것은 최초의 이스라엘이나 우리 새 이스라엘 모두에게 별다른 질문 사항이 아니다.

예수님이 이 땅에 오신 것은 하나님의 기원을 설명하여 하나님이 살아계신 분임을 입증하기 위해서가 아니었다. 오히려 예수님은 자신을 통하여, 이미 하나님이 지으신 세상을 살아가는 사람들에게 하나님을 향한 목적과 의미를 선포하기 위해 오셨다. 곧 자신의 죽음과 부활을 통해서 하나님이 진정한 이스라엘의 왕인 동시에 온 세상의 왕이시며, 하나님을 왕으로 모시는 일이 모든 인류에게 결정적으로 중요하다는 사실을 선언하고 확증하시기 위해서 오셨다.

그 왕은 결과적으로 십자가에서 자신을 완전히 내어주시는 새로운 통치의 방식으로 왕이 되셨다. 마찬가지로, "태초에 하나님이 천지를 창조하시니라"에서 하나님과 창조는 이미 전제되어 있는 본질이다. 따라서 이제 우리의 핵심과제는 자연히 '태초와 천지', 곧 시간과 공간의 의미와 목적에 집중된다.

태초는 시간의 시작이고, 천지는 공간의 시작이다. 이것은 광야 이스라엘 백성에게도, 21세기를 살고 있는 우리에게도 의미심장하고 중대한 주제다. 무엇보다 영원 한가운데 어느 순간, 태초라는 시간과 천지라는 공간이 창조되어 시간이 공간 속을 흐르기 시작했다. 그리고 저녁을 지나 아침이 임했다.

하나님이 빛을 낮이라 부르시고 어둠을 밤이라 부르시니라 저녁
이 되고 아침이 되니 이는 첫째 날이니라 창 1:5

시간이 흐르기 시작한다. 우리의 저녁과 아침은 태양을 선회하는
지구의 자전으로 형성되는 물리적 현상이다. 하지만 5절의 저녁과 아
침은 넷째 날 태양이 창조되기 전이다. 따라서 이 저녁과 아침은 어떤
물리적 현상이 아니라, 하나님께서 시간을 창조하셨다는 사실에 대한
증언이다. 하나님은 시간을 창조하시고 일정한 시간 속에서 우리를
만나심으로, 우리의 기억 속에서 그날 그 시간에 우리 안에 스스로 갇
히신다.

더구나 우리의 아버지가 되시기로 작정하셨기에 때로는 우리의
필요에 따라 서두르셔야 했고, 또 자주 서두르라는 요청을 받기도 하
셨다. 서두름과 무관한 영원 속에 계신 하나님께서는 "내가 부르짖는
날에 속히 내게 응답하소서"(시 102:2)라는 시인의 잦은 요청에 따라 조
급히 움직이셔야 했다. 하지만 그 하나님은 여전히 영원 속에 계신다.

따라서 우리와의 만남이 하나님을 시간 속에 제한시키는 것 같아
도, 실은 하나님께서 우리를 제한된 시간에서 끌어내어 영원 속으로
데려가신다고 생각하는 것이 더 옳다. 그리하여 영원이라는 관점으로
오늘을 살 수 있게 하신다. 그것의 구체적인 형태가 바로 안식일과 안
식년과 희년이다. 7일마다, 7년마다, 50년마다 영원하신 하나님께서
는 시간 속에 갇힌 우리에게 오셔서 우리를 영원한 자유와 안식으로

어두운 너에게 빛이 있으라

탈출시키신다.

자동차 안에 있는 우리가 차가 움직이고 있다고 느끼는 것은 차창 밖의 사물이 그곳에 가만히 있기 때문이다. 우리가 시간의 흐름을 느낀다는 것은 우리 안에 영원에 대한 기억이 있기 때문이다. 우리가 시간의 제한성을 아쉬워하면서 영원에 기대어 아쉬움을 희망으로 바꾸고 싶어 하는 이유는 우리 안에 영원에 대한 기억이 있기 때문이다.

우리는 늘 어딘가 공간 안에 존재한다. 아무리 사방이 확 트인 광활한 자연 속에 있더라도 며칠만 지나면 갇혀 있다는 느낌에 힘들어 할 것이다. 하나님은 무한하시다. 그런데 어디에도 갇히거나 매이지 않는 무한하신 하나님은 공간을 만드셔서 우리와 만나는 일정한 공간에 자신을 제한시키셨다. 그것의 결정적인 형태가 바로 성전이다. 하나님은 성전을 짓게 하시고 그곳을 자기와 자기 백성이 만나는 장소로 정하셨다. 급기야는 우리 몸을 하나님이 거할 성전으로 정하셨다. 하나님은 우리와 접촉하시기 위해 무한한 자신을 낮추시고 일정한 공간에 자신을 지극히 제한시키신 것이다.

공간은 우리에게 편안함을 주지만 답답함도 준다. 울릉도에 시집간 여인들이 자꾸 뭍으로 나오려고 하는 것은 지구인들이 자꾸 우주로 향하고 싶어 하는 욕망과 유사하다. 그것은 우리가 공간적 제한을 느끼기 때문이고 우리를 낳으신 하나님의 본성을 향한 갈망, 곧 무한을 향한 갈망이 우리 영혼 속에 새겨져 있기 때문이다.

그런데 하나님은 우리와 일정한 공간에서 만나기로 결정하심으로써 자신을 제한시키심과 동시에, 여전히 무한 속에 계시는 자신의 본성을 통해 일정한 공간 속에서 살아갈 수밖에 없는 우리로 하여금 무한의 의식 속에서 자신의 공간을 내려다볼 수 있게 하신다. 그때 우리를 억압하고 괴롭히는 현재의 절대적 공간은 무한히 작은 상대적 공간으로 축소된다. 반면 현재 힘과 성실을 다하지만 여전히 별 볼 일 없어 보이는 나의 공간은 하나님의 무한과 잇닿아 있는 위대한 공간으로 탈바꿈한다.

우리의 제한된 시간과 닫힌 듯한 공간이 실은 하나님의 영원과 무한에 필연적으로 이어져 있다는 인식은 오늘 우리의 삶을 바라보는 시각을 완전히 새롭게 해줄 수 있다. 그것은 힘이자 능력이다. 당시 이스라엘은 광야의 바람과 흙먼지, 피곤을 불러오는 거친 공간, 나아가 먼 타지로 유배당한 포로로서 희망을 잃은 어두운 시간을 통과해야 했다. 하지만 태초의 사건을 읽고 들음으로써 태초 이전의 하나님, 곧 영원하신 하나님이 그들에게 말을 걸어오고 계시다는 사실을 인식하도록 격려받는다. 동시에 430년간 갇혀 있던 애굽을 빠져나와 홍해를 건넌 후, 척박하기 그지없는 광야, 물과 음식이 없고 삶의 필요가 충족되지 않은 광야를 힘겹게 지나고 있지만, 천지를 지으신 무한하신 하나님을 바라보도록 도전받는다.

그것은 우리 새 이스라엘에게도 동일한 요청이다. 우리의 현재 시간이 어떤 색깔과 질감으로 흐르고 있든지, 그것은 하나님이 시작하신 태초의 시간과 연결되어 있고, 그에 따라 우리의 현재는 지금 하나님의 영원 속으로 진입하고 있는 게 분명하다. 우리가 현재 머물고 있는 공간이 어떤 질감으로 느껴지건 간에, 그것은 하나님이 지으신 최초의 공간과 연결되어 있고, 그에 따라 우리는 영원토록 여기에 갇히지 않고 반드시 하나님의 무한한 공간으로 진입하게 된다. 이런 인식이 결국 우리에게 '지금'과 '여기'에서의 삶을 '영원'과 '무한' 속에서 바라볼 수 있게 해주어, 우리를 무너뜨리는 좌절과 교만 대신 우리를 일으키는 희망과 겸손을 끝없이 선물해줄 것이다.

자유와 풍요로 이끄는
겸손한 귀 기울임

하나님이 창조하신 첫 얼굴은 빛이었다.

> 하나님이 이르시되 빛이 있으라 하시니 빛이 있었고 빛이 하나님이 보시기에 좋았더라 하나님이 빛과 어둠을 나누사 창 1:3-4

하나님은 빛이 있으라 하셨다. 그리고 빛과 어둠을 나누셨다. 이때의 빛은 우리가 생각하는 해달별의 빛이 아니다. 해달별은 16절에 가서야 등장한다. 따라서 이 빛은 하나님의 모든 창조에 대한 선언으로서의 빛이고, 모든 생명의 기본전제라는 의미에서의 빛이다. 그런 의미에서 이 빛은 2절과 연관된다.

> 땅이 혼돈하고 공허하며 흑암이 깊음 위에 있고 하나님의 영은 수
> 면 위에 운행하시니라 창 1:2

하나님의 신, 곧 하나님의 바람, 하나님의 영은 사랑으로 흘러넘
쳐 피조물과의 영원한 사귐을 시작하려는 열망으로 이미 혼돈과 흑암
의 깊은 물 앞에 가 계신다. 그리고 빛과 함께 새로운 질서를 세우시
기 위해 그 혼돈의 물 위에서 운행하고 계신다. 그의 운행하심 안에서
우리는 창조의 설렘을 향한 성삼위 하나님의 춤추시는 사랑을 상상할
수 있다.

성삼위 하나님의 흘러넘치는 사랑은 이렇듯 아름다운 서두름이
다. 그 사랑은 또한 예수 그리스도를 통해 이 땅을 새롭게 하실 때까
지 오래 기다리는 아름다운 기다림이다. 사랑의 서두름과 기다림이
만물을 향해 빛을 뿌리셨고 그 빛이 결국 우리에게 발견되는 실체가
되어 우리 곁으로 오셨던 것이다.

> 어두운 데에 빛이 비치라 말씀하셨던 그 하나님께서 예수 그리스
> 도의 얼굴에 있는 하나님의 영광을 아는 빛을 우리 마음에 비추셨
> 느니라 고후 4:6

하나님은 빛을 창조하셨지만, 어둠은 창조하지 않으셨다. 따라서
빛이 아닌 것이 어둠이다. 빛이 창조의 질서라면, 어둠은 그 질서에서

어두운 너에게 빛이 있으라

벗어난 것이다. 다시 말하면, 하나님의 창조질서 안에 이미 그 질서에서 벗어날 수 있는 요소들이 존재할 수 있었던 것이다. 그것은 하나님의 창조가 불완전했기 때문이 아니라 완전했기 때문이다. 하나님의 창조가 세계와 인간에 대한 완벽한 통제가 아니라 완벽한 자유였기 때문이다. 하나님은 우리가 하나님의 사랑 안에 끝내 머물기를 갈망하시지만, 그것을 통제하고 강제하지는 않기로 결정하셨다.

빛과 어둠은 궁극적으로 빛의 세상과 어둠의 세상, 빛의 자녀와 어둠의 자녀로 나뉜다. 그것이 역사의 큰 그림이다. 물론, 역사는 그렇게 단순하지 않다. 우리는 빛과 어둠, 진리와 거짓을 논할 때 항상 자신이 빛과 진리 편에 있다는 전제에서 접근하는 습관이 있다. 하지만 그렇게 접근하는 태도 자체가 어둠에 속한 것이다.

베드로가 예수님의 십자가 죽음을 반대할 때, 그는 예수님을 꾸짖어도 될 만큼 자신이 옳다고 확신했다. 하지만 그토록 자신의 생각에 확신을 가지고 있던 바로 그 순간 그는 사탄과 한편에 서 있었다. 하나님과 사탄 사이에서 빛과 어둠, 진리와 거짓은 완전하고도 절대적인 차이로 구분되지만, 그것이 우리의 이야기가 되면 그것들은 알곡과 가라지처럼 뒤섞여 함부로 솎아내기 어렵게 된다.

우리는 자신이 빛과 진리에 속한 자라는 주장으로 자신이 어둠과 거짓에 속했다는 것을 드러낼 수 있는 존재다. 따라서 빛과 어둠 사이, 진리와 거짓 사이에서 어둠과 거짓을 버리고 빛과 진리를 따른다는 것은 내가 어떤 주장을 할 수 있느냐의 문제가 아니라 빛이신 예수님에 대하여 진실한 질문을 할 수 있느냐의 문제다. 결국, 그것은 겸비한 들음의 문제다.

> 너희는 들을지어다, 귀를 기울일지어다, 교만하지 말지어다, 여호와께서 말씀하셨음이라 그가 어둠을 일으키시기 전, 너희 발이 어두운 산에 거치기 전, 너희 바라는 빛이 사망의 그늘로 변하여 침침한 어둠이 되게 하시기 전에 너희 하나님 여호와께 영광을 돌리라 렘 13:15-16

오늘 우리의 시간은 하나님의 영원에 닿아 있고, 우리가 움직이는 공간은 하나님의 무한으로 이어져 있다. 영원의 차원이 보는 나의 시간, 무한의 차원으로 느끼는 나의 공간이 실제가 될 때, 우리는 아주 다른 힘으로 살아가게 된다. '태산을 넘어 험곡에 가도, 어둠에 빠지지 않고 빛 가운데'로 걸어가게 된다. 이를 위해 절대적으로 필요한 것이 바로 하나님을 향한 '겸손한 귀 기울임'이다. 그것이 우리 모두를 진정한 자유와 부요함의 길로 인도할 것이다.

어두운 너에게 빛이 있으라

2

조각난 삶을 위한
하나님의 건축

■

사 람 을   초 대 하 는
신 적   건 축 행 동

"나는 해가 떴다는 것을 믿듯이 기독교를 믿는다. 내가 그것을 보기 때문이 아니라, 그것을 통해 다른 모든 것들을 볼 수 있기 때문이다." 루이스(C. S. Lewis)가 한 말로, 적합한 동시에 중대한 발언이다. 무엇을 통해서 현실을 보느냐가 현실에 대한 자신의 해석과 그에 따른 행동과 행동의 결과를 만든다. 우린 그 결과를 인생이라 말하게 될 것이다.

창세기는 세상이 어떤 왕에 의해 어떤 목적으로 창조되었는가를 말해주고, 희망을 잃은 어두운 시간과 광야 같은 거친 공간에 갇혀 있는 내가 어떻게 영원 무한하신 왕과 연결되어 있는지를 알려준다. 그리고 우리의 시선을 지금 여기에서 영원 무한으로, 현실에 매인 종의 시선에서 우주를 다스리시는 왕의 시선으로 확장시킨다. 그 시선이 우리 인생을 형성해가게 한다. 거기에 자유와 부요함이 있다.

물론, 우리에게 우주는 여전히 어두운 미지의 세계다. 우리는 창조자가 아니라 피조물이라는 태생적 제한성을 가졌다. 따라서 아무리 대단한 인공지능 기술을 앞세운다 해도, 향후 100만 년이 지난다 해도 어둠에 감추어진 우주의 지극히 작은 일부를 알아낼 뿐, 그 전체를 알아내지 못할 가능성이 높다.

지금 이 시간에도, 우리는 시속 1,670킬로미터의 속도로 빙글빙글 자전하면서 동시에 시속 11만 킬로미터의 속도로 공전하고 있는 지구라는 비행기에 올라타고 있는 것이 생생한 현실이다. 그리고 이 지구가 속한 태양계 이 끝에서 저 끝까지 가려면 비행기로 1700년을 쉬지 않고 달려야 하며, 태양계가 속한 은하계를 횡단하려면 비행기보다 100만 배 빠른 속도로 150억 년을 가야 한다. 게다가 이런 은하계가 우주에 1,500억 개 이상 된다. 이런 얘기를 들으면 인간의 한계와 무지와 교만의 누추함을 인정하여 겸손해질 수밖에 없다.

물론, 슬퍼할 필요는 없다. 할 수 있는 사람이 할 수 없다고 말하는 것은 답답한 노릇이고, 할 수 없는 사람이 할 수 있다고 고집부리는 것은 누추한 일이지만, 할 수 있는 사람이 할 수 있다 하고, 할 수 없는 사람이 할 수 없다고 말하는 것은 아름답기 때문이다. 피조물이 창조자가 되려 하고, 사람이 신이 되려 했던 모든 시도들은 예외 없이 누추하고 처절하고 비극적인 종말을 맞았다. 〈혹성탈출〉 같은 영화들이 그것을 잘 보여준다.

우리는 자녀들의 꿈을 키워주고 잠재된 가능성이 한껏 자라나도록 격려해야 하지만 동시에 우리가 신이 아님을, 우리가 사람임을 정직하게 인정할 수 있게 해주어야 한다. 우리의 한계를 슬픔이 아니라 아름다움으로 볼 수 있어야 한다. 어린 아기들이 기어보기 위해, 걸어보기 위해, 소파에 올라가보기 위해 한계에 부딪혀 쩔쩔맬 때 우리는 그것도 못하냐고 나무라지 않는다. 아기의 한계를 보면서 사랑스러움과 아름다움으로 행복해한다. 아기가 어른처럼 굴면 한순간 대견해 보일지는 모르나 결국엔 아이답지 못한 것이 부자연스럽게 느껴진다. 거기에 무슨 아름다움이 있겠는가?

따라서 매우 제한적인 피조물로서, 또 피조물 중에서도 거의 유일하게 오만하고 왜곡된 죄인으로서 창조주 하나님에 대해 이러쿵저러쿵 말한다는 것은 두려운 일이다. 하지만 하나님은 자신의 창조행위를 우리에게 사람의 언어로, 곧 계시로 알려주셨다. 그 계시에 근거해서 하나님의 창조행위를 요약하면 이렇게 말할 수 있다.

"하나님의 창조는 피조물에 불과한 사람이 자신이 사람임을 잊지 않는 하나님의 형상으로, 자신이 하나님의 형상임을 잊지 않는 사람으로 행동하도록 초청하시는 신적 건축행동이었다."

하나님은 현실적 변화에 따라 어쩔 수 없이 이렇게도 반응하고 저

렇게도 행동하는 상황주의자나 결과를 보고서야 판단하는 결과주의
자가 아니시다. 하나님은 계획하고 디자인하신 대로 세상을 끌고 가
신다.

그러면 하나님은 사람을 만드신 후, 타락할 것을 알고 계셨을까?
물론이다. 그렇다면 하나님의 창조는 처음부터 기만적이었다고 할 수
있지 않은가? 아니다. 하나님은 사람을 지으시되 타락할 가능성을 포
함하는 완전한 자유를 주셨지만, 타락하도록 만드시거나 조장하신 적
은 없다. 하나님은 인간을 자기 말만 잘 듣는 노예나 로봇이 아니라
인격적으로 완전한 사귐의 대상으로, 완전한 자유를 가진 하나님의
형상으로 지으셨다. 하지만 하나님은 타락한 천사의 사례를 통해 사
람이 그 자유를 가지고 자기중심적 타락을 할 수 있다는 것을 이미 알
고 계셨다. 그럼에도 불구하고 사람을 그렇게 완전한 자유인으로 지
으셨다. 그것이 그 사랑의 위대함이다. 하나님은 그만큼, 자신의 사랑
이 사람을 통해 자발적으로 승인되고 확증되기를 원하셨다.

우리는 자녀를 낳은 후 믿고 사랑하지만 그 자녀가 두 발로 서기
까지 무수히 넘어질 거라는 사실을 이미 알고 있다. 그 자녀가 성장
하면서 부모의 속을 뒤집어놓을 거라는 사실도 알고 있다. 하지만 자
녀의 그런 행동이 부모의 사랑을 취소하지는 못한다. 하나님이 디자
인하셨다는 말에는 조종·조작·조장이라는 개념들이 없다. 오직 사
랑·신뢰·은혜라는 개념만 가득하다. 심판과 징계조차 사랑과 신뢰와
은혜의 반석 위에서 솟아오른다. 그래서 선한 하나님이시다.

조각난 삶을 위한 하나님의 건축

혼란과 공허에
부여하신 질서

나누고 경계를 세우는 토목공사가 시작된다. 빛과 어둠을 나누신 하나님은 이제 물 가운데 하늘이라 부르는 궁창을 만드시고 물을 하늘 윗물과 아랫물로 나누신다. 그리고 하늘 아래의 물들을 한데 모아 드러난 뭍을 땅이라 하시고 모인 물을 바다라 부르신다. 이로써 하나님은 빛과 어둠, 낮과 밤, 하늘 위의 물과 아래의 물, 하늘과 땅, 땅과 바다를 나누신 것이다. 하나님의 토목공사다.

예수향남교회를 건축할 때, 뒤편 운동장은 이장 후 혼란스러운 흔적들이 고스란히 드러난 묘지였고 일부는 밭이었고 일부는 우거진 수풀로 뒤죽박죽이었다. 그야말로 혼돈과 공허의 땅이었다. 포탄의 흔적과 다를 바 없던 땅을 다지고, 버려진 밭에 뒤엉켜 자란 수풀로 가려진 땅을 통째로 갈아엎은 다음, 운동장 부지와 건축 부지를 둘로 나누었다. 경계석으로 층층이 쌓은 벽을 통해 건축 부지 안과 밖을 나누고 건축 부지 안에는 건물 부지와 주차 부지를 나누었다. 따라서 하나님의 창조행동을 정돈하여 생각한다면, "빛이 있으라" 하신 말씀은 시공을 위한 선언에 해당하고 그 후 빛과 어둠, 낮과 밤, 윗물과 아랫물, 하늘과 땅, 땅과 바다를 나누신 것은 경계와 구분을 통해 큰 구조를 잡아가는 토목공사라고 할 수 있다. 그 모든 과정들은 오직 말씀으로 이루어졌다.

익히 알려진 것처럼 말씀, '다바르'는 그냥 말이 아니라, 마음의 사상이 행동으로 확증되는 어떤 실체다. 하나님 마음에 있는 디자인을 창조로 나타내는 행동이 말씀이었던 셈이다. 우리의 문제는 언제나 말은 말이고 행동은 행동인 것에서 시작되지만, 하나님에게 말씀은 곧 행동이다.

하나님께서 물을 둘로 나누실 때의 물은 무엇이었는가?

> 하나님이 이르시되 물 가운데에 궁창이 있어 물과 물로 나뉘라 하시고 **창 1:6**

우리는 2절에서 땅과 뒤섞여 혼돈과 공허와 흑암의 깊음으로 어지러웠던 그 물을 생각할 수 있다.

> 땅이 혼돈하고 공허하며 흑암이 깊음 위에 있고 하나님의 영은 수면 위에 운행하시니라 **창 1:2**

성령께서 그 위에서 운행하셨던 이 물은 우리가 늘 마시고 씻고 설거지하는 물이 아니라 혼란과 공허와 흑암의 깊음을 상징한다. 하지만 이제 하나님은 그 물에 질서와 의미를 부여하신다. 혼돈·공허·흑암 그 자체인 물 한가운데 하늘을 만드심으로 혼란의 실체 안에 고요한 질서의 공간을 불어넣으신 것이다. 그리고 하늘을 기준으로 물을 위 아래로 나누신다.

하나님이 궁창을 만드사 궁창 아래의 물과 궁창 위의 물로 나뉘게
하시니 그대로 되니라 하나님이 궁창을 하늘이라 부르시니라 저
녁이 되고 아침이 되니 이는 둘째 날이니라 창 1:7-8

셋째 날, 하나님은 하늘 아래의 물들을 한 곳으로 모으시고 그것
을 바다라 부르시며 바다와 땅을 나누신다.

하나님이 이르시되 천하의 물이 한 곳으로 모이고 뭍이 드러나라
하시니 그대로 되니라 하나님이 뭍을 땅이라 부르시고 모인 물을
바다라 부르시니 하나님이 보시기에 좋았더라 창 1:9-10

빛과 어둠이 하나님의 질서와 하나님의 질서가 아닌 것을 의미할
수 있다면, 하늘 위의 물과 하늘 아래의 물 사이에도, 또 땅과 바다 사
이에도 그런 구분이 가능할지 모른다. 하늘 위의 물이 하나님의 통치
아래 온전히 놓인 물이라면, 하늘 아래의 물은 하나님께서 통치권을
위임하신 인간의 통치 아래 있는 물이다. 아래의 물도 위의 물처럼 하
나님의 통치를 반영해야 한다. 견고하고 흔들림 없어 보이는 땅과 늘
출렁거리며 위협하는 것으로 보이는 바다 역시 똑같이 하나님의 통치
아래 있어야 한다. 그렇지 않으면 복이 화가 된다.
　우리 시야에 들어오는 하늘 위의 물은 아름다운 구름으로 떠돈
다. 하지만 노아가 살던 타락의 때에, 하늘 위의 물은 대기의 자연 현

상으로는 설명될 수 없는 어마어마한 양으로 쏟아져내려 전 지구를 심판으로 뒤덮었다. 바닷물은 거칠긴 해도 늘 변함없이 경계선 안의 자리를 지키고 있지만, 때로 인간의 욕망에 분노하여 배를 삼키고 땅을 뒤덮기도 한다. 하지만 그 바다를 잠잠케 하신 것은 예수님의 말씀 한 마디였다.

> 예수께서 깨어 바람을 꾸짖으시며 바다더러 이르시되 잠잠하라 고요하라 하시니 바람이 그치고 아주 잔잔하여지더라 막 4:39

그런 의미에서 빛과 어둠 사이에, 하늘 위의 물과 하늘 아래의 물 사이에, 또 땅과 바다 사이에 있는 이런 긴장을 질서 있게 다스려 온전한 평화를 이루게 하는 것은 오직 세상을 창조하신 하나님의 말씀뿐이다. 그런데 그 말씀이 우리 가운데 육체로 오셨다.

아담과 하와의 타락 후, 물은 성난 파도 같은 혼돈, 길들여지지 않은 어둠을 상징했다. 지상의 모든 것을 삼키는 물은 심판의 힘이고 혼란의 도가니였다. 하지만 인류 역사를 향한 하나님의 가장 크고 위대한 개입, 곧 이 땅에 오신 예수님은 자신을 살아있는 물, 생수라 부르셨다. 그 물은 십자가에서 솟아오르는 자기를 내어주시는 완전한 사랑의 물이었고 우리를 죽음의 갈증에서 해방하여 생명의 풍성함으로 인도하는 생수였다.

우리는 예수님을 통해 그 물을 마심으로 세상의 무질서를 하나님

조각난 삶을 위한 하나님의 건축

의 질서로, 어둠을 빛으로, 목마름을 하나님의 시원함으로 변화시키는 생수로 살도록 온 땅에 흘려보내진다. 결국에는 그 모든 생명의 물들은 새 예루살렘에서 만국을 치료하고 일으키는 생수의 강 앞에 함께 있게 될 것이다.

무엇을 위한
건축인가

빛과 어둠, 낮과 밤, 하늘 위의 물과 하늘 아래의 물, 하늘과 땅, 땅과 바다를 구분하는 토목공사가 이렇게 완료되었다. 토목공사가 끝나면 이제 구분지은 각각의 공간에 무언가를 채워 넣어야 한다. 운동장에는 마사토를 깔고, 주차장에는 아스콘을 깐다. 화단에는 꽃과 나무를 심고, 건물이 들어설 자리에는 콘크리트를 붓는다.

하나님은 가장 먼저 땅에 풀과 씨 맺는 채소와 각기 종류대로 씨 가진 열매 맺는 나무들을 일으키신다.

> 하나님이 이르시되 땅은 풀과 씨 맺는 채소와 각기 종류대로 씨 가진 열매 맺는 나무를 내라 하시니 그대로 되어 땅이 풀과 각기 종류대로 씨 맺는 채소와 각기 종류대로 씨 가진 열매 맺는 나무를 내니 하나님이 보시기에 좋았더라 저녁이 되고 아침이 되니 이는 셋째 날이니라 창 1:11-13

대략 첫째 날에서 셋째 날까지를 토목공사라 한다면, 넷째 날부터 여섯째 날까지는 각각의 공간에 그에 맞는 요소들을 채워 넣는 인테리어 과정이다. 다시 말해, 첫째, 둘째, 셋째 날에 전체 윤곽을 잡고, 그다음 넷째, 다섯째, 여섯째 날에 각각의 하부작업을 하신 셈이다. 그에 따라 첫째 날에는 낮과 밤을, 넷째 날에는 낮을 주관하는 해와 밤을 주관하는 달과 별들을 지으신다. 둘째 날에는 하늘과 바다를, 다섯째 날에는 하늘의 새와 바다의 물고기들을 채워 넣으신다. 셋째 날에는 땅을, 여섯째 날에는 땅위의 짐승들과 사람을 지으신다. 그렇게 해서 하나님의 건축이 완성되는 것이다.

여기서 우리가 주목하려는 주제는 이것이다. '무엇을 위한 건축이었는가?' 복지관과 대형마트와 학교와 병원과 교회는 각 목적과 기능에 따라 구조와 그 안에 들어가는 내용물이 다르다. 하나님의 건축물은 어떤가? 무엇보다 천지에 하나님의 영원하신 본질이 가득하다는 것은 우리의 몸이 기억하는 진실이다.

> 창세로부터 그의 보이지 아니하는 것들 곧 그의 영원하신 능력과 신성이 그가 만드신 만물에 분명히 보여 알려졌나니 그러므로 그들이 핑계하지 못할지니라 롬 1:20

하나님의 건축물에는 사람들이 핑계하지 못할 정도로 뚜렷한 하나님의 영원하신 능력과 신성이 새겨져 있다. 하나님은 왜 하나님의 건축물에 당신의 영광을 새겨 넣으셨는가? 이 집이 바로 자신의 거처, 곧 성소였기 때문이다.

> 여호와께서 이와 같이 말씀하시되 하늘은 나의 보좌요 땅은 나의
> 발판이니 너희가 나를 위하여 무슨 집을 지으랴 내가 안식할 처소
> 가 어디랴 **사 66:1**

다시 말해, 하나님은 우주를 지으시고 그곳을 자신의 거처, 곧 성소로 삼으셨다. 거처는 안식처다. 하나님은 자신의 거처인 성소에서 안식하신다. 하나님도 신체적·정신적인 피곤을 느끼시는가? 그렇지 않을 것이다. 따라서 하나님의 안식은 육체적·정신적 쉼이 아니라, 하나님의 질서가 고스란히 반영된 하나님의 마음이다. 하나님의 마음에서 나온 질서가 만물에 고스란히 드러나, 모든 것이 제자리를 잡고 있는 것에 대한 하나님의 마음이 곧 안식이다.

그런데 놀랍게도 하나님은 우주를 지어 자신의 안식처로 삼으시고, 우주 한가운데서 지구로, 지구 한가운데서 에덴동산으로 자신의 성소를 점점 축소시키신다. 나중에는 에덴동산에서 성전으로 더 축소시키신 후, 그 성전의 주인공이신 하나님이 직접 사람의 몸을 입고 이 땅에 오셨다. 마침내 결코 성전이 될 수 없는 우리를 자신의 피로 정결케 하심으로, 우리 존재를 하나님이 거하시는 성소로 삼으신다.

결국 하나님은 우주를 지으실 때 이미 자신의 형상으로 지으신

우리 존재 안에서 안식하기를 원하셨던 것이다. 우리 안에 하나님의 질서가 가득하고 그의 말씀을 통해서 하나님의 질서가 온전히 이루어질 때, 하나님이 왕이시고 우리가 신하일 때, 하나님이 아버지이시고 우리가 자녀일 때, 하나님의 사랑과 그 말씀이 우리 존재를 온전히 통과하여 우리 안에서 수행될 때, 그때 하나님은 안식하신다. 그 안식은 곧 우리의 안식으로 이어져 우리의 몸과 영혼을 쉬게 하고, 우리 및 우리와 접촉하는 세상이 한없는 자유와 만족과 풍성함을 누리게 할 것이다.

그러므로 우리는 이렇게 생각해야 한다. 하나님이 이 세상을 전쟁터나 경기장이나 공연장으로 지으신 게 아니라 하나님의 성소로 지으셨다면, 여기에서 살아가는 우리 삶의 방식은 싸움과 경쟁과 뽐냄이 아니라 오직 '예배'여야 한다. 예배는 종교행위가 아니라, 성삼위 하나님의 흘러넘치는 사랑을 담아내고 그 말씀에 자신을 내어드리는 진실된 사랑의 행동이다.

하나님이 말씀으로 이루신 창조를 통해 사랑을 흘러넘치게 주셨듯이, 말씀으로 오신 예수님이 십자가를 통해 사랑을 흘러넘치게 보내셨듯이, 말씀을 좇아 대가를 바라지 않는 순전한 사랑으로 행동하는 것이 곧 예배다. 하나님이 지으신 천지가 말씀을 좇는 이 사랑으로 가득할 때, 세상은 하나님의 성전으로서의 충만함과 부요함을 누리게 될 것이다.

며칠 전 아내와 함께 지방에 내려가던 중 깡마르신 70대 할아버지 한 분이 무더운 대낮에 폐휴지를 잔뜩 지고 힘겹게 집 안으로 들어가시는 장면을 보게 되었다. 지친 걸음과 휘어진 허리가 너무 힘겹고 안쓰러워 보였는데, 저렇게 사시다 가시는 건가 생각하니 그 모든 움직임들이 심지어 무의미해 보이기까지 하여 슬펐다. 바로 그때, 불현듯 다른 방식으로 생각하게 되는 '순간'을 얻었다. '만일 저 어르신이 저렇게 힘들게 땀을 흘리는 이유가 단지 생계를 위해서가 아니라, 집 안에 있는 누군가를 위해 대가를 바라지 않는 순수한 사랑을 실천하기 위해서라면….' 그 순간 그 할아버지의 힘겨운 몸짓은 눈부시게 아름다운 행동으로 변하게 될 것이다.

사랑으로 하지 않는 모든 것은 무미건조하다. 오직 말씀을 따를 때라야 다가갈 수 있는 대가를 바라지 않는 사랑만이 모든 것을 아름답게 한다. 이유는 그것이 처음부터 천지를 지으신 하나님의 질서였기 때문이다. 이를 위해 자기중심성으로 눈이 가려진 사람들이 하나님을 알 수 있도록 곳곳에 하나님의 영광을 나타내는 중요한 신호들과 메시지들을 심어 놓으셨다. 그리고 혼란과 어둠 속을 헤매곤 하는 우리 안에서 그 메시지들이 작동하도록 하기 위해 성령으로 자극하고 감동을 주신다.

따라서 우리 삶이 혼돈과 흑암의 어둠으로 깊을지라도 혼돈의 수면 위를 운행하시는 성령님을 통해서 말씀을 받아 사랑의 자리로 달려가게 될 때, 혼돈의 자리가 질서정연하고 풍성한 하나님의 성전으로 바뀌는 은혜를 누릴 수 있다.

보시기에 좋았던

사랑의 질서

우리는 바로 그런 관점에서 하나님의 감탄사 곧 '보시기에 좋았다'(10, 12절)는 표현을 이해해야 한다. 개인적 기호가 아니라 질서의 정연함에 관한 것이다.

어느 날 〈아침마당〉이라는 TV프로그램에 누군가에게 '흠뻑 빠진' 사람들 여럿이 출연했다. 특정 농구선수에게 꽂혀 일생 쫓아다닌 사람, 평생 전국노래자랑만 쫓아다닌 노부부도 있었다. 그중에 대중에게는 생소한 무명 트로트 가수에게 꽂혀 마음을 쏟아 쫓아다니는 40대 주부도 있었다. 진행팀은 그 주부를 위해 그녀의 우상을 섭외하여 노래를 부르며 깜짝 출연하게 했다. 그 순간 해당 주부의 얼굴은 더 이상 바랄 게 없는 기쁨으로 충만했다. 가히 천국을 만난 것 같았다. 하지만 노래가 시작되는 순간 나와 아내는 외마디 탄식으로 합창했다. 우리에겐 그저 '영 아니었던' 것이다. 하지만 그 가수를 통해 평생의 기쁨을 누리는 사람이 있는 마당에, 우리의 거부감이란 얼마나 주관적인가?

하나님이 보시기에 좋았다는 것은 결코 이런 개인적인 기호에 관한 문제가 아니다. 그것은 하나님의 안식의 질서와 관련이 있다. 혼돈과 공허와 흑암이 성삼위 하나님에게서 분출되는 사랑의 질서로 가다듬어지는 모습이 그토록 보시기에 좋았다고 표현하신 것이다.

모두 고요히 잠자는 늦은 시간에 바깥 상가에서 웃고 떠들어대는

조각난 삶을 위한 하나님의 건축

술 취한 남녀들보다 누추한 이들도 없다. 모두가 고요히 잠자는 시간 이라는 것을 의식하고 목소리를 낮추거나 조용히 집으로 돌아가는 모 습이야말로 '보기에 좋았더라'가 될 것이다. 그것이 사랑의 질서다.

하나님의 창조는 우리가 회심할 때 일어나는 사건과 비슷하다. "빛이 있으라" 하실 때, 새 역사가 시작되고 질서가 잡히고 하나님이 보시기에 아름다운 상황이 시작되었던 것과 마찬가지로 그리스도를 아는 빛이 우리의 영혼에 비칠 때, 우리 영혼은 그 대가를 바라지 않는 사랑의 힘에 의해 진정한 질서를 잡아가기 시작한다. 우리 존재가 하 나님의 성소가 되고 우리 안에서 새 일이 시작된다. 그리스도를 아는 빛은 말씀을 통해 가장 확연하게 우리 영혼에 비치게 된다.

3

예배는 어둠으로 가득한 삶을
비추는 빛

왕의 명령은
우리 존재의 터전이다

폭풍과 지진이 두려운 것은 그것이 발생하면 우리가 더 이상 갈 곳이 없기 때문이다. 20년 전 인천에서 중국 텐진으로 가기 위해 길이 180여 미터, 무게 2만 6천 톤급의 큰 배에 올랐지만 서해 먼 바다 폭풍 속에서는 흔들리는 양동이 속 종이배에 불과했다. 끔찍한 멀미에 시달리는 것보다 더 심각한 문제는 피할 곳이 없다는 사실이었다. 배가 내가 의존하고 있는 전부였기 때문이다.

마찬가지로 존재의 터전이 흔들리면 우린 갈 곳이 없다. 존재의 터전은 내가 거기에 있는 이유와 내가 움직이는 목적과 오늘을 살아야 할 의미를 알려주는 자리다. 그런데 그 터전이 흔들리는 시간이 오면, 살아갈 방향은 증발하고 현재 발버둥치는 이유를 잃은 채 혼미한 어둠 속으로 빨려 들어간다. 모든 것이 무너지는 순간이다.

우리는 대부분의 경우 우리 존재의 터전을 이 세상이 결정하도록 내버려둔다. 물론 스스로 선택한 거라고 생각할 수도 있다. 하지만 그것이 내가 선택한 것처럼 생각하도록 세뇌당한 것이 아니라고 누가 장담할 수 있겠는가? 세상이든 나 자신이든 얼마나 변화무쌍하고 얼마나 자기중심적이고 얼마나 연약한가? 작은 사건 하나만으로도 의미와 목적이 순식간에 사라지고 정해진 시간은 끝나며 만회할 기회도 더 이상 주어지지 않는다. 그런 우리에게 창세기는 우리 존재의 터전이 '왕의 명령'이라고 선언한다.

고대사회에서 왕의 명령은 백성의 현실 그 자체였고 존재의 터전이었다. 백성의 생사와 삶의 모든 것이 왕의 명령으로 결정되었다. 고대 왕의 명령에도 백성을 위하는 강령들이 없지 않았지만, 대개는 왕자신의 위엄과 권력 유지를 위해 백성의 희생과 충성을 강요하는 명령들이었다. 백성은 왕의 명령으로 자신을 희생해야만 했다. 우리가 세계 곳곳의 거대한 유적지들 앞에서 감탄하지만 그것의 대부분은 왕의 명령을 받은 백성의 피와 땀으로 건설된 것들이다.

이런 분위기는 고대 창조신화에 고스란히 반영되어 있다. 고대 창조신화에서 신들은, 계급이 낮은 신들의 시종으로 부려먹기 위해 인간을 만들어 멍에를 씌운다. 거기에 등장하는 홍수 이야기는 과도하게 불어난 인구 때문에 귀찮아진 신들이, 인간들을 쓸어버리기 위해 일으킨 장난이었다. 영화 〈쉰들러 리스트〉를 떠올릴 때, 마음에 가장 선명하게 남은 장면은 수용소 관리 책임자인 독일군 장교가 높이 쌓은 자기만의 아방궁에서 총을 들고 서서, 저 아래 수용소 바닥을 힘겹게 오가는 유대인들을 재미삼아 사냥하는 장면이었다.

하지만 창세기에 등장하는 창조주, 왕이신 하나님의 명령은 완전히 다르다. 그분의 명령은 자신의 위엄과 권세를 시위하고 피조물을 부리기 위한 지령이 아니라, 자신의 넘치는 사랑이 그대로 반영된 인격적인 말씀이었다. 그분은 자기 명령으로 빚어지는 모든 피조물들을 보면서, '보기에 좋다'고 감탄하신다. 자신의 인격 안에 있는 질서가 그대로 반영된 기쁨의 탄성이었다. 그리고 자기 존재의 연장으로 자신을 대신하여 모든 피조물을 다스리도록 권세를 위임한 존재를 자기 형상대로 지으신다.

이 아름답고 기이한 왕에 대해 생각하다가, 이런 문장을 하나 적었다.

'나 없이 완전하신 분이 나 위해 목숨을 걸다니 참으로 이상한 분이시다.'

창조주 하나님은 나 따위의 존재가 하등 필요치 않은 분이시다. 내가 어떻게 하는지가 그분에게는 아무 상관이 없다. 그런데 그가 피조물인 나에게 사랑으로 매이신다. 나를 목숨 걸고 사랑할 자로 여기신다. 기이하다. 하나님은 그 기이한 사랑의 말씀, 세상을 창조하신

예배는 어둠으로 가득한 삶을 비추는 빛

왕의 명령이 우리 존재의 터전이라 하신다.

'분별'은 인간을 위한
왕의 명령이다

왕이신 하나님의 최초 명령은 빛을 향한 것이었다(창 1:3). 우리는
이미 앞에서 그 빛이 하나님의 창조선언, 이 땅에 속한 모든 생명의
시작이라는 점을 살펴봤다. 빛은 어둠에 감추어져 있던 모든 것을 드
러내어 보게 한다. 혼돈 속에 있던 모든 것을 질서정연하게 바로잡는
다. 다시 말해, 빛은 생명과 삶의 시작이다. 우리는 빛이 없는 세상을
상상할 수 없다. 빛과 함께 보이지 않던 모든 것이 볼 수 있게 드러나
고, 빛과 함께 모든 무질서가 질서정연해진다. 그런데 빛이 있으라 하
셨던 하나님께서 이제 하늘을 향해 이렇게 명령하신다.

> 하나님이 이르시되 하늘의 궁창에 광명체들이 있어 낮과 밤을 나
> 뉘게 하고 그것들로 징조와 계절과 날과 해를 이루게 하라 또 광
> 명체들이 하늘의 궁창에 있어 땅을 비추라 하시니 그대로 되니라
>
> **창 1:14-15**

최초의 빛이 이 땅 생명의 시작을 선언했다면, 하늘의 광명체들은
이 땅의 눈을 열어 '때'를 보게 한다. 땅과 바다의 모든 동물과 공중의
새와 심지어 식물까지, 세상의 모든 피조물은 때를 분별해야 살 수 있

다. 하지만 낮과 밤의 변화, 계절의 변화를 통해서, 또 광명체의 어떤 미세한 변화들을 통해서 어떤 표적 또는 징조(Sign)를 보고 분별해야 하는 존재는 바로 사람이다. 예수님은 이렇게 말씀하신 적이 있다.

> 너희가 저녁에 하늘이 붉으면 날이 좋겠다 하고 아침에 하늘이 붉고 흐리면 오늘은 날이 궂겠다 하나니 너희가 날씨는 분별할 줄 알면서 시대의 표적은 분별할 수 없느냐 **마 16:2b-3**

하늘의 색깔은 하늘의 광명체들이 결정한다. 색깔은 대기에 가 닿는 빛 스펙트럼의 어떤 부분과 빛의 양과 두께가 빚어내는 작품이다. 그런데 예수님은 우리에게, 하늘의 색깔이 날씨를 판단하는 표식이 될 수 있다면, 당연히 눈앞에 드러나는 사건이나 현상들로 시대를 분별할 수 있어야 하지 않겠느냐고 물으신 것이다. 따라서 하늘의 광명체들을 통해 빛이 빚어내는 여러 변화들을 보는 동안, 눈에 보이는 현실 이면에 담긴 메시지들을 들여다볼 수 있도록 하나님의 빛을 구해야 하지 않겠느냐고 말씀하신 것이다.

더 나아가 예수님은 이렇게 말씀하신다.

> 때가 아직 낮이매 나를 보내신 이의 일을 우리가 하여야 하리라 밤이 오리니 그때는 아무도 일할 수 없느니라 **요 9:4**

예배는 어둠으로 가득한 삶을 비추는 빛

예수님은 제자들이 태양이 운행하는 낮과 태양이 얼굴을 감추는 밤을 하나님의 때와 연관시켜 생각하기를 바라신다. 낮은 여전히 빛이 비추는 때다. 곧 빛이 있으라 하신 하나님의 말씀이 활동하는 때다.

그렇다면 밤은 빛이 사라지는 때, 곧 하나님의 말씀이 더 이상 들리지 않는 때다. 우리 영혼의 낮과 밤은 그렇게 왕의 명령을 들을 수 있느냐 없느냐에 의해서 결정된다. 왕의 명령, 곧 하나님의 말씀이 들리지 않으면 우리는 아무리 원해도 왕이 만드신 세상에서 제대로 된 삶을 살 수 없다. 낮과 밤뿐 아니라, 계절도 마찬가지다. 창세기 1장 14절에 언급된 계절을 보고 우리는 보통 '봄 여름 가을 겨울' 사계절을 떠올린다.

하지만 본문이 말하는 계절, '모에드'는 더 넓은 의미로 '정한 때'라는 뜻이다. 심을 때와 거둘 때, 품을 때와 놓아줄 때, 떠날 때와 돌아올 때 등 어떤 적절한 시기를 뜻한다. 따라서 계절을 보고 표식을 삼으라는 말은, 우리 삶 깊숙이 말을 걸어오시는 하나님의 '때'를 제때 분별하라는 말씀이다. 많은 경우 인생은 타이밍이다. 하나님은 우리가 계절의 변화를 보면서 하나님께 '타이밍'에 관해 질문하도록 왕으로서 광명체에게 거기에 있도록 명령하신 것이다.

우 리 삶 이 빛 을 따 라 가 도 록
광 명 체 를 두 시 다

하나님께서 하늘의 광명체들을 거기에 두신 이유는 무엇보다 땅을 비추도록 하기 위해서였다.

> 또 광명체들이 하늘의 궁창에 있어 땅을 비추라 하시니 그대로 되
> 니라 **창 1:15**

이 평범한 말이 당시 이스라엘 백성에게는 너무나 중요한 하나님의 메시지였다. 고대인에게 하늘의 광명체들은 위엄과 영광과 모든 능력의 원천이었고, 예배의 대상이었다. 하늘의 태양은 그 아래 거주하는 무지한 인간들의 현재와 미래에 대한 신성한 위엄과 권세를 소유하고 있었다. 별들은 인간이 갈 길을 보여주는 계시를 담고 있었다. 달은 두려운 심판과 저주를 내릴 능력을 지니고 있었다.

그런데 하나님은 그것들에게 부여되어 있던 신적 성격을 거두어 내신다. 그리고 그것들에게 오히려 이 땅을 위해, 특히 이 땅을 다스리도록 위임받은 인간들을 위해 궁창에 걸려 있도록 명령하신다. 그것들은 수명이 매우 길고 크기가 엄청난 전구에 불과하다는 관점을 부여하신다. 그것들은 하나님 나라의 직원들일 뿐이다.

물론, 태양이 거기에 있음으로 우리는 행복하다. 태양은 우리의 마음을 미래로 향하게 한다. 달은 과거를 돌아보게 한다. 별은 우리의 정서를 일깨운다. 태양이 빚어내는 저녁노을은 얼마나 가슴 시리게 아름다운가? 게다가 태양은 따뜻한 온기를 줄 뿐 아니라, 더위와 추위 사이에서 우리의 신체와 정서를 단련시키고 마음을 더 깊이 있게

예배는 어둠으로 가득한 삶을 비추는 빛

빚어준다. 달과 별은 우리 마음에 평화를 선물한다. 또한 어두운 밤길을 비춰주고, 때로는 나아갈 방향을 알려주는 이정표가 되기도 한다. 그렇게 우리로 하여금 시공간 내에서 자신의 위치와 시간을 알 수 있게 해준다. 참으로 고마운 존재지만 고마움을 느끼는 것과 숭배하는 것은 완전히 다른 문제다. 고마운 대상이 숭배의 대상이 될 때, 파멸이 시작된다. 그것은 숭배하는 자나 숭배받는 자 모두와 둘 사이의 관계를 동시에 파괴한다. 따라서 하나님은 하늘의 해달별을 고대인들이 불렀던 신적 이름과는 완전히 무관하게 그저 '광명체'라 부르신다. 쉽게 말해 전구라는 것이다.

그리고 광명체 이야기를 땅의 식물과 바다와 하늘의 피조물 이야기 사이에 두심으로, 광명체에 부여된 과도한 신적 의미들을 거세하시고, 그것들이 다른 고마운 피조물들 중 하나에 불과하다는 사실을 부각시키신다. 물론 태양과 달과 별은 다른 피조물들보다 더 기능적일 수도 있겠지만, 궁극적으로는 지구의 생태계와 인간의 필요에 적절히 어울리도록 만들어진 피조물, 우주에 채용된 하나님의 직원 이상일 수 없다. 그것들은 밤의 문과 낮의 문을 지키는 문지기들일 뿐이다.

하나님이 두 큰 광명체를 만드사 큰 광명체로 낮을 주관하게 하시고 작은 광명체로 밤을 주관하게 하시며 또 별들을 만드시고 하나님이 그것들을 하늘의 궁창에 두어 땅을 비추게 하시며 낮과 밤을 주관하게 하시고 빛과 어둠을 나뉘게 하시니 하나님이 보시기에

좋았더라 저녁이 되고 아침이 되니 이는 넷째 날이니라 창 1:16-19

우리는 앞에서 하나님의 창조가 하나님이 거하시는 성전 건축을 상징한다고 했다. 그것은 신학적인 주제가 아니라 가장 현실적인 주제다. 그 이유는, 이 땅이 하나님이 거하시는 성전으로 지어졌다면 이 땅을 살아가는 우리 삶의 방식이 경쟁이나 전쟁이나 구경이 아니라 예배여야 하기 때문이다. 또 우리 삶의 방식이 예배일 때에라야 우리가 가장 합당하고 풍성한 삶을 살 수 있게 될 것이기 때문이다.

예배는 삶이 내 욕망과 이기심과 두려움에 의해서 조종되지 않고 하나님의 질서에 따라 움직이는 것을 말한다. 그렇게 되면 어둠 속을 헤매던 삶에 빛이 들어오고 우리도 모르는 사이에 우리가 세상의 빛이 되어 있는 것을 알게 된다. 그런 의미에서 예배는 어둠으로 가득한 우리의 삶을 비추는 빛과 같다.

광야의 이스라엘에게 예배는 성막으로 표현되었다. 따라서 성막이 예배였고, 그것은 그들이 지나는 광야의 어둠을 밝히는 빛이었다. 성막에서 예배를 드림으로써 이스라엘은 광야 어둠 속을 걸을 수 있었다. 그것은 광야 같은 어둠을 통과하는 우리에게도 마찬가지다.

광야의 성막은 '광야의 빛'이라는 의미에서 그 안에 빛을 담고 있었다. 그 빛은 성소 안에 있는 하나님과의 영원한 식탁교제를 상징하는 떡상 맞은편에 있는 등잔대의 등불을 가리킨다. 히브리어로 등불은 '마오르'이고, 그것이 바로 '광명체'(창 1:14-16)다. 다시 말해, 하늘

예배는 어둠으로 가득한 삶을 비추는 빛

에 어둠을 밝히는 광명체를 두신 하나님은 광야의 성막에도 광명체를 두심으로써 광야 같은 어둠을 통과하는 우리의 삶이 예배를 통해 빛을 따라가게 하셨던 것이다.

말씀이 현실을
변화시킨다

혼돈과 어둠의 세상에 하나님의 질서를 시작하신 그 빛, 어두운 광야 길을 제대로 가게 하는 그 빛을 성경이 뭐라 하는지 우리는 이미 알고 있다.

> 주의 말씀은 내 발에 등이요 내 길에 빛이니이다 시 119:105

> 주의 말씀을 열면 빛이 비치어 우둔한 사람들을 깨닫게 하나이다 시 119:130

하나님은 처음부터 빛이 있으라 말씀하셨고 빛이 생겼다. 따라서 말씀이 곧 빛이 되었다. 그 빛은 흑암을 물리쳐 모든 것을 볼 수 있게 했고, 혼돈의 세상을 하나님의 질서로 채우기 시작했다. 그것이 왕이신 하나님의 창조의 기본이요 본질이었다. 그의 명령 곧 말씀이 빛이 되어 어둠을 밝히고 질서를 세우는 세상을 일으키신 것이다.

이쯤 되면 이미 예측하겠지만, 결국 빛과 말씀은 한 인격체 안에서 만나 하나가 된다.

> 태초에 말씀이 계시니라 이 말씀이 하나님과 함께 계셨으니 이 말
> 씀은 곧 하나님이시니라 그가 태초에 하나님과 함께 계셨고 만물
> 이 그로 말미암아 지은 바 되었으니 지은 것이 하나도 그가 없이는
> 된 것이 없느니라 그 안에 생명이 있었으니 이 생명은 사람들의 빛
> 이라 빛이 어둠에 비치되 어둠이 깨닫지 못하더라 요 1:1-5

예수님은 세상을 창조하신 말씀이시고, 또 세상을 비추는 빛이
시다. 따라서 우리는 예수님을 통해서만 세상을 가장 밝고 온전하게
볼 수 있고, 예수님을 통해서만 진정으로 질서정연한 삶을 시작할 수
있다. 결국 예수님은 빛으로 또 말씀으로 온 세상을 하나되게 하시는
왕이시다.

> 하늘에 있는 것이나 땅에 있는 것이 다 그리스도 안에서 통일되게
> 하려 하심이라 엡 1:10

우리는 늘 분열된 세상의 모습을 본다. 누군가의 불의와 이기적
탐욕에 의해 또 다른 누군가가 처참하게 희생되는 모습을 늘 접하면
서 산다. 동시에 그런 탐욕의 그림자가 늘 내 안에서도 머리를 들고
있다는 사실을 인식한다.

따라서 우리는 세상의 하나됨에 대해서 결코 낙관할 수 없다. 어쩌면 이미 절망하여 포기했는지도 모른다. 어찌 나를 그토록 잔인하게 짓밟았던 그 인간과 함께 마주 앉아 진심어린 마음으로 식사를 나눌 수 있겠는가? 우리는 결코 할 수 없다. 그래서 예수님은 말씀하신다.

"맞다. 넌 결코 할 수 없다. 그래서 내가 했다!"

그리고 이렇게 말씀하고 싶어 하실 것이다.

"너는 그 꼴 보기 싫은 인간과 상대하지 말고 나만 상대해라. 네가 마주 앉는 사람은 그가 아니라 나다. 내가 비추는 빛을 따라 나와 마주 앉은 것이다. 네가 그와 대화를 나누는 것은 그와 대화하라고 하는 나의 명령에 따른 것이다. 네가 나 때문에라도 그렇게 할 수 있는 이유는 창조주인 내가 피조물인 너를 목숨 걸고 사랑했고 네가 그 사랑을 받았기 때문이다. 네가 나를 사랑하게 되었기 때문이다. 나를 사랑하면 그 빛, 말씀을 따라갈 수 있고, 가다 보면 어느새 네 안에서, 네 가정 안에서, 네 교회 안에서 통일이 이루어지고 있는 것을 보기 시작할 것이다."

브라이언 채플은《은혜가 이끄는 삶》에서 이것을 "그 사랑과 은혜가 내 마음에 화학적 변화를 일으켜 살게 한다"고 표현했다. 그 사랑과 은혜가 우리 마음에서 새 창조의 빛으로 임하는 것이다.

우리가 따르는 빛이 희미하게 보이는 것은 빛이 희미해서가 아니라 우리 눈이 흐릿하기 때문이다. 우리가 따르는 왕의 명령이 초라하고 비현실적으로 느껴질 수 있으나 그것은 그 말씀에 권능이 없어서가 아니라, 현실에 대한 우리의 지나친 두려움 때문이다. 우리가 따르는 그 빛은 우주창조의 시작이었고 모든 것을 보게 하는 능력이다. 우리가 따르는 그 말씀은 세상을 창조하고 지금까지 세상을 붙들고 있는 권능이다. 세상을 창조하는 하나님의 말씀은 현실을 변화시키는 행동이다.

말씀을 따르지 않으면
다시 혼돈과 흑암이다

예레미야서는 왕이신 하나님의 말씀이 빛으로 제대로 작동하지 않으면 어떻게 또다시 혼돈과 흑암으로 되돌아가는지를 생생하게 가르쳐준다.

보라 내가 땅을 본즉 혼돈하고 공허하며 하늘에는 빛이 없으며 내가 산들을 본즉 다 진동하며 작은 산들도 요동하며 내가 본즉 사람이 없으며 공중의 새가 다 날아갔으며 보라 내가 본즉 좋은 땅이 황무지가 되었으며 그 모든 성읍이 여호와의 앞 그의 맹렬한 진노 앞에 무너졌으니 렘 4:23-26

다시 말해, 빛이 있으라 하신 왕의 명령, 곧 그 말씀이 시행되지 않으면 그 자리는 즉시 우리 탐욕의 목소리가 차지하게 되고, 그렇게 되면 혼돈과 흑암이 다시 시작된다.

예배는 어둠으로 가득한 삶을 비추는 빛

이스라엘이 하나님의 말씀을 듣지 않은 이유는 '목을 곧게 하였기 때문'이다. 목이 곧다는 것은 하나님보다 자기가 더 옳다고 생각한다는 가장 확실한 표시다. 하나님은 용서하라 하시는데, 용서할 수 없다는 자신의 판단이 용서하라는 왕의 명령보다 더 옳다고 확신한다. 왕은 기다리라 명령하시는데, 지금 뭔가를 하지 않으면 안 될 거라는 자기 생각이 기다리라는 왕의 명령보다 더 옳다고 확신한다. 그리고 결국 자기 생각대로 움직인다. 그의 왕은 언제나 자기 자신이다.

그렇다면 우리가 갈 길은 분명하다. 날마다 죽는 길뿐이다. 예수 그리스도께 나를 의탁하여 예수께서 내 안에서 사시게 하는 길뿐이다. 그것을 달리 말하면 빛을 따라 사는 삶이다. 매순간 말씀을 좇아 살아가는 삶이다. 그의 사랑과 은혜를 날마다 새롭게 깨닫고, 그 사랑과 은혜에 깊이 잠기는 삶이다. 그 길을 떠나면 또다시 혼돈과 공허와 흑암이지만, 그 길을 걸으면 거기에는 반드시 생명이 있다. 우리 중 누구도 뒤처지지 말고, 결단코 반드시 함께 생명의 길을 가게 되기를 열망한다.

4

나는 더
사랑하는가?

내 욕망대로 살아봐야
별 볼 일 없다

어느 날 식당에서 밥을 먹고 있는데 옆 테이블에 앉은 두 아가씨의 대화가 귀에 들어왔다. "희정이 걔는 자기를 희생하고 버리면서까지 사랑하는 스타일이잖아. 근데, 나는 그렇게 못해. 나는 이성적이야." 그 대화를 듣자니 좀 이상했다. '나는 이기적이야'라고 말해야 하는 대목에서 '이성적'이라고 말했기 때문이다. 그 아가씨 말대로라면, 자기희생적으로 사랑하는 사람은 비이성적이고 감상적이고 바람직하지 않다.

약간 어색하고 우습고 무섭다. 정말 따지자면, 뭐가 더 이성적이고 더 합리적이고 더 바르고 더 추천할 만하고 더 아름다운 것이란 말인가? 하나님께서 죽어가는 이 땅을 살리기 위해 허락하신 질서를 비이성적인 것으로, 감상적인 것으로 치부하는 습관은 우리 의식과 언어 속에 깊이 뿌리내려 있다. 거창하게 말하면, 인류 대혼란의 근본원인이다.

사람은 어리석고 교만하다. 갓 덧셈 뺄셈을 마친 유치원생이 수학을 정복한 듯 뻐기는 모습은 귀엽다. 하지만 거의 무한한 우주 한가운데 먼지만 한 지구에 살면서 지구 바로 옆에 붙어 있는 화성 사진 몇 장에 환호성을 지르는 처지에 우주를 정복한 지배자인 양 '우주에는 신이 없다'고 호언하는 모습은 안쓰럽다. 녹조로 몸살을 앓는 강이나 동네 실개천 하나 제대로 못 살리는 인간이 우주의 주인 행세를 하려는 것은 격에 맞지 않는다.

아직 하나님의 말씀을 따라 충실하게 살아본 적도 없으면서, 또 하나님의 말씀 안에서 살 때의 자유와 평화와 부요함을 제대로 맛본 적도 없으면서 단지 그의 말씀을 따르면 내가 원했던 삶을 살 수 없을 것 같은 막연한 두려움 때문에, 내 욕망대로 살아봐야 별 볼 일 없다는 사실을 제대로 알지 못하는 근거 없는 호기심 때문에 우리는 만왕의 왕의 말씀을 따라 살아갈 때만 누릴 수 있는 생명 가득한 삶을 외면하는 중이다.

하나님은 창조론 논쟁으로
한계 지을 수 없는 분

만왕의 왕의 말씀은 곧 생명이다. 생명은 왕의 말씀과 함께 시작된다. 이제 그 왕은 바다와 하늘과 땅에게 이렇게 명령하신다.

> 하나님이 이르시되 물들은 생물을 번성하게 하라 땅 위 하늘의 궁창에는 새가 날으라 하시고… 하나님이 이르시되 땅은 생물을 그 종류대로 내되 가축과 기는 것과 땅의 짐승을 종류대로 내라 하시니 그대로 되니라 창 1:20, 24

이 말씀은 언뜻 하나님께서 물과 하늘과 땅에게 스스로 무언가를 만들어낼 수 있는 능력을 부여하신 것처럼 읽힌다. 아무 것도 없는 물에게 생물을 내놓으라 하시고 빈 궁창에게 새를 내어 날게 하라고 명령하시고, 땅에게는 생물을 그 종류대로 내라고 요청하시는 것이다.

창세기 1장 20, 24절의 이 말씀은 소위 유신론적 진화론, 혹은 진화론적 창조론의 근거로 사용된다. 하나님이 세상을 창조하신 것은 확실하지만 물과 하늘과 땅에게 스스로 점진적인 발전을 이루어갈 수 있는 소위 진화의 능력까지 부여하셨다는 주장이다. 그에 따라 이들은 탄소 동위원소 측정을 통해, 또 별의 거리를 통해 지구의 나이를 수십 억 년으로 계산해야 한다는 입장을 취한다. 허블 망원경 관측에 따르면 별빛 중 상당수는 빛의 속도로 수백만에서 수억 년 전부터 달려와 지금 우리의 시상에 들어오는 빛들이다. 그러니까 그 별들은 최소한 수백만에서 수억 년 전에 만들어졌다는 이야기다.

우리가 전통적으로 알아왔던 창조론은 성경에 기록된 연대들을 계산해서 지구 나이가 6천 년이고, 하나님은 현재 존재하는 생명체들을 처음부터 그 종류 그대로 지으셨다는 입장이다. 하지만 진화론적 창조론자들(유신론적 진화론자들이라 할 수 있는데, 이들은 하나님의 창조에 진화가 포함되었다고 생각한다)은 이런 주장을, 하나님이 허락하신 정당한 과학적 발견까지 교리적 신념으로 거절하려는 두려움의 산물이라고 생각한다.

물론 진화론적 창조론 안에도 다양한 의견들이 있지만, 큰 골격은 비슷하다. 사실 현대 젊은 학자들뿐 아니라 보수 신학자들 중 다수는 지구 나이 6천 년이라는 '젊은 지구론'에 매달리지 않는다. 과학적 발견들이 하나님의 창조를 무효화하기는커녕 더 확실하게 지지할 수 있다는 입장을 취한다. 실제로 인간게놈 프로젝트 총책임자였던 프랜시스 콜린스 같은 권위 있는 과학자는 과학적 발견을 통해 하나님의 창조를 더 선명하게 알게 된다고 말한다.

어쨌거나 젊은 지구론자들과 진화론적 창조론자들은 우주가 언제 만들어졌느냐, 어떤 형태로 만들어졌느냐에 대해서는 큰 차이점을 보이지만, 세상이 하나님의 말씀에 의해서 무에서 유로 만들어진 창조의 결과라는 것에는 의견을 같이하고 있다.

"그럼, 당신은 어떤 입장이냐"고 물을 것 같아서 미리 밝힌다. 내 입장은 창조에 대한 복잡한 논쟁들이 하나님의 위대하심에 하등 지장을 주지 못한다는 입장이다. 하나님은 우리의 제한적인 지성 싸움에 좌우될 만큼 작은 분이 아니시라는 사실을 절대 잊어버리지 말아야 한다는 입장이다. 젊은 지구론으로 하나님을 지킬 수 있다고 생각하는 것이 얼마나 교만하거나 무례할 수 있는지, 진화론적 창조론을 통해 하나님을 과학의 공격으로부터 보호하려는 태도가 얼마나 초라할 수 있는지를 겸손히 인정할 수 있어야 한다는 입장이다. 하나님은 우리 주장과 입장에 의해서 그 존재가 더 커지거나 제한 당하시는 분이 아니라는 입장이다. 진화론적 창조론이건, 젊은 지구론이건, 이 모든 주장들은 단지 성경과 과학과 상상력이 혼합된 우리끼리의 이야기일 뿐이라는 입장이다.

우리는 인간의 지성을 존중하고, 과학적 발견을 기뻐할 수 있지만, 우리의 지성과 과학적 발견이 하나님을 더 큰 분으로 확대하거나, 더 작은 분으로 축소시킬 수 있다는 생각은 완전히 우리의 교만이나 두려움일 뿐이다. 세상이 하나님의 말씀에 의해서 그 종류대로 창조되었다는 것이 분명한 성경의 선언이라는 사실만 중요하다.

> 하나님이 큰 바다 짐승들과 물에서 번성하여 움직이는 모든 생물을 그 종류대로, 날개 있는 모든 새를 그 종류대로 창조하시니 하나님이 보시기에 좋았더라…하나님이 땅의 짐승을 그 종류대로, 가축을 그 종류대로, 땅에 기는 모든 것을 그 종류대로 만드시니

나는 더 사랑하는가?

우리는 창조를 무에서 유가 만들어진 것이라고 하지만 실은 무에서 유가 아니라, 하나님의 생명에서 만물의 생명으로의 창조라고 해야 한다. 생명은 생명에서만 나온다. 우리는 창조의 방법과 기간이 아니라, 세상을 지으신 창조주 하나님께서 피조물인 우리에게 어떤 말씀을, 어떤 의도로 하고 계시는가에만 집중할 뿐이다.

우리는 과학과 신앙을 대립적 구도로 생각하는 습관을 익혀왔기 때문에, 자녀들이 학교와 교회 사이에서 지속적으로 갈등하게 만들어 왔다. 학교에서 왕따를 당하든가, 교회를 떠나든가, 적당히 감추고 살든가. 하지만 이성과 과학적 발견의 한계를 인식하되 그 유용성을 수용할 수도 있어야 한다. 모든 하나님의 선물은 잘 받으면 유용하지만 과대하게 생각하면 과신 혹은 두려움의 대상이 된다. 캘리포니아대학교 리버사이드 캠퍼스 고인류학과 이상희 박사는 이렇게 말한다.

"나는 무신론자였다가 어느새 그리스도인이 되었다. 성경에는 과학으로 설명되지 않는 요소들이 매우 많다. 그러나 그렇다고 해서 과학이 옳다거나 성경이 틀렸다는 생각은 전혀 하지 않는다. 나의 과학적 사고방식에 근거해서 현실적으로 불가능하다고 여겨지는 것이 있다고 해도, 하나님도 그렇게 하실 수 없는 분이라고 생각하는 것은 얼마나 무례한가? 내 논리와 지식 밖의 일은 하나님도 할 수 없으셔야 하는가? 그렇다면 그분이 어찌 하나님이시겠는가?"

우리는 이성적 잣대를 가지고 하나님을 재단할 수 없고, 동시에 내 작은 머리로 하나님을 보호할 수도 없다. 우리는 단지 세상을 지으신 하나님을 더 세밀히 발견하면서 그를 찬양할 뿐이다.

요즘 나는 이전보다 더 많은 책을 읽으려는 욕구를 강렬하게 느끼면서, 이런 질문을 하게 되었다.

'나는 왜 자꾸 더 알고자 하는가? 속 시원히 아는 게 그렇게 중요한가? 아니 과연 속 시원히 알 수 있는가? 내가 더 많이 알고자 하는 근본적인 이유는 무엇인가? 많이 알면 더 잘사는가? 많이 아는 것과 욕망이 만나면 사악함이 더 깊어질 뿐이고, 많이 알려는 욕망 안에는 이미 전지자적 시점을 확보함으로 하나님의 자리에 앉아 자신과 세상을 통제하려는 욕망이 있지 않은가? 우리는 속속들이 다 알고자 하는 마음 때문에 오히려 관계를 깨뜨리지 않는가? 나보다 신학적 지식이 월등히 적은 분이 나와는 비교할 수 없이 더 깊은 사랑으로 하나님을 섬길 수 있다는 사실을 알지 않는가? 내가 또다시 선악과를 따먹고 무엇이 선인지 무엇이 악인지를 스스로 판단하여, 만물을 통제할 수 있는 하나님이 되고 싶어 하는 중인지 어떻게 알겠는가?'

돌보도록 맡기신 만물 위에 군림하는 인간

누가 뭐래도 창조의 주인, 생명의 주인, 그리하여 선악의 기준이 되는 분은 하나님뿐이시다. 따라서 우리에게 중요한 것은 하나님이 지으신 모든 생명체들을 우리가 어떤 시선으로 바라보아야 하는가다. 하나님은 우리가 어떻게 하기를 원하실까? 최고의 전문가들조차 아직 발견하지 못한 생명체들 일반 사람들에게는 결코 알려진 적이 없는 수많은 생명체들을 그 종류대로 거기에 존재하게 하신 하나님의 뜻은 무엇인가? 사람 얼굴을 한 심해 물고기 블로브피시나, 기린 만큼 목이 긴 영양 게레눅, 발차기 한 방으로 어린아이를 죽일 수도 있는 무서운 새 화식조 등 수백만 종의 생명체들 하나하나에 어떤 의미와 존재 가치가 있는지 우리는 알 길이 없다.

자기 힘을 잔뜩 의식하는 사람은 자기가 쉽게 부릴 수 있을 것이라 생각되는 사람을 함부로 대하지만 실은 그 하찮아 보이는 사람의 존재 가치가 자기 힘을 의식하는 사람보다 훨씬 더 묵직할 수 있다. 우리가 알지 못하는 생명체들의 가치와 의미도 마찬가지다. 이유는 단 하나다. 하나님 말씀의 생명력이 그 생명체들 안에 흐르고 있기 때문이다.

하나님은 장난치듯 창조하신 분이 아니다. 우리가 생명 그 자체에 대해 경외감을 가져야 하는 이유는 그것이 오직 하나님의 신적 인격에서 흘러나온 것이기 때문이다. 따라서 파리나 모기를 죽일 때 미안해하며 죽일 수는 없겠지만, 원수 갚듯, 장난치듯 죽이는 것은 다시 생각해볼 일이다.

나는 운전하던 중 운전석 앞 유리에 붙은 진드기 같은 것을 무심결에 손으로 눌러 죽였다. 잠시 후 가슴에 붙은 작은 거미 같은 것을 보고는 질겁해서 죽였다. 그때 생각했다.

'왜 나랑은 비교도 되지 않을 만큼 무기력한 벌레를 그토록 두려워하고 위협감을 느끼면서 단번에 죽여버리는 것인가? 나의 자기보호 의식이 끔찍하게 강한 나머지 단지 징그러워서, 귀찮아서, 무서워서, 엉겁결에 그 벌레들을 죽인다. 그러나 벌레들로서는 자신의 모든 것을 잃는 순간이 아닌가? 내 안에 있는 이 잔인한 두려움과 이기심, 자기보호 본능은 대체 무엇인가?'

하나님은 사람을 위해, 또 사람이 다스리도록 하기 위해 하늘과 땅과 바다에 생명체들을 채우셨다. 모든 생명체들은 사람보다 먼저 거기에 있었다. 만물이 사람보다 선배라는 뜻이 아니라, 그 만물이 거기 존재하게 하는 일에 사람은 전혀 관여한 바가 없다는 뜻이다. 따라서 그것들이 하나님의 손길을 통해 나보다 먼저 거기에 있었다는 사실을 알고 만물에 대하여 통제·착취·억압이 아니라, '겸손한 돌봄'의 의식을 가져야 한다는 뜻이다. 따라서 살육하듯 장난치듯 죽이는 것은 본분에서 벗어나는 혐오스러운 행위다.

우리는 갑질하는 부자, 환자를 하찮게 대하는 의사, 고자세를 포기할 생각이 없는 공무원, 신이나 된 듯 거만을 떠는 목사에게 혐오감을 느낀다. 이유는 그들이 생명을 우습게 생각하기 때문이다. 반대로 섬기는 부자, 유능하면서도 겸손한 의사, 일 잘하고 사람을 반기는 공무원, 긍휼과 사랑으로 가득한 목사에게 존경심을 느낀다.

그런 의미에서 하나님은 생명체들에게 고유한 사명을 주신다.

하나님이 그들에게 복을 주시며 이르시되 생육하고 번성하여 여러 바닷물에 충만하라 새들도 땅에 번성하라 하시니라 창 1:22

이것은 하나님의 창조력을 자손 대대로 넘겨줌으로써 하나님의 영광을 지속되게 하라는 사명이다. 하늘과 땅과 바다에 가득한 생명체들은 우리가 돌보아야만 생존할 수 있는 게 아니다. 그것들은 하나님에게 부여받은 고유한 생명력과 번식력으로 스스로 번성할 수 있도록 피조되었다. 그렇게 할 수 있도록 하나님은 그들에게 힘을 주셨다. "하나님이 그들에게 복을 주시며 이르시되"라는 구절은 참으로 중요한 의미를 가지고 있다. '복을 주셨다'는 말은 히브리어로 '바라크'인데, 이는 '힘을 넘겨주셨다'는 뜻이다. 하나님은 만물의 생명체들에게 당신의 창조력을 넘겨주셨다. 만물에 하나님의 창조 능력이 가득한 것은 바로 그 때문이다. 하나님은 그 영광스런 만물을 인간의 손에 부탁하셨다. 하지만 잘 알듯이 범죄한 인간에게는 세상을 돌볼 능력이 없다.

우리가 만물을 대하는 방식은 착취 혹은 숭배뿐이다. 우리는 포기해도 별 지장 없는 작은 기쁨을 위해 숱한 동물들을 잔혹하게 희생시킨다. 먹을거리를 과도하게 양산하기 위해 생명체들을 쥐어짠다. 생명체들과 도무지 대화하지 않는다. 반대로, 한쪽에서는 사람이 굶어 죽어 가는데 다른 한쪽에서는 소를 예배하느라 난리다. 빵 한 조각을 구걸하는 사람들을 지나쳐 고양이 간식을 사러 간다. 모든 문제는 영적 문제다. 하나님과의 관계 속에서 생명을 생각하지 않는다면 어디선가는 심각한 문제가 생기기 마련이다. 몇 년 전 홍콩에 고용된 필리핀, 인도네시아 가정부들의 혹독한 삶을 보도한 다큐 방송을 본 적이 있다. 그들은 심각한 학대와 함께 거의 노예생활을 하고 있었다. 심지어 주인이 가정부의 손가락을 자르기까지 했다니 얼마나 잔혹하고 끔찍한가? 왜 이럴까?

사람은 자기에게 힘이 있다고 느끼면 신적 권세를 누리려고 발광한다. 목에 힘을 주고, 자기보다 힘이 약한 자를 마치 쉽게 다룰 수 있는 종처럼 인식하려 한다. 분명 사람에게는 만물을 돌볼 능력이 없다. 하나님은 만물을 돌볼 수 있는 자유와 능력을 완전하게 부여하셨지만, 사람은 스스로 신이 되려는 자기중심적 욕망으로 모든 것을 망가뜨렸다. 돌보도록 맡기신 만물 위에 군림하며 착취한다. 그 결과 피조물들은 신음한다.

> 피조물이 고대하는 바는 하나님의 아들들이 나타나는 것이니 피조물이 허무한 데 굴복하는 것은 자기 뜻이 아니요 오직 굴복하게 하시는 이로 말미암음이라 그 바라는 것은 피조물도 썩어짐의 종노릇 한 데서 해방되어 하나님의 자녀들의 영광의 자유에 이르는 것이니라 피조물이 다 이제까지 함께 탄식하며 함께 고통을 겪고 있는 것을 우리가 아느니라 롬 8:19-22

피조물들은 신음하는 가운데 하나님의 아들들이 나타나는 때를 고대하고 있다. 과연 하나님의 아들들은 누구인가?

새롭게 변화된 인간만이
만물을 제대로 돌본다

최초의 창조는 사람보다 만물이 먼저였지만, 최후의 종말은 만물보다 사람이 먼저다. 최후에는 새 인간이신 예수님이 오신 다음에 새하늘과 새 땅이 임한다. 이유는 오직 새롭게 변화된 인간만이 만물을 제대로 돌볼 수 있기 때문이다. 곧, 예수님과 예수님을 통해 하나님의 자녀로 변화된 자들만이 만물을 돌볼 수 있다. 예수님을 통해 하나님의 자녀가 된 자들, 예수님의 십자가 사랑에 삼켜지고 부활을 믿기 때문에 기꺼이 자기를 내어줄 수 있는 자들, 예수님이 가신 선하고 아름다운 길을 따라가는 자들, 예수님의 인격에 삼켜져서 그 내면에서 화학적 변화가 일어나고, 예수님이 그 안에서 사는 것같이 살아가는 자들을 통해서만 만물이 보살핌을 받을 수 있고 비로소 제대로 숨을 쉬기 시작할 것이다.

요한계시록 4장 6절 이하에는 네 생물의 노래가 등장하는데, 이 네 생물은 세상의 모든 생명체들, 곧 땅과 하늘과 바다의 모든 생명체들을 대표하고 상징한다. 이들은 하나님의 보좌 앞에서 하나님의 크심과 어린양의 은총을 노래한다. 신음하던 만물이 드디어 노래를 부르게 되는 것이다.

우리 대다수는 윤동주의 〈서시〉를 좋아한다. 사실 윤동주는 병적으로 지나친 면이 있다. 우리는 과연 잎사귀를 스치는 바람에도 괴로워하면서 살아야 할까? 하지만 만일 시인의 그런 마음에 공감할 수 있다면, 그때는 우리가 하늘을 바라볼 때뿐이다. 모든 것을 존재하게 하신 거룩한 손길과 그 빛 앞에 서는 순간 우리는 아주 미세하고도 은밀한 마음의 흔들림에도 괴로워하게 될 것이다.

그런데 이 시에서 우리를 가장 감동시키는 것은 '별을 노래하는 마음으로 모든 죽어가는 것을 사랑해야지'라는 부분이다. 그는 왜 모든 살아 있는 것이 아니라 모든 죽어가는 것을 사랑하겠노라 말하는 것일까? 죽어간다는 것은 아직 살아 있다는 뜻이고, 죽어갈 수밖에 없는 자신의 한계를 끌어안고 몸부림치는 몸짓이 있다는 것이다. 그는 그 몸짓 안에서 바로 자기 자신을, 또 나라의 운명을 보고 있었기 때문에 그렇게 노래한 것이리라.

더 나아가 모든 죽어가는 것을 사랑할 수 있는 이유는 그것이 하나님의 품에서 나온, 하나님 안에 있는 것으로 인식되었기 때문이다. 별을 노래하는 마음은 천진하고 순수하고 계산이 없다. 대가를 바라지 않는 사랑이다. 그는 바로 그 마음으로 모든 죽어가는 것을 사랑하겠다고 말한다.

우리에게는 만물에 깃든 창조의 기쁨과 하나님이 나를 얼마나 세심히 돌보시는지를 충분히 깨닫는 은혜가 임해야 한다. 그 은혜가 다른 생명체들을 '받아들이고 돌보는 마음'으로 이어질 것이다. 그 힘이 우리를 살게 하고 나와 우리 가족과 공동체를 살게 할 것이다.

5

내가 예수 중심으로 변할 때
그도 변한다

하나님의 즐거움에
참여하도록 만들어진 존재

하나님은 우리를 당신의 '형상'대로 만드실 때, 창조의 주체인 자신에 대하여 '우리'라고 표현하심으로 창조자의 본질을 드러내신다.

> 우리의 형상을 따라 우리의 모양대로 우리가 사람을 만들고

창 1:26

여기서 '우리'는 하나님과 하나님 자신의 내적 대화 상대를 가리키는 방식일 수 있다. 하지만 성부 하나님의 창조가 말씀으로 이루어

졌고 그 말씀이 성자라는 사실과, 창세기 1장 2절, "하나님의 영은 수면 위에 운행하시니라"에 명시되었듯이 창조 현장에 성령께서 함께 하신 게 분명한 이상, 굳이 학문적인 척하면서 이 '우리'가 성삼위 하나님이시라는 결론을 유보할 필요는 없을 것 같다.

창조는 처음부터 삼위 하나님으로서의 '우리'에 의해 이루어졌다. 따라서 창조는 홀로 계신 하나님의 '외로움에 대한 반작용'의 산물이 아니라 삼위 하나님 사이에 흘러넘치는 사랑과 신뢰의 흥겨운 분출이 었다. 우리는 하나님을 즐겁게 해드리기 위해서가 아니라, 하나님의 즐거움에 참여하도록 피조된 것이다.

'우리'라는 표현에서, 삼위 하나님 사이의 의논과 대화가 느껴진다. 이 의논과 대화의 본질은 각자의 옳음을 입증하려는 자기주장이 아니라 서로를 받아들이는 깊은 사랑과 신뢰였다. 예수님이 요한복음 17장에서 기도하실 때, '나와 아버지가 하나'라는 말씀을 거듭 하시는 걸 보면, 성삼위 하나님 사이의 의논과 대화에 자기 옳음을 주장하려는 격렬한 논쟁 따위는 없었을 게 분명하다. 그렇다면 삼위 하나님의 이런 본질이 하나님의 형상으로 지음받은 사람의 본질이 된다. 그리고 이것은 예수 그리스도 안에서 새롭게 창조된 새 사람, 곧 교회의 본질이기도 하다.

물론, 우리 사이에는 얼마든지 의견 차이가 있을 수 있다. 하지만 본질적으로 말한다면 의견 차이가 없다. 하나님을 사랑하고, 하나님 안에서 하나가 되어야 한다는 사실에 동의하고, 온 세상에 그 하나님

내가 예수 중심으로 변할 때 그도 변한다

을 전하고, 하나님의 나라가 임하도록 힘써야 한다는 것에 우리 모두가 완전히 동의한다는 점에서 우리 사이에는 의견 차이가 전혀 없다. 따라서 현실 교회 안에서 다툼과 분열이 그토록 심하게 일어나는 이유는 그 본질에 동의하지 않기 때문이 아니라, 비본질이 본질보다 더 중요하다고 확신하기 때문이다. 본질은 하나님이시고 비본질은 나 자신이다.

교회가 가야 할 길은 나를 내려놓고 예수 그리스도의 아름다우심을 통해서 하나님을 붙드는 여정이어야 한다. 성령의 은혜로 예수님의 '자기를 내어주시는 은혜'가 내 영혼과 결합하는 여정이다. 가정을 본래의 모습으로 세워가는 것도 바로 예수의 이름으로 서로를 받아들이는, 서로를 향한 사랑과 신뢰의 대화로 이어지는 여정이다.

특히 하나님은 자기 형상으로 남자와 여자를 만드시고 연합하게 하셨다.

> 하나님이 자기 형상 곧 하나님의 형상대로 사람을 창조하시되 남자와 여자를 창조하시고 창 1:27

남자와 여자 둘 다 혹은 둘이 연합하여 하나님의 형상인 게 분명한데, 하나님은 이 둘을 정말 이질적으로 만드셨다. 남자들은 여자들의 언어를 이해하는 게 정말 어렵다. 여자가 말하는 "됐어"는 정말 됐다는 뜻이 아니다. "나 살쪘나봐, 그렇지?" 하는 말에 긍정으로 답했다가는 몇 날 며칠 토라져 있는 여자친구를 달래느라 애를 먹을 것이다. 그뿐인가? 사심 없는 사랑으로 첫사랑과 결혼한 경우에도 쉽지 않다. 첫사랑이 잘살면 배가 아프고, 첫사랑이 못살면 가슴이 아프고, 첫사랑과 함께 살면 머리가 아프다는데, 하나님은 어쩌면 그렇게 기질과 모양과 성향이 전혀 다른 이질적인 존재로 남녀를 지으셨는지 모르겠다.

가만히 생각해보면 거기에는 이유가 있다. 우리의 이질성보다 연합케 하시는 하나님의 능력이 비교할 수 없이 크다는 것을 알게 하시기 위해서다! 그런 의미에서 성도들 사이의 이질성은 필연적이고, 때로는 격렬하게 갈라서게 되는 상황이 온다고 해도, 연합케 하시는 삼위 하나님의 능력이 더 크다는 것을 끝내 잊지 않는 것이 중요하다.

다스리라는
사명의 본질

하나님이 '우리'라는 주체를 통해 사람을 자기 형상으로 지으셨다면, 그 형상 안에는 이미 서로를 사랑과 신뢰로 받아들이는 '대화성'이 충만하다는 것을 전제한다. 따라서 하나님의 형상으로 지음받은 나는 하나님의 형상이 되고자 할 때 비로소 내가 될 수 있고, 그 '형상'의 실체는 타자를 향한 사랑과 신뢰의 대화 속에서 찾을 수 있다. 따라서 나는 타자와의 사랑과 신뢰어린 대화 속에서 비로소 하나님이 지으신 '나'가 된다.

그런데 우리는 대개 대화를 감정에 연결시키는 편이다. 그래서 감정이 상하면 상대의 이질성을 극대화해서 "안 통해!"라며 대화를 중단한다. 하지만 대화가 우리 존재의 본질이라면, 대화는 감정보다 의지에 연결되어야 한다. 그렇다면 우리는 대화하고 싶지 않은 상황에서도 지혜롭게 대화할 수 있는 길을 모색해야 한다. 물론 거의 불가능한 이야기다. 마음이 상한 사람에게 이런 이야기를 했다가는 욕 먹기 십상이다. 그래서 예수님이 오셨다. 우리처럼 처참하게 일그러진 자들을 위해 값없는 희생을 치르고 그들 곁에 오셨고, 사랑과 신뢰의 대화로 말을 걸어오셨다. 그 대화를 완성하기 위해 십자가를 지신 것이다. 우리는 그 은혜에 사로잡힘으로 마음의 화학적 변화를 경험하면서 대화를 의지와 연결시킬 수 있다.

우리가 하나님의 형상으로 지음받았다는 것은 우리에게 신적 사명이 주어졌다는 의미이기도 하다. 말씀은 그것을 '다스림'(창 1:26, 28)이라 표현한다.

우리는 바다와 하늘과 땅의 모든 생명체들을 다스리라는 미션을 부여받았다. 이 다스림은 통제가 아니라 사랑과 신뢰의 대화다. 따라서 그 다스림은 대화의 다스림이고, 만물의 자발적인 반응을 기대하는 기다림의 다스림이고, 만물과 찬찬히 어울리는 조화의 다스림이다. 이런 다스림은 모든 것을 하나님께서 세밀하게 책임지신다는 확신 안에서만 가능하다.

부활하신 뒤 세 번째로 제자들에게 모습을 보이신 예수님은 갈릴리(디베랴) 호수로 물고기를 잡으러 나갔다가 밤새 한 마리도 못 잡은 베드로와 그 친구들을 위해 바닷가 숯불 위에 이미 식사를 마련해놓으셨다. 그러고는 그들이 잡은 물고기 몇 마리를 자신이 준비한 숯불 위에 올려놓으라 하신다(요 21:1-10 참조). 당신의 통치만으로도 충분한데 거기에 우리의 작은 힘을 참여시키시려는 의도였다. 그런데 생각해보면 제자들이 드린 그 물고기조차 주님께서 잡게 해주신 것이다. 그것이 다스리라는 사명의 본질이다. 하나님께서 세심히 모든 것을 책임지실 것이다. 다만, 우리에게 시키신 아주 작은 일이 모든 것을 가능케 한 것인 양 기뻐하실 것이다. 따라서 조급한 욕망을 내려놓고 하나님을 신뢰해야 한다.

하나님의 모험과
그 치명적 위험성

우리가 하나님의 형상으로 지어졌다는 사실에서 무엇보다 중요한 것은 '하나님의 모험과 그 치명적 위험성'이다. 하나님은 영이시다. 형상과 모양이 없다. 누구도 물리적 시각으로 하나님을 관찰할 수는 없다.

더 나아가 하나님은 결코 자신을 형상화하지 말라고 엄명하셨다. 그것은 하나님께서 극단적으로 혐오하시는 것이다. 알고 보니 거기에는 이유가 있다. 하나님이 이미 자기 형상을 세우셨기 때문이다. 만일에 하나님의 형상으로 빚어진 우리가 하나님의 형상을 따로 만든다면 사람은 하나님을 섬기기보다 내가 만든 하나님, 내 욕망을 충족시켜

내가 예수 중심으로 변할 때 그도 변한다

주도록 만들어진 하나님을 섬기게 될 것이다. 아니, 내가 만든 하나님을 섬기는 방식으로 하나님이 나를 섬기게 할 것이다. 더 나아가 그 우상적 형상들 때문에 자신이 얼마나 영광스러운 하나님의 형상인지를 망각하게 될 것이다.

그런데 하나님은 그렇게 될 가능성이 충분한 자유를 가진 존재로 사람을 지으셨다. 치명적으로 위험한 일이었다. 하지만 하나님은 모험을 감수하기로, 그 위험성을 자신이 다 떠맡으시기로 결정하셨다. 고대 세계에서 왕은 도성에서 멀리 떨어진 변방에 자기 형상, 곧 동상을 세워놓곤 했다. 왕이 거기까지 가지 않더라도 그 영토의 주인과 통치자가 바로 자신임을 알게 하기 위한 확고한 표시였다.

근현대에도 백성은 자발적으로, 혹은 국가의 강제적 통제로 국가 지도자들의 사진을 가정집, 학교 교실 등 생활공간 안에 걸어놓았다. 그곳까지 그의 통치력이 미친다는 표시다. 심지어 중국 문화혁명 때는 마오쩌둥의 사진이 실린 신문을 깔고 앉은 죄로 처형당한 사람도 있었다. 권위자의 형상이나 그림은 마치 그가 거기에 있는 것 같은 존중과 권위를 부여한다.

영원무한하신 생명의 근원, 우주의 창조주, 만왕의 왕, 영원한 통치자이신 하나님은 사람을 자기 형상으로 지으시고, 생육하고 번성하여 온 땅에 충만하라고 하셨다. 선과 악 사이에서 완전한 자기 책임성을 가지고 선택할 수 있는 자유를 가진 존재들을 온 땅에 가득 채우려 하셨다.

인공지능 발달로 향후 20년 이내에 사람의 기능과 능력을 훨씬 넘어서는 로봇들이 각 가정을 채우기 시작할 것이라 한다. 학자들은 그때가 되면 기능적으로 남편보다 더 나은 남자 로봇, 아내보다 훨씬 더 나은 여자 로봇을 구입하면서 가정은 급격히 무너지게 될 것이라고 예측한다. 사람이 자기 자신을 철저하게 기능화시킨 대가를 스스로 돌려받게 되는 것이다. 그렇게 되면 사람과 로봇과의 전쟁은 불가피한 현실이 될 것이다.

라디오에서 이런 에피소드가 소개되었다. 한 꼬마가 동화책을 읽고 있다. 제목이 '엄마를 팝니다'였다. 그걸 본 엄마가 장난기가 발동해서 묻는다. "넌 엄마를 얼마에 팔 거야?" 아이가 대답한다. "10원!" "뭐? 엄마가 할 줄 아는 게 얼마나 많은데 고작 10원에 판다고?" "응. 그래야 빨리 팔리지." 실제로 사람이 사람을 파는 시대가 있었다. 그리고 이미 사람이 사람을 대체할 로봇을 판매하는 시대가 시작되고 있다. 조만간 로봇이 사람을 파는 시대가 올 가능성이 높다. 그 끝은 영화 〈터미네이터〉처럼 인간과 기계 사이의 전쟁이다.

그런데 놀랍게도 하나님은 처음부터 자기를 배신할 수도 있는 완전한 자유를 가진 존재를 자기 형상으로 지으시고 그 존재들을 온 땅에 가득 채우셨다. 그리고 전쟁이 아니라 그들의 사악한 배신의 값을 스스로 담당하시려 자신의 생명을 내어주셨다. 그런 하나님이 계시는 한 우리는 두렵지 않다.

하나님의 얼굴을 보여주는 존재로
부름받다

하나님의 이런 치명적으로 위험한 모험을 통해서 우리는 하나님의 형상, 하나님을 생각나게 하는 살아 있는 조각상이 되었다. 결국 우리는 자연 만물에게, 그리고 우리 서로에게 하나님의 얼굴을 보여주는 존재로 부름받은 셈이다. 사람을 보면서 하나님을 느낄 수 있도록 자기 형상으로 만드셨다는 사실에는 어떤 반전이 있다. 사람을 통해 하나님을 본다고 할 때, 그것은 보이는 사람의 삶의 모습이나 태도가 하나님처럼 아름답게 가꾸어졌기 때문이 아니다. 그것은 놀랍게도 보는 사람의 눈이 타인을 하나님으로 경험하도록 작동하는 것과 관련이 있다. 다시 말하면, 누가 나를 통해 하나님을 느낀다는 말은 내 눈이 먼저 그를 통해 하나님을 느끼도록 바뀌었기 때문이라는 말이다. 이것은 매우 의미심장하다.

야곱이 일가를 이룬 후, 드디어 벧엘로 돌아갈 때, 두려움의 대상이었던 형 에서를 만날 수밖에 없는 상황이 되었다. 그런데 놀랍게도 야곱은 형 에서에게 이렇게 고백했다.

> 내가 형님의 얼굴을 뵈온즉 하나님의 얼굴을 본 것 같사오며 형님도 나를 기뻐하심이니이다 창 33:10b

우리는 이 말에서 들판의 사람 에서가 어느 순간 하나님을 만나

회개하고 정말 거룩하고 경건하게 살아가는 동안, 그 얼굴이 하나님처럼 영광스럽게 바뀌었다고 생각하지 않는다. 다른 한편 이 말이 형에게 잘 보이기 위한 야곱의 매우 얄팍한 아부였을 거라 생각하기도 어렵다. 이유는 형을 만나기 전날 야곱과 하나님 사이에 무슨 일이 있었는지 우리가 알고 있기 때문이다.

야곱은 하나님의 은혜 아니면 죽을 것같이 사투를 벌였고, 그 결과 하나님이 동행하시는 은혜를 얻었다. 그 표시로 부러진 환도뼈를 가지고 절뚝거렸다. 따라서 형 에서에게 한 야곱의 말은 결코 가벼운 고백일 수 없다. 그 고백은 존재의 변화로 인해 상대를 바라보는 눈도 변했음을 보여주는 것이라 할 수 있다.

그는 밤새 하나님을 만나 사투를 벌이는 동안, 자신이 누군지, 그리고 하나님이 누구신지를 깨닫고 자신과 하나님 사이에 존재하는 무한한 간격을 메우시는 하나님의 은혜를 입었다. 다시 말해, 하나님의 얼굴을 보았을 때, 야곱의 눈이 달라졌던 것이다. 그 달라진 눈으로 형 에서를 보니 하나님의 얼굴 보듯 했고, 에서는 야곱의 눈 속에서 하나님을 느꼈던 것이다. 야곱은 그 장소를 브니엘, 곧 하나님의 얼굴이라 불렀다.

내가 사람들에게서 예수 그리스도를 보는 동안 사람들 역시 나에게서 예수님을 보게 된다. 내가 사람들에게서 예수님을 보게 되는 이유는 나를 품으시는 예수님이 나의 모든 현실적 상황보다 더 중대한 분으로 내 안에 들어오시기 때문이다. 화해는 바로 그 자리에서부터

내가 예수 중심으로 변할 때 그도 변한다

시작된다.

내 눈이 하나님을 보고, 하나님의 사랑과 신뢰에 사로잡혀 하나님과의 대화가 나를 끌고 가는 은혜를 입을 때, 세상을 보는 눈, 가족을 보는 눈이 근본적으로 달라지기 시작한다. 내가 먼저 사람들 안에서 하나님의 형상을 보기 시작하면, 사람들은 그런 나를 통해 하나님이 계시다고 느끼기 시작한다.

결국 예수님은 하나님을 눈으로 보고 손으로 만질 수 있도록 오셨다. 내 곁에 오셔서 나와 교통하시고 내 안에 사시는, 나를 위해 자기 목숨을 바치셨던 예수님을 통해서 하나님에 대한 사랑과 신뢰로 충만해진다. 그 충만함은 우리를 한없이 겸손하고 담대하게 한다. 우리가 예수님께 겁 없이 내 존재 전체를 내어드리려 할 때, 우리는 사람들 안에서 예수님을 보는 방식으로 사람들을 대하게 되고, 사람들은 나를 통해 하나님이 여기 계심을 알기 시작하는 것이다.

한 형제를 예수호매실교회로 파송했다. 2~3년 전 우리 교회에 처음 나오기 시작했을 때, 그는 탄탄한 진화론 지식을 갖춘 무신론자 은행원이었다. 아내를 위해 교회에 다녀주기로 하고 나왔다가 아내 등쌀에 '영혼의 내비게이션'(교회는 다니지만 예수가 안 믿어지는 이들을 위해 토론하며 믿음을 찾아가게 하는 프로그램)에 등록했었다. 매시간 창조론의 허술함을 들추면서 진화의 필연성을 주장했다. 그런데 믿지도 않는 사람이 어찌어찌 학습도 받고 세례도 받고 꾸역꾸역 빠짐없이 교회를 나오는 게 신기했다. 그 와중에 은행을 그만두고 개인 사업을 한다고 덤볐다가 큰 사고로 매우 힘겨운 상황에 빠지게 되었는데, 놀라운 것은 그의 얼굴이 그렇게 평화로울 수 없었다. 파송예배를 드린 후 식당에서 그를 만나 옆 자리에 앉았을 때, 갑자기 그가 눈물이 그렁그렁해진 눈으로 말했다. "목사님, 정말 죄송해요. 제가 잘못했어요. 아무 것도 모르면서 목사님에게 대들었던 게 늘 너무나 죄송했습니다." 그는 나를 안고 울었다.

하지만 이야기를 들어보니 그는 나 때문에 변화된 게 아니었다. 그를 바라보는 아내의 눈빛과 그를 대하는 태도가 그야말로 예수님처럼 변해가는 모습을 보고는 하나님이 계시지 않다고 말하는 자신이야말로 정말 위험한 사람이라는 생각이 들었다고 했다.

결국 그는 하나님을 믿기로 결정한 후, 하나님이 진짜이심을 알게 되었고 말로 표현할 길 없는 평화를 누리게 되었다고 고백했다. 감격스럽고 사랑스러웠다. 이처럼 변화는 상대방을 하나님의 형상으로 보기 시작하는 사람을 통해서 시작된다. 그렇게 보기 위해서는 얍복강의 야곱처럼 하나님의 은혜가 아니면 살 수 없다는 진실 앞에 당당하게 서야 한다.

하나님의 옳으심으로 뛰어드는
아름다운 모험

하나님은 사람을 보면 하나님이 누구신지를 알 수 있도록, 사람을 통해 하나님의 인격과 아름다우심이 드러나도록 사람을 자기 형상

내가 예수 중심으로 변할 때 그도 변한다

으로 지으시는 치명적인 모험을 감행하셨다. 곧, 하나님의 그 모험심이 우리 존재 안에 담겨 있다. 따라서 바로 이 사랑과 신뢰의 위험한 모험이야말로 우리 존재의 터전이라고 할 수 있다. 하나님의 모험은 여유로운 장난이 아니었다. 그것은 자신의 존재를 건 사랑과 신뢰였다. 그것이 태초의 본질이고 특별히 하나님의 형상인 우리 존재의 터전이다.

우리는 언제 아름다운가? 하나님으로부터 나온 순전한 사랑과 신뢰를 향해 나를 던지는 위험한 모험에 뛰어들 때다. 그것은 단지 막연한 모험이 아니라 하나님의 거대한 품에 나를 던지는 것이다. 그 길을 가는 사람만큼 찬란하게 빛나고 아름다운 사람은 없다.

우리가 하나님의 형상이라면, 우리에게는 이미 이렇게 흘러넘치는 사랑을 위해 무모해 보이는 모험을 감행할 용기가 있다. 타락으로 생긴 자기중심성을 자기를 내어주신 예수님의 사랑으로 거둬내고, 하나님의 마음에 담대하게 자신을 던지는 아름다운 모험이 우리 안에 가득하면 좋겠다. 내가 갈고 닦은 것 같아 보이는 나의 왕국, 나의 집, 나의 안락함에서 과감하게 벗어나 하나님의 옳으심으로 뛰어드는 아름다운 모험이 우리 안에 가득하면 좋겠다.

마지막으로 하나님은 생존을 위한 먹을거리를 허락하신다.

하나님이 이르시되 내가 온 지면의 씨 맺는 모든 채소와 씨 가진 열매 맺는 모든 나무를 너희에게 주노니 너희의 먹을거리가 되리

라 또 땅의 모든 짐승과 하늘의 모든 새와 생명이 있어 땅에 기는
모든 것에게는 내가 모든 푸른 풀을 먹을거리로 주노라 하시니 그
대로 되니라 창 1:29-30

고대 창조신화의 신들은 자기에게 음식을 공급하도록 하기 위해
사람을 지었다. 하지만 우리 하나님은 사람에게 친히 먹을 것을 공급
하신다. 특히 사람에게는 씨 맺는 채소, 열매 맺는 나무를 주신다. 씨는
생명의 지속성이고 영원한 약속의 보증이다. 따라서 하나님은 일용할
양식을 통해서도 우리 생명에 대한 약속의 영원성을 보증하신다.

내가 예수 중심으로 변할 때 그도 변한다

6

날마다 죽는 삶을 통해 얻는
안식의 샬롬

아 슬 아 슬 하 지 만

완 전 한   자 유 를   주 시 다

천지와 만물이 다 이루어졌다(창 2:1). 다 이루어졌다는 말에는 완전성과 개방성이 있다. 본래의 의도와 목적과 뜻이 완료되었다는 의미다. 하나님의 창조에는 일체의 불완전성이 없다. 하지만 그 완전함은 폐쇄적이지 않다. 피카소나 고흐의 작품에 누군가 손을 대거나 덧칠을 한다면 결과에 상관없이 어마어마한 실수를 저지르는 것이다. 그 작품들에 일말의 불완전성이 있다고 할지라도, 어떤 추가적인 손질이 가해지는 순간, 작품의 가치는 현저하게 떨어질 것이다. 따라서 그 작품들은 외부 손길에 대해서 완전히 폐쇄적이다.

하지만 대단한 작품들을 그린 피카소나 고흐를 자신의 작품으로 빚은 가장 위대하신 예술가 하나님은 자신이 완성한 작품에 누구도 손대지 못하게 하시는 분이 아니다. 하나님은 자신이 창조한 완전한 세계를 자신의 형상으로 지음받은 사람이 마음껏 손댈 수 있게 하셨다.

경작하며 지키게 하시고 창 2:15b

경작한다는 말에서 '문화'라는 개념이 나왔다. 하나님은 자신이 지으신 완전한 작품을 사람이 빚어가는 문화의 재료로 내어주셨다. 단 그 경작이 하나님의 형상에 담긴 질서대로 일방적 의사결정 대신 사랑과 신뢰의 대화 속에서, 자기만족을 위한 착취 대신 가꾸고 돌보는 통치 속에서 온 땅이 보살핌을 받는 방식으로 이루어지기를 원하셨다. 하나님 창조의 완전성은 '당신의 형상들에게 온전히 개방된 완전성'이었던 것이다.

물론, 심혈을 기울여 깨끗이 청소해 놓은 거실과 안방을 아이들이 크레파스로 낙서하고 못으로 긁는다면 어떻게 괜찮은 척할 수 있겠는가? 내가 꿈꾸는 미래를 자녀의 게으름과 불성실이 망가뜨리고, 내가 마음 깊이 그리는 복된 그림을 남편의 욕망과 아내의 이기심이 짓밟는 것같이 여겨질 때, 우리가 어찌 악쓰지 않을 수 있겠는가?

그러면 어떻게 해야 하는가? 인내해야 한다. 하지만 인내할 힘이 없다. 그러면 어떻게 해야 하는가? 기억해야 한다. 인내할 수는 없어도 기억할 수는 있다. 하나님의 창조와 구원에 대한 기억이다. 추억이 단지 회상이라면 기억은 과거의 그 사건이 오늘 나의 사건이 되게 하는 힘이다. 하나님은 자신의 완전한 작품을 완전한 자유를 주고 만드신 사람에게 맡기셨다.

사람은 그 자유를 이용해 그 작품을 엉망으로 만들었다. 그때 하나님은 분노를 이기지 못해 그들을 몰아내시는 대신, 그들이 망가뜨린 세상 한가운데 그들의 모습으로 오셔서 착취와 욕망으로 망가진 질서에 자신을 맡기시고 처절하게 죽으셨다. 결국 하나님은 그 죽음이 세상을 망가뜨린 인간을 대신한 죽음인 것을 깨닫게 하시고 그 은혜의 힘으로 그들을 변화시키셨다. 그리고 그들 중 하나님의 형상을 회복한 자들이 하나님의 창조 목적을 따라 세상을 다시 일으켜 세우는 데 자신을 내어줄 것을 열망하셨다. 바로 그 일을 오늘 나의 사건으로 기억할 때만 우리는 인내할 수 있다. 그것이 바로 은혜다.

천만 원을 빌려가서 갚지 않고 3년간 교묘히 피해다니던 자를 만나 멱살을 잡았다. 마땅한 일이다. 하지만 그를 만나기 10분 전 500억 원을 조건 없이 채무 면제받았다는 사실을 그새 잊었다면, 정말 나쁜 자는 바로 나다. 10분 전 사건을 제대로 기억할 수 있을 때만, 나는 멱살 잡은 그 손을 놓을 수 있다. 예수님의 십자가는 우리에게 날마다 10분 전 사건이다.

그런 의미에서 하나님의 창조는 처음부터 사람이 망가뜨릴 여지가 충분한, 아슬아슬한 사건이었다. 하지만 그 아슬아슬함이 창조의 완전성을 위협하기보다는 오히려 완전성을 완성하는 요소였다. 생각해 보라. 0.00001퍼센트의 오류 가능성까지도 완벽하게 차단한 통제를 완전함이라고 말할 수 있다면, 그것은 기계적 완전함이지 인격적 완전성은 아니다. 인격은 완벽한 통제와 차단으로 완전해지지 않는다. 인격의 완전성은 완전한 자유를 전제한다.

우리는 과거 군사독재 시절의 통제와 억압에 분노하고 슬퍼했었지만, 놀랍게도 우리 역시 그런 방식으로 일을 처리하고 자녀를 키우려 한다. 요즘 경악을 금치 못할 만큼 잔인한 청소년 폭행 사건들이 벌어지고 있다. 그것이 발단이 되어 청소년 범죄에 관한 법률 개정 여부로 나라가 시끄럽다. 피해자 입장에서 보면 피가 끓고 저주가 나오는 게 마땅하다. 심지어 청소년 사형 제도를 만들어야 한다는 의견도 있다. 그 입장이 이해되기도 하지만, 좀 더 냉정하게 생각해보면, 법 개정이란 언제나 매우 제한적일 뿐이고 특히 보복적인 법 개정은 사랑과 기다림의 고통을 포기하는, 가장 쉽고 미숙한 문제해결 방식일 수 있다. 모든 가해자는 누군가에 의한 피해자일 수 있고 현재의 피해자가 미래의 가해자가 될 수도 있다.

싱가포르의 법치제가 국가적 안전을 끌어낼 수 있었던 것은 법이 아니라, 국가 지도부의 상상을 뛰어넘는 자기 부인과 자기 비움의 희생정신에서 비롯되었다는 것을 잊으면 안 된다. 지도부의 자기 비움 없이 법적 조치만 강화한다면 그것은 퇴폐적인 통제국가로 가는 지름길이다.

우리는 모든 종류의 범죄가 완전하게 차단되고 통제된 세상을 갈망하지만 그런 갈망에는 자신은 옳은 편에 있다는 전제, 자신은 바르게 잘살 자신이 있다는 전제, 그리고 자신의 예측에서 벗어나는 세상에 대한 두려움이 깔려 있다. 하지만 그 통제는 결국 나를 향하게 될 것이고 그 세상에서 내가 누리는 자유와 안전은 누군가의 부자유와 불안전을 담보로 한 것일 수밖에 없다. 하나님은 자신의 자유를 위해 사람의 자유를 차단하거나 통제하지 않으시고, 대신 완전한 자유의 존재로 창조하셨다. 그것이 "천지와 만물이 다 이루어지니라"에 담긴 의미다.

하나님께 맡긴 영역이 넓을 때 안식이 찾아온다

천지와 만물이 다 이루어지게 하신 후, 하나님은 7일째 안식하신다. 집을 짓고 모든 것들이 제자리에 정돈된 후에야 쉴 수 있듯이, 하나님은 자신의 거처인 성전을 완성하신 후에 안식하셨다.

> 하나님이 그가 하시던 일을 일곱째 날에 마치시니 그가 하시던 모든 일을 그치고 일곱째 날에 안식하시니라 창 2:2

그런데 하나님의 창조가 끝난 것이 여섯째 날이 아니라 일곱째 날이라고 한다. 어떤 의미인가? 하나님의 창조행위와 안식이 6일간의 창조와 7일째의 안식으로 서로 분리되지 않고, 일곱째 날 안에서 뗄 수 없이 결합되어 있다는 것을 말하기 위해서다. 다시 말하면, 하나님 의 안식이 '창조 후 안식' 혹은 '노동 후 쉼'이라는 창조와 안식의 분 리, 노동과 쉼의 분리가 아니라, 창조가 곧 안식을 위한 행동이었고, 안식이 곧 창조의 목적이었음을 드러내신다. 하나님은 할 일을 다 해 놓고 이제 더 이상 할 일이 없는 상태에서 영원한 안식에 들어가신 게 아니라는 의미다.

따라서 시편 121편 4절에서는 "이스라엘을 지키시는 이는 졸지 도 아니하시고 주무시지도 아니하시리로다"라고 증언한다. 그 말씀은 하나님은 졸지도 않고 주무시지도 않고 오직 안식만 하신다는 이상한 말씀일 수 없다. 그럼 하나님의 안식을 어떤 의미로 이해하는 게 좋을 까?

안식, 즉 '샤밧'이라는 말은 모든 것들이 제자리로 돌아가 비로 소 안정된 상태를 구비했다는 뜻이다. 그리고 그 질서를 지키시는 하 나님의 통치, 곧 신뢰와 사랑으로 대화하시는 통치가 시작된다는 뜻 이다. 하나님의 창조를 살펴보면, "보시기에 좋았더라"가 반복되다가, 여섯째 날에 이르러서는 "보시기에 심히 좋았더라"로 기쁨이 더욱 확 장된다. 그리고 곧바로 안식이다. 따라서 하나님의 안식은 기쁨 확장 의 연장선상에 있다.

대개 우리는 여행을 가든 결혼을 하든 처음에는 '심히 좋더라'에 서 시작했다가 '좋은 편이야'로 이동하고 그 후에는 '그냥 뭐…'로 이어졌다가 나중에는 '다 관두고 쉬고 싶어'로 끝난다. 우리의 안식은 지치고 피곤한 끝에 찾게 되는 안식이다. 하지만 하나님의 안식은 시간이 갈수록 점점 더 기쁨이 확장되고 깊어지는 끝에 맞이하는 안식이다. 하나님의 안식은 지친 몸의 휴식이 아니라, 좋은 상태가 더 확장되어 깊어지다가 맞이하게 되는 '좋음의 절정'이다.

그것은 우리 삶에서도 종종 맛볼 수 있다. 언제 그런가? 내 생각, 내 전제, 내 기대를 고집하지 않고 내 마음이 그것들에 매이지 않을 때다. 다시 말하면 내가 붙들고 있는 영역보다 하나님께 맡긴 영역이 훨씬 넓을 때다. 하나님께 맡긴 영역이 넓을수록, 하나님께서 개입하실 여지가 훨씬 더 많을수록 우리는 처음엔 불안하고 두렵지만, 갈수록 더 좋아지는 은혜를 신비한 방식으로 경험하게 된다. 여행도 일도 결혼도 자녀교육도 마찬가지다. 거기에 안식의 비밀이 있다. 내 기대와 고집과 전제가 모든 것을 망친다.

하나님의 질서가 세워질 때
비로소 이뤄지는 안식

진정한 안식이란 그저 몸을 쉰다는 의미가 아니라, 하나님의 은혜가 개입하시는 범위와 영역이 넓어지고 깊어지는 어떤 상태를 말한다. 이때 하나님의 은혜를 통한 개입을 하나님의 통제로 오해하지 않도록 주의해야 한다. 고대 세계 창조신화에 등장하는 신들도 창조 후 안식한다. 하지만 그것은 자기들이 하다가 싫증난 일을 사람에게 떠

맡긴 후 가지는 안식, 피조물의 땀을 담보로 얻은 착취적인 안식이었다. 반면 하나님의 안식은 사랑과 신뢰의 대화로 함께 누리는 안식이었다. 우리가 어떤 일을 끝낸 후 곧장 다른 일을 해야만 한다고 느낄 때, 그것은 '노동'이다. 하지만 어떤 일을 끝내놓은 후, 그것을 '느끼는 시간을 가질 때' 안식이 된다.

한국과 미국 엄마들 각 10명에게 여섯 살쯤 되는 자녀들과 함께 단어 맞히기 게임을 하게 했다. 규칙은 엄마가 도와주지 않는 것이었다. 그런데 한국 엄마들은 어떻게든 아이가 단어를 빨리 맞히게 하려고 안달을 했다. 입과 손가락이 들썩거렸고 검사자가 잠시 자리를 비우기라도 하면 직접 가르쳐주기도 했다. 반면, 서양 엄마들은 아이의 실수와 서투름을 즐기고 느꼈다.

우리는 어떻게든 결과를 빨리 내려는 노동의 개념으로 교육을 바라보기 때문에 아이나 부모 모두 피곤에 찌들어 있다. 아이의 실수와 서투름을 보면서도 마음에 여유를 갖는 안식의 개념으로 자녀들을 교육할 수 있다면 얼마나 좋을까? 배부른 소리인가?

느낀다는 것은 존재의 기능에 대한 평가가 아니라, 존재 자체를 그대로 받아들이는 것이다. 우리가 자녀양육에서 언제 안식할 수 있는가? 아이를 내 '최소한'의 기준에 웬만큼 따라주는 기능적인 모습으로가 아니라, 아이의 존재 자체를 느끼고 기뻐할 수 있을 때, 안식은 시작되는 것이다. 작품을 완성한 후에 느끼는 안식이야말로 작품을 완성한 목적이 아니던가? 우리가 아이를 낳았을 때, 그 아이는 이미 완성된 작품이 아니던가? 하나님은 사람과 함께, 또 우리가 서로에 대하여 그렇게 안식하기를 원하신다.

한때 스티브 잡스가 선호했다고 알려진 뇌호흡법(Mindfulness)이 있다. 몸이 아무리 쉰다고 해도 뇌가 쉬지 않으면 짜증과 무기력 등 안식 없음의 현상이 반복될 것이기 때문에, 과거에 매인 후회와 미래에 대한 염려로 쉬지 못하는 뇌를 쉬게 해주어야 한다는 얘기다. 이를 위해 바른 자세로 깊은 호흡을 하면서, 미련과 염려와 두려움이 밀려오는 것을 의식할 때마다 내려놓아야 한다고 말한다. 하지만 본질적으로 말하자면 뇌호흡은 순환론적 모순이다. 우리는 '코끼리를 생각하지 말아야 한다'는 규칙 때문에 코끼리를 생각하고야 마는 것처럼, 현재에만 집중해야 한다는 생각으로 뇌를 움직일 수밖에 없는 존재다.

뇌호흡의 유용성을 완전히 무시하고 싶지는 않지만, 극단적으로 표현하자면 그것은 환자가 환자를 치료하려는 시도라고 할 수 있다. 사람은 본질적으로 창조자의 숨결로 빚어졌기 때문에, 창조자의 숨결이 내 안으로 들어와야 하고, 그 숨결, 곧 하나님의 질서를 따라 마음이 조정되어야 한다. 창조자의 완전한 품에 나를 너끈히 맡길 수 있을 때에야 비로소 내 안에서 새로운 기운이 자연스럽게 흐르기 시작하고, 삶의 모든 일들과 내 존재를 창조주요 구원자이신 하나님께 맡기는 안식이 일어난다.

나아가 진정한 안식은 하나님의 질서가 나뿐 아니라, 하나님이 지으신 세상 안에서 구체적으로 확장되고 실현되는 모습을 통해서만 이루어진다. 하나님의 형상인 내 옆에서 하나님의 형상인 누군가가 불의한 칼에 맞아 죽어가고, 이기적인 탐욕으로 샬롬이 사라져 생명에 대한 착취가 가득한데도, 나만 괜찮으면 된다는 마음이 나를 끌어가고 있다면, 안식의 주인이신 하나님을 등진 가짜 안식에 자신을 맡기고 있는 것이나 다름없다.

안식은 천지와 만물이 다 이루어졌다는 창세기 2장 1절의 선언과 결정적으로 연결되어 있다. 천지와 만물에 하나님의 질서가 세워질 때 비로소 안식이 이루어지기 때문이다. 하나님의 질서가 망가지고 천지와 만물이 신음하고 있는 상황에서 나만 안식하고 있다면, 그것은 이상한 일이다.

〈옥자〉는 슈퍼돼지 옥자를 구하는 문제를 두고 일어나는 생명존중에 관한 영화다. 생명 착취의 거대 세력과 생명 보호의 미약한 힘 사이의 전쟁이라는 지극히 현실적인 그림이었다. 언제나 악은 강하고 선은 약하다. 사실 세상과 역사는 이 두 질서 간의 대립으로 점철되어 왔다. 그리고 현실은 강함의 폭력과 약함의 고통으로 가득하다. 하지만 강함은 또 다른 강함에 부딪혀 소멸될 것이 분명하고, 결국 진정한 승리는 약함의 절정인 십자가를 통해서 드러나게 될 것이다.

날 마 다 죽 는 삶,
진 정 한 안 식 의 샬 롬

하나님께서는 하나님의 안식을 우리가 맛보고 누리도록 하기 위

날마다 죽는 삶을 통해 얻는 안식의 샬롬

해 안식하신 일곱째 날을 축복하시고, 거룩하게 하셨다.

> 하나님이 그 일곱째 날을 복되게 하사 거룩하게 하셨으니 이는 하
> 나님이 그 창조하시며 만드시던 모든 일을 마치시고 그날에 안식
> 하셨음이니라 창 2:3

하나님은 단지 일곱째 날을 복되게 하신 게 아니라, 안식하신 그 날을 복되게 하셨다. 안식이 없다면 복되다 할 수 없다. 그것이 일곱째 날의 비밀이다. 그에 따라, 일곱 번째 날에는 만나를 거두러 나가지 않아도 되었다. 하나님의 은혜만으로 충분한 그 날, 그 시간이 복된 것이다.

삶이 성과를 요구하는 일과 노동으로 규정되는 세상에서, 안식과 쉼은 때로 사치스럽게 느껴지기도 한다. 하지만 그것은 하나님의 창조질서가 아니다. 하나님의 창조는 안식으로 완성되었고 그 안식은 일과 노동에 대한 보상이 아니라, 처음부터 일과 노동의 목적이었다. 그 안식은 하나님의 질서가, 그 은혜의 개입하심이 내 안에서 더욱 넓어지고 깊어지도록 맡겨드리는 마음 안에서 일어나는 사건이다.

그곳이 어디든, 그 시간이 어떤 때든 무한과 공간이 만나고, 영원과 시간이 만나고, 창조주와 피조물이 만나고, 구원자와 죄인이 만나 샬롬이 이루어지는 그곳이 바로 안식의 처소이고, 그날이 곧 안식의 날이다. 그곳에서는 자신이나 타인을 성과를 내야 하는 노동의 도구

나 기능으로 인식하지 않는다. 그들은 서로를 하나님의 형상으로 인식한다. 사자가 소와 함께 여물을 먹는다. 그렇게 되면, 상상을 초월하는 성과가 이루어질 가능성이 높다. 그렇게 이루어주실 하나님을 믿지 못하면 우린 또 서로를 성과를 내야 하는 도구와 기능으로 인식할 수밖에 없다. 그렇게 되지 않으려면 날마다 지겹고 고집스럽게 자기 기준을 버리지 못하는 내가 죽고, 예수께서 내 안에 사셔야 한다.

요한계시록은 이 안식을 '성도들의 죽음'과 연결시킨다.

> 또 내가 들으니 하늘에서 음성이 나서 이르되 기록하라 지금 이후로 주 안에서 죽는 자들은 복이 있도다 하시매 성령이 이르시되 그러하다 그들이 수고를 그치고 쉬리니 이는 그들의 행한 일이 따름이라 하시더라 계 14:13

쉼은 죽음과 함께 온다. 예수님이 죽으심으로 자신을 온전히 내어주셔서 영원한 안식을 창조하셨듯이, 그 길을 따르는 우리도 예수 그리스도 안에서 날마다 죽는 삶을 통해서 진정한 안식의 샬롬을 누리고 또 누리게 할 수 있다.

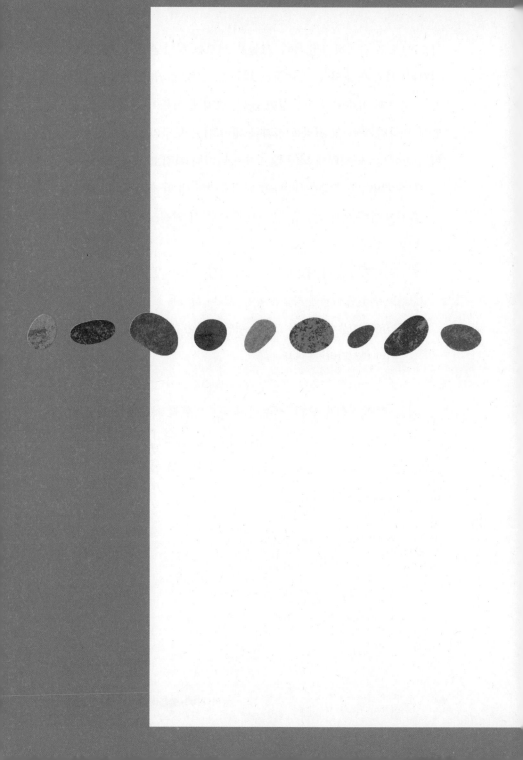

PART 2

욕망 소유자에서
은혜 풍요자로

7

하나님의 기준으로
직면하는 현실

■

하 나 님 의 창 조 를

풍 성 하 게 하 는 일 에 참 여 하 기

중심에는 기준이 필요하다. 하지만 현실에 정신없이 반응하다 보면 무엇을 기준으로 달리고 있는지 흐릿해진다. 열심히 뛰면서도 혼란스럽다. 따라서 기준을 회복해야 하는데, 그렇게 하려면 아무리 바쁘더라도 현실에 조급하게 반응할 것이 아니라 잠시 멈추어야 한다.

우리는 하나님이 왕이심을 인식해야 한다. 삶의 뒤편을 뚫어지게 관찰하고 본래의 기준을 찾아, 그 기준으로 내 현실을 다시 직면해야 한다. 그제야 정신이 맑아진다. 멈추어 섬, 왕이신 하나님 인식하기, 기준 찾기, 그 기준으로 현실 직면하기의 과정이 하나님이 주시는 삶의 능력이다.

창세기 2장 4절부터는 1장의 창조 이야기가 다시 한 번 반복된다. 하지만 관점이 다르다. 2장의 창조 이야기는 창조 세계 안에서 작동하는 하나님의 정신, 세계 질서의 본질을 다루고 있다. 그것이 삶의 기본 기준이다.

> 이것이 천지가 창조될 때에 하늘과 땅의 내력이니 여호와 하나님
> 이 땅과 하늘을 만드시던 날에 창 2:4

'내력'은 '족보' '유래'라는 말로 어떤 역사 혹은 일이 이루어진 과정을 뜻한다.

창조에 새겨진 첫 번째 기준은 앞에서 말했던 '개방적 완전성'이다. 하나님의 창조는 완전했지만, 사람의 손길에 개방되어 더 풍성해지는 완전함이었다. 따라서 창조는 완성되었지만 아직 비는 내리지 않았다. 들에는 초목이 없었고 밭에는 채소가 없었다.

> 여호와 하나님이 땅에 비를 내리지 아니하셨고 땅을 갈 사람도 없
> 었으므로 들에는 초목이 아직 없었고 밭에는 채소가 나지 아니하
> 였으며 창 2:5

결핍이 아니라 사람의 손길을 향한 기다림이다. 들과 밭은 사람

하나님의 기준으로 직면하는 현실

의 손길을 기다리고 있었다. 이제 사람이 일어서고 생명의 재생산을 돕는 비가 내리면, 들판에서 초목이 자라나고 밭에서 채소가 자라나 하나님의 창조 세계는 더 풍성한 아름다움으로 꽃피게 될 것이다.

앞마당에서 가족 바비큐 파티를 하기 위해 아버지가 고기, 숯, 불판, 쌈장, 채소까지 전부 마련해놓는다. 하지만 파티는 와자지껄 떠들며 아버지를 도와 고기를 뒤집는 아이의 몸놀림을 통해 훨씬 더 풍성해진다. 아이들의 노동 때문이 아니라, 존재의 고마움 때문이다. 하나님이 지으신 만물은 연약한 인간의 고사리 같은 손길과 작은 지혜를 통해서 보다 더 풍성하고 아름답게 가꾸어지기 위해, 자기를 기꺼이 맡기는 방식으로 기다리고 있었던 것이다.

비는 없었지만, 안개는 있었다.

안개만 땅에서 올라와 온 지면을 적셨더라 창 2:6

생명을 향한 본격적인 동작은 시작되지 않았지만, 온 지면을 적시는 안개를 통해 무언가 꿈틀거리는 기운이 느껴지고 있었다. 누군가를 간절히 기다리는 꿈틀거림이었다.

극단적으로 말한다면, 너무 황폐해졌기 때문이건, 너무 완벽하게 꾸몄기 때문이건 긍정적으로건 더 이상 손댈 여지가 없어 보이는 세상조차 깊은 피곤 속에서, 창조의 본래적 질서를 이룰 '사람'의 손길을 갈망하며 기다리고 있다.

잊지 말라. 부활은 모든 것이 완전히 끝난 상황에서, 더 이상의 가능성이 없는 상황에서 새롭게 시작하는 생명의 꽃이었다. 우린 그 부활의 능력에 힘입어 세상으로 보내진 자들이다. 너무 지쳐서 더 이상 가망성이 없어 보이는 상황에서도 잠시 멈추고 하나님의 기준을 다시 찾고, 그 기준으로 현실에 새롭게 직면하라. 거기에서 아무도 생각하지 못했던 새 일이 시작될 수 있다. 심지어 하찮은 생각이 비범한 사건이 되는 일들은 세상에 널려 있다.

우간다 출신의 미국 이민자 데릭 케온고는 처음 묵게 된 호텔에서, 한 번이라도 투숙객의 손을 거친 비누들이 모아져 폐기 처분된다는 말을 듣고, 온 호텔을 돌아다니며 버려질 비누들을 수거했다. 투자자들을 모아 비누 재활용시설을 세웠다. 그러고는 제때 씻지 못해 자주 설사병에 걸리는 후진국 아이들에게 비누 보내는 일을 시작했고, 수많은 아이들을 안전하게 지켜줄 수 있었다. 그는 2011년 CNN이 선정한 영웅이었다.

자신이 경험했던 결핍을 현실에 대한 불만이 아니라, 타자를 향한 헌신으로 바꾼 힘은 그가 영원에 속한 어떤 기준을 가졌기 때문에 가능했을 것이다. 그는 하나님의 창조를 확장하는 일에 참여한 셈이다.

예수님의 일하심은 완전하지만, 우리에게 더 많은 참여를 독려하신다.

내가 진실로 진실로 너희에게 이르노니 나를 믿는 자는 내가 하는

일을 그도 할 것이요 또한 그보다 큰 일도 하리니 **요 14:12a**

우리를 위한 '개방적 완전성'이다. 우린 바로 그 약속 위에서 오늘 예수님과 동역하는 영광을 힘입고 있다.

보배를 담은
질그릇의 담대함

창조에 새겨진 두 번째 기준은 흙과 생기다.

> 여호와 하나님이 땅의 흙으로 사람을 지으시고 생기를 그 코에 불
> 어넣으시니 사람이 생령이 되니라 **창 2:7**

하나님은 우리를 흙으로 지으셨다. 그건 우리가 물리적으로 확인할 수 있는 진실이다. 흙(아파르)은 티끌이나 먼지에 가깝다. 내가 티끌과 먼지에 불과하다는 사실이 얼마나 놀랍도록 나를 위로하는지 모른다. 내가 지나치게 긴장하고 불안해하고 두려워하게 되는 시간은 예외 없이 자신에게 스스로 과도한 의미를 부여하고 그래서 사람들에게서 좋은 평가를 받아야만 할 것 같은 염려 때문이다.

하지만 내가 진실로 먼지와 티끌에 불과하다는 사실을 가슴 깊이 인식하고 인정하게 되면, 얼마나 담대해지는지 모른다. '에라 모르겠다' 하는 객기가 아니라, 깊은 겸손함이 주는 담대함이다. 김광석의

노래 〈먼지가 되어〉의 가사는 '먼지가 되어 날아가야지. 바람에 날려 당신 곁으로'를 반복한다. 그렇게 차라리 먼지가 되기를 원하는 이 가사에서는 치열한 담대함이 느껴진다.

하지만 역설적이게도 내가 지나치게 슬퍼하고 쓸쓸해하고 서러워하는 것은 그야말로 내가 아무 것도 아닌 초라한 존재라는 사실 때문이다. 하지만 하나님은 말씀하신다. 우리는 먼지와 티끌 안에 생기를 담은 하나님의 생명이다. 우리는 생명을 자기 힘이나 자연에서 얻은 게 아니라, 오직 하나님의 생명의 호흡에서 얻었다. 이 사실은 내게 '내가 살지 않고 그가 사신다'는 인식, '내가 하는 게 아니라 그가 하신다'는 인식을 일으켜서 나를 한순간에 담대하게 한다.

여전히 힘들다. 여전히 고통을 느끼고 힘겨움을 느낀다. 하지만 견딜 수 있는 힘, 다시 일어설 수 있는 힘이 어디선가 묵직하게 일어서는 것을 알게 된다. 내가 하는 게 아니라 나를 통해서 하나님께서 하신다는 것을 확실하게 알게 된다.

'하나님께서 하신다'는 말은 '우리의 무책임을 조장하는 선동'처럼 들릴 수도 있다. 또 하나님께서 하신다는 핑계로 자신의 책임을 회피하고 게으름을 합리화하는 말로 들릴 수도 있다. 하지만 둘 다 하나님이 하신다는 사실을 모르는 셈이다. 하나님이 하신다는 진실을 믿는 사람은 나의 수고가 헛되다는 의미가 아니라, 나의 수고가 하나님께 사용된다는 깊은 의미가 있음을 알게 된다. 그래서 열정을 다하면서도 스스로를 망가뜨리는 불안과 두려움의 고통을 느끼지 않고 일에

하나님의 기준으로 직면하는 현실

집착하지 않으며 타인을 정죄하지 않아 자유롭다.

자신이 흙이며 동시에 하나님의 생명을 담은 존재라는 것을 현실에 직면하는 기준으로 삼으면 우리는 현실을 넘어갈 수 있다. 한마디로 우린 보배를 담은 질그릇이라는 자기 정체성으로 모든 연약함을 이기고 살아가게 된다. 그렇게 살아갈 수 있는 이유는 보배이신 예수님이 우리를 위해 질그릇으로 오셨다는 사실을 잊지 않기 때문이다.

칼 바르트가 말했다. "하나님의 창조의 뿌리와 기초는 하나님의 선하신 기쁨이다. 따라서 하나님의 창조세계에서 살아가는 우리가 세상과 그 안에서 벌어지는 일들을 바라보는 관점은 궁극적으로 '하나님의 기쁨'이어야 한다." 이는 매우 비현실적인 기준을 말한 것이다. 세상에서 하나님의 선하신 기쁨을 발견하는 방식으로 살아가라는 말은 그 비현실성 때문에 피상적 선동, 희망고문처럼 들린다.

그런데 아이러니하게도 그가 창조의 본질이 하나님의 선하신 기쁨이라고 말했던 때와 장소는 1942년 유럽이었다. 적나라한 전쟁의 공포와 잔인한 살상으로 인간성이 말살되고 인간에 대한 기대가 무너져내리고, 세상은 결코 아름답다고 말할 수 없었던 바로 그때 그 현장에서 한 말이었다.

그렇다면 그는 틀림없이 현실을 외면하는 무책임한 망상가거나 아니면 세상의 가혹한 현실보다 하나님의 현실을 훨씬 더 처절하게 인식하려고 몸부림치는 선지자거나 둘 중 하나다. 그런데 실제로 그는 당대 대부분의 신학자들이 히틀러 앞에서 타협하고 굴복하는 순간에도 끝까지 히틀러와 나치의 악마성을 비난하다가 결국 추방당했다. 그는 현실의 모순과 고통에 직면한 사람이었다. 동시에 결국 독일이 멸망한 후에는 독일에 대한 정당한 재판과 함께 독일을 위한 자비와 긍휼의 손길을 호소한 그리스도인이었다.

그가 전쟁의 처참한 현실 한가운데서 세계를 하나님의 선하신 기쁨이라고 말한 것은 무엇 때문이었을까? 우리 눈앞에 펼쳐진 엄연한 고통과 환난과 이해되지 않는 모순과 부숴버리고 싶은 불공평한 세상을 두 눈 똑바로 뜨고 보면서도, 그 이면에 있는 하나님의 통치와 질서와 가치를 선명히 인식하고, 세상을 끌고 갈 유일한 힘이 무엇인지를 알았기 때문이다.

그는 말한다. "우리가 하나님이라고 여기는 어떤 얼굴의 배후에서 참 하나님의 얼굴을 날마다 새롭게 발견해야 한다." 내 욕망과 주장을 투사한, 종교화된 하나님 말고, 하나님의 말씀이 전하는 참 하나님의 얼굴을 날마다 발견해야 한다는 말이었다. 그 하나님에 대한 발견이 먼지에 불과한 우리에게서 영원한 생명력을 발현시킨다.

처절한 현실에 반응하지 말고 직면하라

우리 역시 지금 이 시간, 세상은 아름답다느니 하나님의 창조는 기쁨이라느니 창조의 목적은 안식이라느니 하는 말들이 낯간지럽게 들리는 현실 앞에 서 있는지도 모른다. 하지만 그 상황에서도 우리가

하나님의 기준으로 직면하는 현실

창세기에 주목해야 하는 이유가 있다. 우리는 거의 항상 자신의 처절한 현실에 직면하기보다는 반응하고 있기 때문이다.

직면한다는 것은 현실의 처절함에 눌려 의기소침해지고 분노하고 원망하고 모든 걸 포기하고 도망치고 싶어 하는 마음이 전혀 없는 어떤 상태를 말하지 않는다. 그 모든 고통을 고스란히 겪지만 눈감지 않고 돌아서지 않는 것이다. 오히려 그 현실 너머의 본질을 꿰뚫어봄으로써 그 본질이 현재 눈앞의 현실보다 더 강하고 질긴 진짜 현실인 것을 자신에게 선포하고 그 본질에 자신을 던지려 하는 것이다.

현실 이면에 있는 본질, 그것은 바로 하나님이 나를 왜 여기에 이 모습으로 있게 하셨는지를 하나님의 시선으로 하나님의 질서 위에서 꿰뚫어보는 것이다. 그때 어둡고 깜깜한 현실을 뚫고 어디선가 음성이 들린다. 곧 칠흑 같던 나의 현실 한가운데서 빛이 보이기 시작한다. 놀랍고 신비한 진실이다. 완전한 흑암의 무(Nothing) 한가운데서 "빛이 있으라" 하시는 하나님의 말씀 한 마디가 빛을 가져왔듯이, 그 일은 오늘 내 삶에서도 또다시 일어나는 사건이다. 우리가 빨리 망각해서 그렇지, 우리에게는 이미 과거에 그런 하나님의 손길을 경험한 적이 있었다. 행여 없었다고 해도 괜찮다. 곧 반드시 경험하게 될 것이다.

현실도 처절하지만 더 처절한 것은 나의 끈질긴 자기중심적 욕망이다. 그것을 이기려면 직면할 수 있게 하는 기준이 있어야 한다. 그 기준이 곧 하나님이 새겨놓으신 창조자의 정신이다.

우리는 창조의 개방성에 따른 하나님과의 동역, 그리고 흙과 생기로 빚어진 존재, 이렇게 두 가지를 짧게 생각했다. 이것은 어떤 방식으로 작동할까? 내가 얼마나 우스운 사람인지를 고백함으로써 그것을 설명하려 한다.

며칠 전 아침에 일어났는데 이상하게 기분이 안 좋고 마음이 가라앉아 있었다. '뭐지?' 하면서 내 마음을 들여다보니 전날, 우리 교회에서 분립 개척한 교회들이 왕성하게 부흥하고 있다는 이야기를 들었기 때문이라는 것을 깨닫게 되었다. 한마디로 배가 아팠던 것이다. 질투하고 있었던 것이다. 얼마나 우습고 유치한가? 스스로 깜짝 놀랐다. 그리고 내가 창조자의 정신에서 이탈했기 때문에 생긴 현상이라는 것을 알게 되었다. 하나님과의 동역이 아니라 내 왕국을 추구했고, 내가 먼지와 티끌인 것을 잊고 꽤 중요한 존재인 듯 착각했던 것이다. 하나님의 생기로 일하지 않고 욕망으로 일하려 했던 것이다. 그래서 직면했다. 아들을 질투하는 아버지의 어리석음을 회개했다.

"하나님, 제가 자식을 낳은 아버지의 자리에서 이탈했습니다. 저를 제자리로 돌려놓아 주옵소서."

그리고 분립 목사들에게 격려하고 응원하는 문자를 보냈다. 며칠 후에는 같이 만난 자리에서 "내가 질투하고 있더라"고 고백했다. 그랬더니 한 목사가 "저도 예수향남교회가 부흥하는 게 배가 아픕니다"라고 했다. 그러고 나니 마음속에 다시 감사와 평화가 찾아왔다. 다시 제자리로 돌아온 것이다.

심리학에 '확증편향'이라는 말이 있다. 그렇게 될 것이 분명하다고 확신하는, 미리 결정된 믿음에 집착하는 것이다. 그래서 내게 좋은 인상을 준 사람은 내 마음에서 이미 천사가 되고, 내게 나쁜 인상을 준 사람은 악마가 된다. 천사가 악마가 되었다는 사실을 쉽게 망각함으로써 현실에 대한 두려움 혹은 낙관을 빨리 일반화해서 근거 없는 절망과 희망에 빠지는 것이다.

단지 현실에 반응하는 이런 확증편향적 행동으로는 어떤 문제도 제대로 통과할 수 없다. 직면해야 한다. 하나님이 최초에 심어놓으신, 창조자의 정신을 기준으로 현실에 다시 직면해야 한다.

8

하나님의 기준으로
버터내는 현실

우 리 를 향 한 하 나 님 의 의 지 와

에 덴 정 신

고린도후서에 보면, 바울이 고린도교회 안에 떠돌고 있는 자신을
둘러싼 오해와 비난에 어떻게 대응했는지 알 수 있다. 그는 직면했다.
단지 반응하기만 하면 섭섭하고 분한 마음이 지속되고 우리 마음은
부정적 감정에 휩싸이게 된다. 하지만 직면은 마음의 가닥을 세심하
게 나누는 것이다.

교회에서 어떤 사람에게 상처받으면, 쉽게 과장된 확증편향에 사
로잡혀 그 사람이 아니라 교회 자체가 싫어지고 교회를 등지고 싶어
진다. 하지만 바울은 자기를 비난하고 거역하는 자들 때문에 고린도

교회를 싸잡아 혐오하지 않았다. 자기를 비난하는 자들과 위로하는 자들을 구분했다. 그리고 위로하는 자들에게서 받은 힘으로 비난하는 자들을 품었다. 그래서 결국 비난하던 자들이 깨닫고 회개하도록 했다. 바울이 그렇게 할 수 있었던 이유는 예수님이 우리를 도무지 받을 수 없는 상황에서도 죄와 존재를 구분하시고, 존재에 대한 사랑으로 죄를 덮으셨기 때문이다.

앞에서 우리는 잠시 멈추어 서기, 현실에 반응하는 대신 직면하기, 현실 뒤편을 꿰뚫어보며 하나님의 은혜를 통해 기준 찾기, 그 기준으로 현실에 다시 직면하기에 대해 살펴보았다. 그 첫째 기준은 비누로 생명을 살린 우간다 청년처럼, 나의 일상이 하나님의 창조를 풍성하게 하는 일에 참여하는 행동이라는 사실을 인식하는 것이고, 둘째 기준은 내가 흙일 뿐이라는 자기 인식이 가져다주는 담대함, 그리고 내가 하나님의 생기로 채워진 존재라는 사실에서부터 하나님이 하신다는 확신을 가질 때 얻게 되는 담대함, 곧 보배를 담은 질그릇의 담대함을 회복하는 것이다.

그러면 우리가 현실에 직면하도록 하는 창조의 세 번째 기준은 무엇일까? 바로 에덴의 정신이다.

> 여호와 하나님이 동방의 에덴에 동산을 창설하시고 그 지으신 사람을 거기 두시니라 창 2:8

하나님은 우리와 사귀기 위해서 동방의 한 땅 에덴동산을 선택하셨다. 에덴은 '큰 기쁨'이란 뜻이다. 동산이라는 말에서 파라다이스가 나왔다. 따라서 에덴동산은 소위 '큰 기쁨의 파라다이스'였는데 그 안에 이미 우리를 향한 하나님의 의지가 담겨 있다.

이 에덴동산은 창세기를 최초로 읽었을 광야 이스라엘 백성에게 '큰 기쁨의 가나안 땅'에 대한 희망을 주었다. 동시에 광야 길을 걷는 우리 모두에게도 마침내 도달하기를 열망하는 어떤 이상적인 꿈을 의미한다. 하지만 중요한 것은 '큰 기쁨의 본질이 무엇이냐' 하는 것이다. 인생은 기본적으로 큰 기쁨을 얻기 위한 몸부림이다. 기쁨을 얻기 위해 자식들 공부를 뒷바라지하고, 돈과 일을 좇고, 좋은 여행지를 찾아다니기에 바쁘다.

그런데 우리가 에덴을 통해서 발견하게 되는, 최초에 주어진 큰 기쁨의 근본은 자식과 돈과 일과 여행이 아니라, 하나님이 이끄시는 곳에서 하나님과 함께 있는 것이었다. 우리는 그게 뭘 말하는지 대략 안다. 자녀의 성공과 돈과 일과 여행도 기쁨을 주지만, 우리의 가장 큰 기쁨은 내가 사랑해야만 하는 자를 진실로 사랑하면서 그와 함께 있는 것이다.

과거에 나는 딸을 존재로서 사랑하지 못했었다. 그때 딸에게서 "내가 세상에서 제일 싫어하는 사람이 아빠"라는 말을 들었다. 순간 삶이 무의미하게 느껴졌고 포기하고 싶었다. 기쁨이 사라졌다. 몇 년 후, 하나님이 나의 전부가 되는 은혜를 통해 내 안에 기쁨이 솟기 시

하나님의 기준으로 버터내는 현실

작했고 내가 조금씩 변화되면서, 그 딸로부터 "세상에서 가장 사랑하고 존경하는 사람이 아빠"라는 말을 듣게 되었다. 온 세상을 얻은 듯 큰 기쁨이 임했다. 내가 사랑해야만 하는 자가 내가 사랑하는 자가 되었을 때, 아무 것도 부럽지 않았고 아무 것도 두렵지 않았다. 세상이 아름답게 변했다. 하나님과 함께 있는 것이 복이라는 하나님의 복음은 내가 사랑해야만 하는 자를 사랑하게 하시는 능력이다.

그렇다면 우리가 열망하는 큰 기쁨의 본질적인 조건은 무엇을 소유한 존재가 되는 것이 아니라, 존재와 존재 사이의 관계에 관한 것이다. 내가 있고 그가 있다. 나는 그를 사랑해야만 한다. 그게 마땅하다. 하지만 사랑이 샘솟지 않기 때문에 사랑해야만 한다는 사실은 나를 억압한다. 대개 내가 사랑해야만 한다는 부담을 느끼는 대상은 과거 한때 내가 참으로 사랑했던 대상이었다. 하지만 그 사랑의 근원이 하나님께 있다는 사실을 망각하고, 사랑하기 싫고 사랑할 수 없는 마음의 지배를 받으면서 고통이 시작된 것이다.

대개 내가 사랑한다고 느끼는 것들은 나의 정서·감정·경험·욕망에 의지해 있기 때문에, 그것들은 정서적·감정적·경험적·욕망적 변화에 따라 사랑의 대상이 되기도 하고 되지 않기도 한다. 우리는 종종 자신이 전심으로 자녀를 사랑하는 줄 알았는데, 자녀가 아니라 자녀를 이용해서 자신의 욕망을 사랑했다는 것을 알게 되기도 한다. 따라서 핵심은 은혜다. 큰 기쁨의 본질은 하나님의 어리석고 미련한 사랑의 비밀을 깨닫는 은혜다(왜 어리석고 미련한지는 다음에 나온다). 그 은혜를 알게 되면, 하나님을 위해 무엇을 하려는 열망이 아니라, 그가 이 끄시는 곳에서 그와 함께 있는 것 자체가 큰 기쁨이라는 사실을 깨닫게 된다. 그리고 그 은혜가 나를 끌고 다닌다. 그 은혜가 나로 하여금 무엇을 하게 한다. 견디게 하고 사랑하게 한다. 내가 사랑해야만 하는 자를 사랑할 수 있게 해주고 거기에서 큰 기쁨을 누리게 한다.

하나님은 친히 에덴을 준비하셨다. 그곳으로 사람을 초대하셨고 그곳에서 만나고자 하셨다. 하나님은 자신의 높은 지위와 대단한 권위를 스스로 잘 아시기에 누군가가 찾아와 머리를 조아리기를 기다리고, 또 사람들이 그렇게 하지 않으면 분노하는 천박한 권위주의자가 아니시다. 우리 하나님은 피조물 앞에서 자신의 존재감을 누리려 하는 분이 아니시다. 타인의 조아림을 통해서 존재감이 확보되는 분이 아니시기 때문이다.

그분은 홀로 영광스러우시다. 그리고 그 영광을 보잘것없는 피조물과 기꺼이 나누려 하셨다. 따라서 우리의 현실적이고 계산적인 논리에 비추어 말한다면, 그분은 모든 고귀한 것을 아까운 줄 모르고 자격 없는 자들에게 헤프게 내주는 어리석은 분이다. 하지만 하나님의 미련함과 어리석음이 인간의 모든 지혜와 영악함과는 결단코 견줄 수 없는, 빛나는 영광이라는 사실을 은밀히 깨달은 사람은 하나님을 사랑할 수밖에 없다. 그리고 그 사랑 때문에 그는 하나님과 늘 함께 있고 싶어지면서 큰 기쁨의 자리에 이르게 된다.

하나님은 사람에게 어떤 조건을 걸기도 전에 먼저 그를 에덴에

하나님의 기준으로 버텨내는 현실

들이셨다. 그리고 에덴에서 온전하게 살아갈 수 있는 방식을 가르치셨다. 따라서 에덴은 온 우주의 창조주이신 하나님이 자신을 작은 공간에 묶으시는 겸손이 나타난 곳이었고, 그 겸손한 사랑이 생명의 강물로 흘러넘치는 곳이었다. 에덴에서부터 흐르는 강들이 그것을 상징한다.

> 강이 에덴에서 흘러 나와 동산을 적시고 거기서부터 갈라져 네 근원이 되었으니 첫째의 이름은 비손이라 금이 있는 하윌라 온 땅을 둘렀으며 그 땅의 금은 순금이요 그 곳에는 베델리엄과 호마노도 있으며 둘째 강의 이름은 기혼이라 구스 온 땅을 둘렀고 셋째 강의 이름은 힛데겔이라 앗수르 동쪽으로 흘렀으며 넷째 강은 유브라데더라 **창 2:10-14**

　생명을 일으키는 강물은 하나님과 함께 있는 큰 기쁨의 땅에서부터 흐르기 시작한다. 우리 삶에서도 정확하게 그렇다. 하나님을 알고 하나님이 이끄시는 곳에서 하나님과 함께 있는 사귐을 통해서 큰 기쁨이 일어나면 그것이 생명의 강이 되어, 그 강물이 흐르는 곳마다 생명을 일으킨다. 따라서 내가 있는 곳에서 생명이 살아나는 대신 무미건조한 사막이 만들어지고 죽음의 냄새가 난다면, 하나님과의 사귐이 진짜인지 신중하게 돌아보아야 한다.

　예수님은 에덴동산의 큰 기쁨을 회복시키기 위해 겟세마네동산으로 가셨고, 거기에서 눈물과 체포당함과 죽음에 자신을 내어주시는 사랑으로, 그 은혜를 깨닫는 자의 심령에서 에덴의 큰 기쁨의 강이 흐르게 하셨다. 결국 우리는 이 강물이 주님 오실 그때 하나님의 보좌로부터 흐르는 생명의 강과 연결되어 있는 것을 보게 될 것이다.

하나님께 묻고 듣고 따르는 기쁨의 삶

나아가 나의 모든 삶에서 큰 기쁨 안에 지속적으로 거할 수 있는지 여부는 바로 에덴에 두신 두 나무와 연관되어 있다. 창조의 네 번째 기준은 두 나무다.

> 여호와 하나님이 그 땅에서 보기에 아름답고 먹기에 좋은 나무가 나게 하시니 동산 가운데에는 생명나무와 선악을 알게 하는 나무도 있더라 창 2:9

> 여호와 하나님이 그 사람에게 명하여 이르시되 동산 각종 나무의 열매는 네가 임의로 먹되 선악을 알게 하는 나무의 열매는 먹지 말라 네가 먹는 날에는 반드시 죽으리라 하시니라 창 2:16-17

이 두 나무 중 하나는 생명나무고 하나는 선악과인데, 서로가 서로를 설명하고 있다. 선악과가 생명나무를, 생명나무가 선악과를 설

하나님의 기준으로 버텨내는 현실

명하는 식이다.

선악과는 선과 악을 알게 하는 나무지만, 선악을 알려는 의지로 먹는 날에는 생명에서 떨어지게 되는 이상한 나무다. 선악을 아는 것과 죽음이 신비하게 결합되어 있다. 선과 악을 알려는 의지는, 무엇이 선이고 무엇이 악인지를 내가 알고, 내가 선과 악을 판단하는 재판장이 되려는 욕망을 담고 있다.

하지만 그것은 하나님께 더 이상 묻지 않고 스스로 모든 것을 결정하는 하나님이 되려는 욕망이었고, 결국 스스로 생명의 주인이 됨으로써 생명에서 소외되는 역설에 맞닥뜨리는 자기모순이었다. 그 죽음은 나뿐만 아니라, 치명적으로 내가 바라보는 모든 것들을 죽인다. 그것이 바로 예수님께서 비판하지 말라 하신 이유였다.

비판은 내가 선과 악을 알고, 옳고 그름의 기준을 가졌다는 자기 확신인데, 그 비판으로 우리는 어느새 하나님의 자리에 앉아서, 자신과 타인의 관계를 끊어버린다. 우리는 가장 선한 명분으로도 사람을 죽일 수 있는 자들이 아닌가? 세상의 온갖 비극은 하나님의 이름을 걸고 벌어졌다. 하나님의 이름으로 얼마나 잔혹한 일들을 벌였던가? 사람은 악을 행하는 것뿐 아니라 열광적으로 선을 추구하는 것으로도 사람을 죽일 수 있는 흉악한 존재다.

우리는 하나님을 대신하는 자가 아니라 하나님께 묻고 듣고 따름으로써 비로소 생명을 살리는 자가 된다. 따라서 하나님을 떠나 우리가 판단하는 것은 별 의미가 없다. 모든 것을 아시고 절대적으로 의로우신 하나님이 선하게 보셔야 선한 것이고, 악하다 하시면 악한 것이다.

이를 위해 하나님은 선악과 앞에 생명나무를 두셨다. 생명나무는 영생을 주는 나무다. 그러니까 사람은 처음부터 그 존재 안에 고유한 영생의 능력이 있도록 지음받은 게 아니라, 하나님과 함께 있을 때, 생명이신 하나님의 말씀과 함께 있을 때 영생하게 되는 존재다. 하나님, 하나님의 말씀과 함께 있는 일상이 곧 생명나무 열매를 먹는 행위다.

따라서 생명나무 열매는 오직 선악과를 따먹지 않는 조건으로만 먹을 수 있다. 먹지 말라는 명령을 어기고 선악과를 따먹음으로써 하나님과의 신뢰와 생명의 관계가 깨지면, 생명나무 열매를 먹는 것이 곧 저주가 된다. 생명이신 하나님과 단절된 상태에서 영원히 사는 존재, 곧 큰 기쁨에서 영원토록 분리되어 존재하는 지옥 거주자가 되는 것이다.

따라서 아담과 하와가 선악과를 따먹은 후, 하나님은 이렇게 말씀하셨다.

> 여호와 하나님이 이르시되 보라 이 사람이 선악을 아는 일에 우리 중 하나 같이 되었으니 그가 그의 손을 들어 생명나무 열매도 따먹고 영생할까 하노라 하시고 여호와 하나님이 에덴동산에서 그를 내보내어 그의 근원이 된 땅을 갈게 하시니라 이같이 하나님이 그 사람을 쫓아내시고 창 3:22-24a

하나님의 기준으로 버터내는 현실

하나님이 에덴동산에서 아담과 하와를 쫓아내신 것은 그들을 질투해서가 아니라 그들이 영원한 저주에 빠지지 않게 하기 위한, 그들을 향한 마음을 찢는 사랑이었다.

결국 예수님은 선악과를 먹고 죽음에 이르게 된 우리를 위해 자신을 죽음에 내어주셨다. 스스로 생명나무 열매가 되어 우리에게 자신을 먹도록 내어주심으로 우리로 하여금 진정한 선과 악의 기준이 오직 하나님께 있음을 알고, 하나님께 듣고 하나님을 따르는 방식으로 큰 기쁨 안에서 살아가게 하셨다.

은혜를 통해
현실에 직면하여 이기는 자

창조에 심긴 이 기준들을 기억하는 것이 중요하다. 하나님이 이끄시는 곳에서, 하나님과 함께 있는 것이 큰 기쁨의 본질이라는 사실을 통해 우리는 회복의 은혜를 누리게 된다. 그 은혜는 우리를 말할 수 없이 열정적으로 주님을 위해 살게 한다. 현실에 직면하게 하고, 이기게 한다. 따라서 은혜는 알고 있는데, 하나님과 그 나라를 위한 열정도 없고 직면하는 힘도 없다면 곰곰이 생각해 보아야 한다. 우리 존재의 연약함에 어떤 문제가 있는지 들여다볼 필요가 있다.

우리는 하나님의 은혜를 받은 후 자동적으로 존재 자체가 은혜 덩어리가 되는 게 아니다. 신약성경에 가득한 명령형 말씀들은 우리가 할 수 없다는 것을 일깨워주는 또 다른 율법이 아니라, 그것을 은혜로 받아 순종하는 자가 경험하게 될 약속들이다. 가정사역 프로그램 '마더 와이즈'의 간증을 들을 때마다 감동과 부러움을 느낀다. 말씀을 은혜로 받아 순종하는 이들의 삶에서 나타나는 변화들이 정말 아름답기 때문이다. 바울은 은혜를 헛되이 받지 말라고 했다. 모든 것을 은혜 핑계 대지 말라는 말씀이다.

은혜는 우리로 하여금 환난의 시간들을 통과하게 하면서 대단히 독특한 특성을 드러낸다. 속이는 자 같으나 참되고, 죽은 자 같으나 살아 있고, 아무 것도 없는 자 같으나 모든 것을 가졌고, 근심하는 자 같으나 항상 기뻐하는 자가 되게 한다(고후 6:8-10 참조). 그런데 은혜를 헛되이 받는 자의 특징은 이것을 거꾸로 읽으면 된다. 참된 자 같으나 속이는 자고, 살아 있는 자 같으나 죽은 자다. 이 변화는 마치 부모의 깊은 사랑이 자녀들을 자동적으로 바꾸는 게 아니라, 부모의 사랑을 그들이 기꺼이 자기 것으로 받아들일 때, 부모의 마음을 진실로 배우고 알게 됨으로써 제대로 살기 시작하는 것과 같다. 그래서 때로 부모는 그것을 위해 자녀들에게 호소하는 것이다.

은혜는 하나님의 형상으로 지음 받은 우리의 인격적인 반응과 성품에 따라 작용한다. 따라서 은혜를 통해 본래의 기준으로 현실에 직면하면서, 은혜를 헛되이 받지 않고 왕이신 하나님의 힘으로 이기는 자가 되어야 한다. 하나님이 이끄시는 곳에서 하나님과 함께 있는 기쁨을 누리며, 하나님께 모든 판단을 맡기고, 오직 그 말씀이 이끄는 대로 힘차게 걷는 것이 승리의 길이다.

하나님의 기준으로 버텨내는 현실

암으로 양쪽 신장제거 수술을 하고 주 3회 투석을 하며 21개월째 병원생활을 하고 있는 손춘미 집사님이 계신다. 얼마 전에는 폐렴으로 숨쉬기가 곤란해 수 주 동안 밤에도 앉아서 지내야 했다. 지금은 말기 암 환자들의 마지막 길을 돕는 호스피스 병동에 입원한 상태다. 그와 아주 짧은 인터뷰를 했는데, 현실에 반응하지 않고 그것에 직면하는 손 집사님은 이렇게 이야기했다.

"저는 예수님을 만났으니 성공한 사람입니다. 고통이 있지만 감사합니다. 주님과 함께 주님께로 가는 날들을 느낍니다. 남편과 아이들에게는 늘 미안하지만, 제 뒤에 남은 모든 분들이 다 예수님 만난 것으로 성공한 분들이 되시기를 바랍니다."

2017년 11월, '국정원 댓글사건 수사'를 은폐한 혐의로 조사받던 현직 검사가 투신 사망했다. 일 년 가까이 심리적 어려움에 시달렸던 나로서는, 사회적 차원에서 '비겁하다, 무책임하다'는 식의 비난보다는, 상상하기 어려운 한 존재의 절박함을 이해하고 싶은 마음이 앞섰다. 그의 아내와 자식들과 그의 부모님이 생각나고, 그의 좋은 면을 기억하고 있을 사람들의 좌절이 예상된다.

물론, 여러 가지 면에서 그의 죽음은 아쉽고 안타까운 일인 게 분명하다. 하지만 내가 지금 포커스를 맞추고 싶은 것은, 그의 목숨 줄을 끊으려고 달려들었던 모든 현실들이 이제 그에게는 갑자기 꿈이 되어버렸다는 엄연한 사실이다. 어느 순간 모든 현실은 갑자기 꿈이 된다. 우리의 지난 시간들도 돌아보면 그게 꿈이었는지 현실이었는지 알 길이 없다. 하지만 만일 그가 죽음을 결정하기 전에, 그를 죽음으로 몰아넣으려 했던 모든 가혹한 현실들이 미리, 이런 꿈의 차원으로 인식될 수 있었다면, 아마도 그는 그 길을 가지 않았을지도 모른다.

지금 내 온몸과 세포로 경험하고 있는 처절한 고통을 곧 꿈이 될 한순간으로 인식하는 것은 절대 쉬운 일이 아니다. 하지만 쉽건 안 쉽건 그게 사실인 것만은 분명하다. 신앙이 단순히 자기최면적인 마약과 다른 이유는 몸의 화학적 작용을 통한 위조된 환상이 아니라, 예수 그리스도의 역사적 진실이 우리를 바꾼다는 사실성 때문이다. 그 사실은 맨 정신을 가지고도 현재의 생생한 고통조차 꿈으로 인식하게 만드는 위대한 능력이다. 나를 옥죄고 있는 현실은 나를 잠시 가둔 안개와 같아서 가만히 멈추어 버티고 또 버티고, 하나님의 기준을 가지고 다시 직면하는 동안 어느새 지나가게 될 것이다. 우리 모두가 이 사실을 믿고 잘 버텨낼 수 있기를 기대한다.

9

너 지금
어디에 있느냐?

영혼의 강원랜드에서

서성이는 자에게

안식과 평화는 내가 지금 어디에 있느냐와 연관되어 있다. 10여 년간 요식업으로 수십억 재산가가 된 50대 중반 여자가 강원도 정선 월세 50만 원짜리 쪽방에서 근근이 살아가기까지 1년밖에 걸리지 않았다. 성실한 경영자의 자리를 소홀히 하고 강원랜드의 카지노로 자리를 옮겼기 때문인데, 더 큰 이유는 그녀의 인생에 창조자와 함께 있어야 하는 자신의 자리가 없었기 때문이다.

우리 중에도 돈과 시간에 여유가 생기면 영혼의 카지노 주변을 얼쩡거리게 될 사람들이 꽤 있을지 모른다. 나는 말할 것도 없다. 나는 목사가 아니었으면 정말 난감한 인생이었을 가능성이 매우 높다. 그런데 역설적이게도 강원랜드는 얼마나 아름답고 설레는 공간인가? 하지만 그 아름다움과 설렘이 인생들을 합법적으로 황폐하게 만든다. 그런데도 발걸음이 끊이지 않는다. 우리가 경계해야 할 세상이다.

가정은 안전하고 아름답지만 순식간에 지옥이 될 수 있다. 이웃은 정겹지만 순식간에 원수가 될 수 있다. 세상은 눈부시게 아름답지만 동시에 저주스럽고 비참하다. '눈부신 아름다움 속에 가득한 저주와 비참함', 이 영원한 역사의 모순이 어디서부터 시작되었는가? 에덴이다. 에덴을 파고든 비참한 저주의 본질을 살펴보자.

창세기 3장 1절은 "그런데 뱀은"으로 시작한다. 따라서 앞의 상황과 연결해서 읽는다면 이렇다. "아담과 그 아내는 서로에게서, 자신의 일부 혹은 전부를 발견할 수 있었고, 그로 인해 서로에 대한 연합의 기쁨에 휩싸였고, 서로의 육체와 내면을 훤히 들여다보면서도 결코 부끄러워하지 않았다. 그런데 뱀은…." 따라서 불길하다. 사랑과 신뢰로 이루어진 연합이 깨질 조짐이고, 그 한가운데를 뱀이 파고들었다.

> 그런데 뱀은 여호와 하나님이 지으신 들짐승 중에 가장 간교하니
> 라 **창 3:1a**

'간교하다'는 말은 히브리어로 '아룸'인데 이 단어는 지혜롭고 신중하고 민감하다는 뜻이다. 따라서 우리말 성경은 이미 그 단어를 나

쁜 쪽으로 해석한 셈이다.

'간교하다'는 말은 은밀하게 상대방을 속여먹는다는 의미다. 따라서 하나님께서 그런 동물들을 창조하고 나서 보시기에 좋다고 하셨을 리 없다. 하나님이 주신 것은 지혜롭고 신중하고 민감한 무엇이었다. 하지만 그것은 누구를 돕고 섬길 수 있는 가능성이기도 하지만 속여먹을 수 있는 가능성이기도 하다. 가장 선하게 사용될 수 있는 것이 가장 악하게 사용될 수 있다.

그런 의미에서 신이 없다면 모든 것이 가능하다고 말한 도스토예프스키의 말도 맞지만, 신이 있다면 모든 것이 가능하다는 지젝의 말도 맞다. 하나님이 없음으로 악이 난무하지만 하나님의 이름으로 더욱 잔인한 악이 저질러지기도 한다. 따라서 '뱀은 하나님이 지으신 들짐승들 중 가장 아름했지만, 그 아름이 어둠의 권세에게 미혹당하는 순간 에덴을 무너뜨리는 피 묻은 칼이 된 것이다.' 사탄의 표적은 처음부터 아담과 하와였다.

뱀 이 던진 미끼를 물 기 전 에 생 각 했 어 야 하 는 것

뱀이 여자에게 도발한다.

> 뱀이 여자에게 물어 이르되 하나님이 참으로 너희에게 동산 모든 나무의 열매를 먹지 말라 하시더냐 창 3:1b

124

과연 하나님이 동산에 있는 모든 열매를 먹지 말라고 말씀하신 것이 맞는가? 만일 그렇다면 뭔가 문제가 있는 것 아닌가? 어떻게 그 많은 열매를 두고서 하나도 먹지 못하게 하신단 말인가? 그렇게 말씀하신 하나님은 대체 '너를 위한 하나님'이라고 할 수 있는가? 사탄의 목적은 선악과를 먹게 하는 것이었다. 선악과를 먹게 하려면, 먹으면 안 된다고 하신 하나님의 말씀과 그렇게 말씀하신 하나님을 모두 허물어야 했다. 그래서 '모든 걸 먹지 말라 했느냐'는 말로 '선악과만 먹지 말라' 하신 하나님의 말씀을 왜곡하고, 그렇게 말씀하신 하나님의 존재를 축소시키려 했다. 마치 하나님이 굉장히 옹색하고 괴악스러운 분이라고 의심하게 만드는 것이다. 이것은 거의 저절로 물게 되어 있는 고도의 미끼다.

　　결혼한 큰딸 집에 가 있을 때, 딸이 세 살짜리 손자에게 이 비슷한 미끼를 자주 던지는 것을 보았다. 저녁때, 아이가 씻지 않겠다고 고집을 부린다. 그러면 딸은 대개 이렇게 말한다. "두 대 맞고 씻을래, 음악 들으면서 씻을래, 사탕 먹으면서 씻을래?" 아이는 곧장 "사탕 먹으면서 씻을래" 하고 대답한다. 카레를 안 먹겠다고 투정하면, "김치 먹고 책 읽어줄까, 카레 먹고 책 읽어줄까?" 한다. 그러면 곧장 "카레!"라고 대답한다. 엄마는 자신이 의도하는 대로 아이가 대답할 수밖에 없는 방식으로 질문한다. 우리 딸이 사탄에게 배웠다는 뜻이 아니라, 우리 모두에게 이런 종류의 영민함이 있다는 얘기다. 선한 영민함일 수도 있고 악한 영민함일 수도 있다.

여자는 뱀의 말을 듣고 대답하기 전에 중요한 한 가지를 생각했어야 했다. 무엇보다 자신의 마음을 실어 전인격적으로 대화할 수 있는 대상은 뱀이 아니라 하나님과 하나님의 형상으로 지음받은 자신의 파트너여야 했다는 사실이다. 그런데 지금 뱀과의 대화에서 하나님이나 남자는 제외된다. 무엇보다 모든 상황에서 그녀의 근본적인 대화의 대상은 하나님이어야만 한다. 하나님을 통해서 대화해야만 한다. 하지만 지금 여자는 하나님을 통해서 이야기하지 않고, 뱀과 더불어 하나님에 관해서 이야기하는 중이다.

기억하라. 우리가 하나님과 이야기하기보다 하나님에 관해서 이야기하는 순간, 우리는 언제나 나를 기준으로 하나님을 판단하려는 유혹에 빠지기 시작한다. 우리는 모든 상황에서 하나님과, 하나님을 통해서 이야기해야 한다. 따라서 하나님에 관해서 이야기하는 순간에도 하나님을 통해서 하나님과 함께 이야기할 수 있어야 한다.

하나님은 우리의 들음과 따름의 대상이지, 논의와 평가의 대상이 아니시다. 하지만 여자는 지금 하나님을 대화 밖으로 밀어내고 하나님을 단지 대화의 주제, 대화의 객체로 삼는 뱀과의 대화에 곧장 끌려들어갔다. 우리 역시 자신이 하나님과 대화하고 있는지 하나님에 대하여 말하고 있는지, 다시 말해, 하나님이 내 눈 앞에 대화하는 자로 계신지 아니면 내 뒤에 대화의 주제로 밀려나 계신지를 늘 생각할 수 있어야 한다.

여자는 꽤 하나님을 두둔하는 듯 뱀의 말을 반박하면서, "동산 나무의 열매를 우리가 먹을 수 있으나"(창 3:2)라고 말한다. 하지만 곧장 사탄이 묻지도 않은 동산 중앙에 있는 나무, 선악과를 언급함으로써 자기 관심이 어디에 있는지를 드러내면서 사탄에게 말려들어 간다.

> 동산 중앙에 있는 나무의 열매는 하나님의 말씀에 너희는 먹지도 말고 만지지도 말라 너희가 죽을까 하노라 하셨느니라 **창 3:3**

여자는 선악과를 먹지 말라 하신 하나님의 금지를 은연중 과장하고 왜곡한다. 그래서 하나님의 엄격한 금지가 자기에게 불편했노라는 사실을 뱀에게 알린다. 먼저, "하나님께서 선악과를 만지지도 말라"고 했다는 근거 없는 말을 덧붙여서, 만지기만 해도 죽을지도 모르는 나무를 두신 하나님의 인색함과 엄격함을 과장하려 한다. 동시에 하나님은 먹으면 반드시 죽을 거라 하셨지만, "먹으면 죽을지도 모른다"고 하셨다고 축소시켜 말함으로써 먹어도 안 죽을 가능성이 있다는 식으로 왜곡한다. 다시 말하면, 하나님의 인색함은 과장하고 자기가 먹을 수 있는 여지는 확장시킨 셈이다. 내 마음에서 일어나는 욕망의 소리가 처음부터 말씀하신 하나님의 뜻에 의해서 조정되지 않으면 이렇게 왜곡시키는 상황은 늘 반복될 것이다.

너 지금 어디에 있느냐?

문제는
자기중심적 욕망이다

뱀은 자기의 수가 여자에게 먹혔다는 것을 즉각 감지했고 자신감을 얻었다. 그래서 조금의 여유도 주지 않고 하나님께 정면으로 도전하면서 여자가 가장 듣고 싶어 하는 말을 확신 있게 내뱉는다.

> 뱀이 여자에게 이르되 너희가 결코 죽지 아니하리라 창 3:4

이토록 대범하고 확신에 찬 미혹이라면 누가 넘어가지 않겠는가? 대개 우리가 넘어가는 이유는 논리가 아니라 욕망 때문이다. 그의 논리가 내 욕망을 끌어낸 것이 아니라, 내 욕망이 그의 논리를 붙잡은 것이다. 그런데 욕망은 옳음과 그름이 아니라, 확신에 찬 주장에 의해서 움직인다. 따라서 우리는 결국 옳으냐 그르냐 하는 논리에 넘어가는 게 아니라, 자신의 아둔한 욕망을 건드리는 더 예리하고 확신에 찬 욕망에 넘어가는 것이다.

아무리 내 밖에서 확신에 찬 소리가 들린다 해도, 이미 내게 주신 하나님의 말씀에 비추어보지 않으면 안 된다. 반드시 죽으리라고 하신 하나님의 말씀에 대하여 뱀이 이토록 대범하게 '결코 죽지 않는다'고 반박할 수 있었던 이유는, 자신이 옳기 때문이 아니라 여인의 욕망이 흔들리는 것을 확신했기 때문이다. 우리가 넘어지는 이유는 대체로 이런 식이다. 사탄의 미혹이 너무 강렬해서가 아니다.

물론, 사탄의 미혹은 은밀하고 우리 마음을 조종할 만큼 강력할 수 있지만, 그렇다고 사탄이 미혹하기로 작정하기만 하면 우리가 자동적으로 넘어가는 건 아니다. 문제는 사탄의 미혹이 아니라, 하나님의 말씀을 덮어두고 굳이 다시 들춰보려 하지 않는 우리의 자기중심적 욕망이다. 하지만 하나님과 그 말씀을 취하면 죽을 것 같아도 사는 길을 가게 될 것이고, 자기중심적 욕망을 취하면 살 것 같아도 죽게 되는 길을 가게 될 것이다.

여자의 흔들림으로 확신을 얻게 된 사탄은 이제 전 인류를 상대로 엄청난 사기극을 벌인다.

> 너희가 그것을 먹는 날에는 너희 눈이 밝아져 하나님과 같이 되어
> 선악을 알 줄 하나님이 아심이니라 창 3:5

먹으면 죽는 것이 아니라, 오히려 세 가지 위대한 기적이 연쇄적으로 일어날 것이라고 사기 친다. 첫째, 눈이 밝아질 것이다. 둘째, 하나님처럼 될 것이다. 셋째, 선과 악을 알게 될 것이다. 지금까지 눈이 밝지 못한 것은 하나님이 자기만 배타적으로 밝은 눈을 가지기 위해 사람을 배제시켰기 때문이며, 그들에게 선악과를 먹지 못하게 한 것도 그것 때문이라고 말한다. 생명나무 과실을 먹으면 하나님에게 종속된 생명을 누릴 뿐이지만, 선악과를 먹으면 더 이상 하나님에게 종속되지 않고 그들 자신이 하나님처럼 될 것이고, 눈이 밝아져서 선악

을 알게 될 것이라는 말이다.

뱀은 지금까지 무엇이 선이고 무엇이 악인지도 모르고, 그저 하나님이 시키는 대로만 믿고 살았지만, 이제는 자기가 스스로 판단하고 결정하면서 주체자로 살게 될 거라고 여자를 유혹한다. 매우 도발적이고 매력적인 제안이었다. 하지만 이것이야말로 인류 최대의 사기극이었다. 사람은 역사의 주인이 될 수 없다. 오히려 주인으로 행세하려 할 때마다 자신과 타인과 세상을 파괴해왔다. 사람은 창조주를 통해서 세상을 향할 때만 세상에 생기를 불어넣을 수 있다. 가만 보면, 사탄은 하나님의 존재를 부인한 적이 없다. 다만 사람을 하나님의 자리에 앉힘으로 사람이 스스로 하나님을 몰아내게 하는 방식을 취했다.

여자는 이미 뱀의 미혹에 넘어가 마음이 변했다. 마음의 변화는 오감을 지배한다. 예수님을 제대로 만나고 예수님이 나의 주인이 되시면, 때로 그 변화 때문에 그렇게 맛있던 담배가 역하게 느껴지고, 이전에 자극적으로 마음을 끌어당기던 것들이 보기 싫어진다. 지금까지 재미있고 즐겁게 누리던 대상도 조금씩 바뀌기 시작한다.

그런데 그 반대도 마찬가지다. 하나님의 말씀에 머무르던 자리를 떠나 뱀의 미혹에 넘어갔을 때, 여자는 입과 눈과 생각이 바뀐다. 하나님에 대한 절대적 신뢰와 사랑 안에서는 독버섯처럼 위험해 보였을 선악과가 갑자기 다르게 보인다. 여자의 입은 선악과를 먹음직하게 느꼈고, 눈은 선악과를 매우 아름답고 탐스럽게 인식했으며, 생각은 선악과가 자신을 지혜롭게 할 만큼 매우 탐스러울 것이라 확신하게 되었다. 그 확신은 남편까지 전도하게 만들었다.

> 여자가 그 나무를 본즉 먹음직도 하고 보암직도 하고 지혜롭게 할
> 만큼 탐스럽기도 한 나무인지라 여자가 그 열매를 따먹고 자기와
> 함께 있는 남편에게도 주매 그도 먹은지라 창 3:6

　　남자가 아무런 거부감 없이 자연스럽게 받아먹은 이유는 여자 뒤에 숨어서, 더 나아가 하나님이 주신 여자 뒤에 숨어서 자신의 호기심을 충족시키고자 했기 때문이다. 이들은 하나님을 신뢰하기보다는 자신이 지식을 소유하는 길을 원했다. '하나님'을 믿기보다는 하나님이 믿을 만한 분인가를 판단할 수 있는 '자신의 선택과 기준'을 믿고자 했던 것이다.

그 자리에서 떠나
스스로 하나님이 되려는 죄

　　우리가 주의 깊게 생각해야 할 게 있다. SBS 라디오 〈아름다운 이 아침 김창완입니다〉에서 이런 사연이 소개되었다.

　　이모가 지독하게 말 안 듣는 조카에게 말한다.

　　"너 자꾸 그러면 망태 할아버지가 잡아간다?"

　　조카가 말한다.

　　"이모는 그렇게 나쁜 말 하면 안 돼요. 엄마처럼 늘 좋은 말로 말

해야 돼요."

"네 엄마가 무슨 좋은 말을 했다는 거야?"

"우리 엄마는 항상 좋은 말만 한단 말예요. '좋은 말 할 때 공부해라.' '좋은 말 할 때 이빨 닦아라.' 이렇게 말한단 말예요."

이 조카는 결코 거짓말한 적이 없다. 오히려 완전히 맞는 말로 이모와 엄마를 매우 효과적으로 공략했다.

뱀의 거짓말은 완전한 거짓은 아니었다. 일부 맞는 말을 했지만 결국은 파괴시키는 말을 했다. 소위 일을 성취함으로 파괴하는 거짓말이다. 뱀이 여자에게 처음 약속한 것이 무엇인가? 눈이 밝아지리라는 것이었다. 보라. 여자가 선악과를 먹는 즉시 여자와 남자의 눈이 밝아지지 않았는가?

> 이에 그들의 눈이 밝아져 창 3:7a

하지만 밝아진 눈으로 그들이 가장 먼저 알게 된 것은 선과 악이 아니라, 자기들의 수치였다.

> 자기들이 벗은 줄을 알고 무화과나무 잎을 엮어 치마로 삼았더라 창 3:7b

그동안 하나님의 영광이 자신들을 얼마나 놀랍도록 아름답게 가려주고 있었는지를 뒤늦게 깨달은 것이었다. 그리고 뱀은 그들이 하나님처럼 될 거라고 했는데, 실제 하나님은 창세기 3장 22절에서 "이 사람이 선악을 아는 일에 우리 중 하나 같이 되었으니"라고 말씀하셨다. 하지만 그들은 선악을 안다는 것이 선악을 다룰 능력이 없는 자기들의 현실과 만날 때 어떻게 사악하고 파괴적인 저주가 되는지를 뒤늦게 깨달아야만 했다.

더 나아가, 뱀은 "너희가 결코 죽지 아니하리라"고 말했고 그 말처럼 아담과 하와는 선악과를 먹고도 수백 년을 더 살았다. 하지만 결정적으로 하나님과 생명의 관계에서 끊어진 것을 알게 되었다. 그래서 진정한 죽음인 에덴 추방 조치 끝에, 자신이 왜 사는지를 끝없이 물으며 수고의 땀을 흘리다 흙으로 돌아갔다.

하나님을 신뢰하는 자리에서 벗어나 스스로 하나님이 되려는 죄는 그 안에 강력한 힘을 가지고 있는데, 그것은 때로 그 죄를 따를 경우 얻게 될 것으로 기대할 수 있는 기쁨과 이익을 주는 동시에 그 기쁨과 이익으로 우리를 죽인다. 그 죄는 우리로 하여금 궁전에서도 황폐한 광야를 살게 하고, 모든 것을 가진 것처럼 보이나 세상을 저주하며 죽어가게 한다. 어떤 경우에도 안식이 없다. 그에 따라 아담과 하와는 누가 뭐라 하기도 전에, 생명의 주인이신 하나님에게서 멀어지려 한다.

그들이 그날 바람이 불 때 동산에 거니시는 여호와 하나님의 소리

를 듣고 아담과 그의 아내가 여호와 하나님의 낯을 피하여 동산 나

무 사이에 숨은지라 창 3:8

자녀가 제자리를 찾게 하려는
부모의 심정

우리는 종종 미처 잊고 있던 고귀함을 갑작스럽게 상실한 후, 절대적 절망 속에서 그것을 그리워하는 슬픔을 경험한다. 동시에 그 갑작스런 상실의 황폐함이 실은 하나님을 떠난 자기 욕망에서 비롯되었다는 사실을 알게 된다. 그때 우리는 가리고 싶은 수치나 쓰라린 외로움 때문에 어디론가 숨는 존재가 된다. 하나님과 거리낌 없이 교통하던 자유롭고 풍성했던 자리, 서로의 벌거벗음에 대하여 감추지 않아도 괜찮았으므로 수치의 고백을 감행할 수 있었던 자리를 떠나 이제 누구와도 교감하기 어려운 자리, 누구에게도 자신에 대해 말할 수 없는 자리에 이르게 된 것이다. 그보다 더한 고통과 슬픔이 있을까? 누구에게도 마음을 열 수 없는 존재가 된다면, 그는 가장 자유로운 환경에서도 감옥에 갇히고, 가장 부요한 곳에서도 사막 길을 걷는다.

히브리어에는 언어유희가 있다. 뱀의 영리함은 '아룸'이고, 벌거벗음은 '아롬'이다. 그들은 뱀처럼 아룸해지고 싶은 욕망으로, 결국 아롬의 수치에 빠졌다. 혹은 아룸에 의해 아롬이 되었다. 스스로 영리해지려는 열망이 벌거벗음으로 인도했다. 스스로 높아지려는 자는 최고 권력을 가졌어도 돈이든 가짜 학위든 공명심이든, 무엇으로든 자

신을 꾸미고 치장하지 않으면 견디지 못하지만, 하나님께 맡긴 자, 오직 믿음으로 사는 자는 비록 가난한 농부라 해도, 그 모습 그대로 충분하고 안식과 평화를 누릴 수 있다.

하나님이 계신 한 패배는 없다. 우리는 언제까지라도 자신이 완전히 홀로 있는 자가 아닌 것을 알아야 한다. 나에게 다가오시는 분이 계심을 기억해야 한다. 그분이 그저 웬만한 긍휼을 가지고 다가오는 친절한 이웃이 아니라, 바로 나의 창조주요 세상의 통치자라는 사실을 기억해야 한다. 그가 아룸의 욕망으로 아룸의 수치에 빠져 모든 것으로부터 피하고 싶어 하는 나에게 말 걸어오시는 분임을 기억해야 한다. 하나님은 자기 백성을 찾으시고 말 걸어오는 분이시다.

그리고 마침내 말씀이 되어 '광야에서 사탄의 시험을 말씀으로 이기시고' 우리 안에 말씀을 주시고, 성령으로 우리 안에 들어오셨다. 우리가 자신의 고집으로 스스로 완고해지지만 않는다면, 우리는 곧 우리 안으로 들어오신 말씀이신 예수님의 생기를 찾을 수 있을 것이다. 그리고 그 생기 속에서 아담을 찾아 부르시는 하나님의 음성을 듣게 될 것이다.

> 여호와 하나님이 아담을 부르시며 그에게 이르시되 네가 어디 있느냐 창 3:9

"너 지금 어디 있는 거야?" 이 말에는 부모의 아픔이 있다. 있어야 할 자리에서 벗어난 자녀를 향한 슬픔과 책임지려는 간절함이 있고, 결국 자녀로 하여금 제자리를 찾게 하려는 강렬한 의지가 담겨 있다. 행여라도 누군가는 지금도 자신이 있어야 할 자리, 하나님을 향한 전적인 신뢰의 자리를 벗어나 영혼의 강원랜드에 가 있는지도 모른다.

하나님을 떠난 자로서 뒤늦게 그 음성을 듣지 말고, 예배의 자리에서, 또 매일 집과 직장에서 진행되는 일상의 자리에서 "너 지금 어디 있느냐?"고 말 걸어오시는 하나님의 음성을 수시로 들을 수 있기를 기대한다. 힘들어도 또다시 제자리를 찾아, 진정한 안식과 평화를 추구하는 삶을 살아갈 수 있기를 고대한다.

10

사람아,
신뢰 체계 안으로 뛰어들라

신뢰 체계는 무너지고
자기중심적 의심 체계가 고개 들다

찬송가 446장 '주 음성 외에는'을 사랑하는 분이 많다. '주 음성 외에는 참 기쁨 없도다 날 사랑하신 주 늘 계시옵소서.' 우리에게 참 기쁨이 있다면 주님의 음성뿐이라는 고백이다. 이 고백이 진짜임을 알게 된 사람은 복되다. 하지만 주님의 음성이 피하고 싶은 소리로 들리는 사람도 있다.

> 이르되 내가 동산에서 하나님의 소리를 듣고 내가 벗었으므로 두려워하여 숨었나이다 창 3:10

주님의 음성을 피하는 것은 생명력 가득한 빛을 싫어하는 것만큼이나 병적이다. 병은 생명의 근원에서 멀어지는 것이다. 왜 그 음성을, 빛을 피하게 되는가? 신뢰 체계가 무너지고 자기중심적 의심 체계가 고개를 들었기 때문이다. 의심 체계 안에 갇히면 모든 소리가 의심과 두려움이 되어 피하고 숨게 된다. 아담은 하나님을 등진 후 벌거벗겨진 자기 실체를 보게 되었다. 하나님을 등지면 수치의 존재가 남는 것을 알았어야 했다. 하지만 아담은 핵심에서 비껴나 결과에만 집중한다.

아담은 "제가 벗었으므로 두려워 숨었습니다"가 아니라, "하나님을 신뢰하지 않고 등지니 제 꼴을 도무지 못 보겠습니다"라고 말했어야 했다. 자기를 아들처럼 사랑하는 주인의 은혜에 배불렀던 종이 주인의 자리를 넘보다 배은망덕한 죄를 저지른다. 하지만 주인에게서 등진 직후 종은 즉시 자신이 본래 얼마나 초라한 존재였는지를 알게된다. 그때 어떻게 해야 하는가? 자신의 초라한 현상이 아니라 초라하게 만든 원인에 집중해야 한다. 자신의 주제넘은 불순종에 직면하고, 그동안 주인의 풍성한 은혜가 어떻게 자신의 초라함을 가려주었던가를 생각해야 한다.

하지만 불행하게도 아담은 자신의 벌거벗겨진 현상에만 집착했다. 벌거벗은 게 수치와 두려움이라는 것은 누구도 가르쳐준 적이 없었다. 그것은 하나님을 등졌을 때 저절로 알게 되는 비밀이었다.

이르시되 누가 너의 벗었음을 네게 알렸느냐 내가 네게 먹지 말라
명한 그 나무 열매를 네가 먹었느냐 창 3:11

누구의 가르침도 없이 스스로 알게 된 이유는 그것이 존재의 정
상적 상태에서 벗어난 것이었기 때문이다. 불순종과 배신, 수치와 두
려움은 하나님이 심으신 본래의 것이 아니다. 외부에서 침투한 이질
적인 것이다. 있을 때는 몰랐지만 없어진 후 알게 되듯 하나님의 창조
질서 안에 있을 때는 몰랐던 것들이, 신뢰 체계가 무너지고 의심 체계
가 들어오고 나자 갑자기 낯선 수치와 두려움으로 인식되기 시작한
것이다. 수치와 두려움이 아니었던 것이 수치와 두려움이 된 것을 알
게 되었다. 비정상적이고 이질적인 실체였다.

아기들이 한 번이라도 부모를 신뢰하기 어려운 대상으로 인식하
고 나면, 누가 가르칠 필요도 없이 자기 밖에 있는 세상을 의심과 두
려움의 방식으로 대하게 된다. 세상이 갑자기 어색해지는 것이다. 불
순종은 곧 신뢰하지 않음이다. 일단 스스로 신뢰를 무너뜨리고 나면,
표면적으로는 신뢰가 회복된 듯 보여도, 신뢰하기 어려운 상황이 슬
쩍 얼굴을 비추기만 해도 순식간에 의심이 파고들기 마련이다. 그것
의 전형적인 예가 광야 이스라엘 백성이 보여준 태도였고, 그들은 우
리의 자화상이다.

사람아, 신뢰 체계 안으로 뛰어들라

불순종으로 무너진 신뢰 체계는
죽음 사건을 통해서만 회복된다

위태로워진 신뢰 체계는 생명을 거는 결정적인 신뢰 사건을 통해서만 회복될 수 있다. 그래서 누군가 목숨 걸고 자신을 살려준 일을 경험한 사람들은 끝내 의심의 체계에 삼켜지지 않을 힘을 가지게 된다. 나는 겨울이 되면, 딸과 함께 연탄가스에 중독된 상태에서도 딸을 바깥으로 끌어낸 후 옆에 함께 쓰러져 계셨던 어머니를 종종 떠올린다. 내가 사람을 덜 의심하는 편이라면 아마도 그 덕분일 거라는 생각이 든다.

결정적인 사건은 예수님이다. 예수님은 하나님을 향한 완전한 신뢰 속에서 우리를 대신해 생명을 거셨고, 우리는 예수님의 죽으심에 마음을 내려놓고 맡김으로써 신뢰의 방식으로 하나님을 다시 만나게 된다. 따라서 이제 아담과 그 후손은 불순종으로 무너진 신뢰 체계가 오직 어떤 결정적인 죽음 사건을 통해서만 다시 회복될 수 있다는 것을 지속적으로 배워가야만 했다.

하지만 이미 의심의 체계로 굴러떨어진 아담은 자기를 향해 신뢰의 대화를 요청하시는 하나님께 의심의 방식으로 답한다.

> 아담이 이르되 하나님이 주셔서 나와 함께 있게 하신 여자 그가 그 나무 열매를 내게 주므로 내가 먹었나이다 창 3:12

말하자면 이런 뜻이다.

"저는 여자가 준 열매를 먹었습니다. 하지만 그 여자는 하나님이 만드셔서 내 곁에 있게 하신 존재라는 사실을 분명히 말씀드려야 할 것 같습니다. 따라서 이번 사건의 원인을 명백히 밝히고자 하신다면, 최초 원인자가 누군지를 좀 생각해보시는 게 좋겠습니다. 최초 원인자를 저로 지목하신다면, 그게 합당한 것인지 의심할 수밖에 없군요."

밥 한 그릇 달라고 애걸복걸하기에 비싼 음식 사주었더니 성급히 먹다 체했다. 그리고 체한 이유가 너무 비싼 음식을 사주었기 때문이라고 원망하는 꼴이다. 여자를 보고 "내 살 중의 살이요 뼈 중의 뼈"라 감탄하더니, 이제는 하나님이 자기 인생에 던진 커다란 걸림돌이라고 원망한다. 결혼 후 적지 않은 부부가 경험하는 일상이다.

최초의 약속과 은혜를 잊으면 우리는 예외 없이 문제의 원인을 밖에서 찾아 자기 책임을 축소시키려는 초라함에 빠진다. 한마디로 처음 약속과 은혜, 곧 밥을 주겠다는 약속과 주어진 밥에 대한 감격을 잃어버린 자의 전형적인 특징이다. 그는 계속 꼬이는 삶을 살게 되어 있는데, 이유는 그가 그런 방식으로 자기 존재를 경멸하고 있기 때문이다.

하나님은 우리를 완전한 자유의지를 가진 존재로 지으셨다. 하지만 짝을 주시겠다는 약속과 짝을 주셨을 때의 감격을 잊고서 현재의 곤란한 상황에 대하여 여자 핑계를 댄다. 그것은 자기는 여자의 제안에 기계적으로 반응하는 무기력하고 초라한 존재였을 뿐이라고 말하는 셈이다. 따라서 원망과 핑계는 결국 자신에 대한 경멸이다. 가장 피곤하고 상대하기 힘든 사람은 끝까지 자기 밖에서 원인을 찾으면서, 원망과 핑계로 '핵심'을 피해가는 사람이다. 아담도, 하와도, 뱀도 "내 잘못입니다. 저로부터 모든 것이 시작됐습니다"라고 말해야 했다. 그러면 그때부터 새로운 국면이 시작된다. 하지만 아무도 그렇게 하지 않았다.

원망과 핑계의 정신은 하와에게 벌써 계승되었다.

> 여호와 하나님이 여자에게 이르시되 네가 어찌하여 이렇게 하였느냐 여자가 이르되 뱀이 나를 꾀므로 내가 먹었나이다 창 3:13

하와도 뱀이 미혹했기 때문에 먹을 수밖에 없었다고 말함으로써 본의 아니게 자신을 경멸한다. 아마도 하와는 "하나님이 만드셔서 이 동산에 함께 거하게 하신 뱀이 나를 미혹했기 때문"이라고 말하고 싶었을 것이다.

하나님은 더 이상 논쟁하지 않고 뱀을 향하신다. 하지만 왜 그랬느냐고 묻지 않음으로써 뱀과의 대화는 거절하신다. 뱀 곧 사탄은 대화의 상대가 아니라 징계의 대상이었다.

> 여호와 하나님이 뱀에게 이르시되 네가 이렇게 하였으니 네가 모든 가축과 들의 모든 짐승보다 더욱 저주를 받아 배로 다니고 살아 있는 동안 흙을 먹을지니라 창 3:14

신뢰를 버리고 의심을 택한 원망과 평계의 정신은 만물 안으로 스며들어, 이제 만물은 '의심과 두려움의 책임전가로 돌아가는 저주' 아래 놓이게 되었다.

하나님과 나 사이에 장애물이 생기면 그것은 나와 너 사이에, 나와 내가 행하는 모든 일 사이에 반드시 문제를 일으킨다는 진실이 여기에서 시작되었다. 우리가 삶에 대응하는 수준은 하나님과 어떤 관계에 있는지를 결정적으로 반영한다. 심각한 잘못을 적당히 덮어둔 채 살고 있다면, 하나님을 신뢰하지 않는 것이다. 하나님은 우리가 반드시 그 문제에 직면하여 진정한 자유를 얻기 원하신다.

원망과 불평이 가시지 않고, 여전히 분노와 열등감에 사로잡혀 있는가? 결국 하나님을 신뢰하지 않는 것이다. 하나님을 신뢰하지 못하면 그것은 반드시 자신과 가족과 이웃에 대한 의심과 두려움으로 이어지게 되어 있다. 반대로 하나님에 대한 전적인 신뢰를 회복하면, 하나님은 우리로 하여금 현실에 직면하게 하시고, 우리의 중심에서부터 자유를 얻게 하신다. 십자가가 승리라는 것을 반드시 알게 하신다. 그것은 관념적인 자기 확신이 아니라 현실이다.

뱀과 여자가 선악과 먹는 일에서 같은 편이 되는 순간, 실은 서로가 처음부터 원수였음이 즉시 드러났다. 따라서 하나님은 이 둘의 관계를 다시 정해주신다.

내가 너로 여자와 원수가 되게 하고 네 후손도 여자의 후손과 원수

사람아, 신뢰 체계 안으로 뛰어들라

가 되게 하리니 여자의 후손은 네 머리를 상하게 할 것이요 너는 그의 발꿈치를 상하게 할 것이니라 하시고 **창 3:15**

뱀 곧 하나님을 대적하는 자의 후손과, 현재는 실패했지만 하나님 자신의 약속대로 결국 회복시키실 여자의 후손이 장차 어떻게 충돌하게 될 것인가를 말씀하신다.

여자의 후손은 문법적으로 단수다. 후손들이 아니라 한 자손이다. 따라서 기독교는 전통적으로 이 후손이 성탄절의 주인공이라고 믿었다. 사탄에게 물린 선명한 이빨자국을 지닌 채, 의심과 두려움에 사로잡혀 타인을 죽이는 방식으로 사는 저주받은 인생들의 죽음을 그가 대신하실 것이다. 의심의 세상 한가운데서 하나님에 대한 완전한 신뢰로 자기를 내어주는 죽음을 통해 신뢰 체계를 회복하실 것이다. 그리고 믿음으로 그 신뢰 체계 안에 들어가는 자들을 구원하실 것이다. 그 결정적인 승리로 사탄의 머리를 밟으실 것이다. 기독교 전통은 이 말씀이 바로 예수님의 승리의 날을 미리 예고한 것이라고 확신했다. 우리 역시 그 선명한 메시지를 따르지 않을 이유가 없다.

남녀간 갈등과 대립은
예수님 안에서만 해소된다

이제 여자와 남자는 신뢰 체계 밖으로 튕겨져 나가 신뢰 체계를 그리워하면서도 의심 체계 안에서 살아가게 되었다. 하나님은 그들이 결코 피해갈 수 없는 현실이 어떤 식으로 전개될 것인지 알려주신다. 하나님은 처음부터 생육하고 번성하라 하셨다. 따라서 선악과 사건 이전에도 여자는 생명을 낳아야 했고, 생명을 낳을 때는 남자의 옆구리가 찢어져 여자가 나오는 고통의 시간을 통과했으리라 상상할 수 있다. 아무리 타락 전이라고 해도, 고통 없이 생명을 낳는다는 것은 상상하기 어렵다.

신뢰 체계 안에서 겪는 출산의 고통은 고통을 넘어 사랑과 영광으로 경험된다. 그것은 풍성한 기쁨의 확장이다. 하지만 의심 체계 안에서는 출산이 '고통과 두려움'에 갇힌다. 생명을 낳아 자라게 하는 위대한 일이 가장 부담스럽고 피하고 싶은 고통의 두려움에 갇히는 것이다. 저출산 문제의 근본에는 반드시 이런 이유가 있다. 의심은 근본적으로 자신의 안전과 성공에만 집착하는 사고 체계를 형성하기 때문에, 자신이 상상하는 안전과 성공을 방해하는 모든 요소들은 일단 고통과 두려움으로 인식한다. 자신이 기대하는 안전으로부터 버림받을 거라고 의심하는 것이다. 따라서 의심은 버림받을 가능성에 대한 부정적 민감함이다.

신학자 미로슬라브 볼프는 《배제와 포용》에서 "고통의 아픔이 괴로움으로 바뀌는 까닭은 버려진다는 사실 때문"이라고 했다. 생명을 낳아 키우는 모든 과정이 기쁨이 아니라, 자기 인생을 망가뜨릴 수 있다는 의심과 두려움으로 채워지는 것이다. 그것을 단적으로 표현한 것이 다음 구절이다.

또 여자에게 이르시되 내가 네게 임신하는 고통을 크게 더하리니
네가 수고하고 자식을 낳을 것이며 너는 남편을 원하고 남편은 너
를 다스릴 것이니라 창 3:16

여자가 남편을 원하고 남편이 여자를 다스릴 것이라는 말씀의 실
체는 이것이다. '여자는 남편을, 자기가 생각하는 안전을 위해 자기가
원하는 방식으로 조종하고 싶어 하지만 남편이 더 강렬한 자기중심적
욕망으로 여자를 통제하게 될 것이다.' 남자에 대한 여자의 적대적 저
항과 여자에 대한 남자의 통제는 창조의 질서가 아니라 타락의 열매
였다. 이 갈등과 대립의 관계는 오직 예수님 안에서만 해소된다.

너희는 유대인이나 헬라인이나 종이나 자유인이나 남자나 여자나
다 그리스도 예수 안에서 하나이니라 갈 3:28

하나님은 예수님을 통해서 우리로 하여금, "버림받으면 어때? 하
나님이 계신데"라고 말하게 하신다.
자기가 생각하는 안전과 이기적인 성공의 조건을 끝내 포기하지
못함으로써 여자와 남자는 끝없이 서로를 끌고 당기면서 불행을 자초
하는 방식으로 살아간다. 하지만 예수님의 은혜를 입게 되면 예수님
의 십자가를 통해 자기중심성을 포기하는 삶의 부요함과 자유로움을
배우고 자기를 내어주는 사랑의 위대함을 깨닫기 시작한다. 나를 기

꺼이 내어줄 수 있게 하시는 하나님의 은혜가 매우 사실적으로 우리를 감싸는 것을 느끼기 시작한다.

동시에 현실적으로는 여전히 힘겹고 몸은 피곤할지라도, 고통과 원망과 불평과 한탄이 아니라, 감사와 기쁨과 즐거움으로 임신과 출산과 양육의 모든 과정을 감당할 수 있게 된다. 부부는 서로를 통제하려 하지 않고, 서로에게 자신을 내어주는 방식으로 하늘의 기쁨과 즐거움을 초대하게 되는 것이다. 셋째와 넷째 아이를 쌍둥이로 키우는 한 목사는 요즘 종종 이렇게 고백한다. "몸은 죽도록 피곤한데 마음은 미치도록 행복하다." 그 말에 약간의 과장이 있다는 것을 알면서도 그의 얼굴을 보면 그 말이 사실이라고 믿게 된다.

노동이
고통으로 변하다

남자는 선악과 사건 이전에도 노동을 했다. 하나님과 동역하고 땅과 협력하는 행복한 시간이었다. 하지만 의심의 체계 안으로 들어가게 되자, 노동은 땅과의 전쟁으로 변했다. 아버지가 범죄자가 되면 자식들이 심각한 피해를 입듯이, 땅은 책임자인 사람의 배신으로 이미 저주를 받았고, 자식이 아버지에게 반항하듯 남자의 곡괭이질에 쓴 열매를 낸다.

아담에게 이르시되 네가 네 아내의 말을 듣고 내가 네게 먹지 말라

> 한 나무의 열매를 먹었은즉 땅은 너로 말미암아 저주를 받고 너는
> 네 평생에 수고하여야 그 소산을 먹으리라 땅이 네게 가시덤불과
> 엉겅퀴를 낼 것이라 네가 먹을 것은 밭의 채소인즉 창 3:17-18

그에 따라 남자는 땅을 향해 더 깊은 저주와 한숨의 곡괭이질을 해야만 했다. 노동은 땀에 대한 정당한 대가를 기대하기 어려운 고통으로 변했다. 노동을 하면 결코 즐겁지 않게 되었다. 이미 쉼 없이 일하고 땀을 흘려도 겨우 먹고 살까 말까 하는 의심의 구조 안으로 들어갔기 때문에, 노동의 가치와 의미를 논하는 것 자체가 배부른 소리가 되었다.

나는 일반 윤리학의 입장에서 직업윤리에 대한 논문을 써서 석사 과정을 마쳤다. 하지만 책상머리 탁상공론에 불과한 그 글이 늘 부끄럽다. 노동은 반드시 신적 관계 속에서, 그리고 신뢰 체계와 의심 체계의 긴장 속에서 다루어져야만 한다는 것을 나중에 알게 되었다.

남자는 가시덤불, 엉겅퀴와 싸우면서 노동의 희열이라는 것을 느끼기도 전에 흙으로 돌아가야 하는 운명에 처해졌다.

> 네가 흙으로 돌아갈 때까지 얼굴에 땀을 흘려야 먹을 것을 먹으리니 네가 그것에서 취함을 입었음이라 너는 흙이니 흙으로 돌아갈 것이니라 창 3:19

노동현장의 실상을 상상한다면, 이 문제가 수습되면 저 문제가

터지고, 안에서 별 문제 없으면 밖에서 누군가가 치고 들어오고, 밖의 문제 해결하고 나면 안에서 들고 일어난다. 기계가 망가지고, 쇳덩이가 떨어지고, 바이러스가 돌고, 수만리 먼 곳에서 벌어진 파산 사건이 회사 문을 닫게 만든다. 그런데 노동현장의 실상은 현상일 뿐이다. 전면에는 의심과 두려움의 체계 안에서 악다구니 하는 인생들이 있지만, 뒤에는 깨진 신뢰 체계를 결코 회복시키지 않고, 의심 체계로 세상을 조종하려는 어둠의 권세가 도사리고 있다.

모든 노동은
하나님과의 관계 속에서

이에 대해서 하나님은 잔혹한 노동의 현실을 통과하고 있는 우리에게 "무슨 일이든 주께 하듯 하라"고 매우 비현실적으로 말씀하심으로써 우리의 상한 마음에 도전을 주신다. 모든 노동은 하나님과의 관계 속에서 다루어져야 한다고 창조주께서 선언하시는 것이다. 의심 체계를 조종하고 있는 어둠의 권세에게 결정타를 날리고 자기를 내어주는 방식으로 세상을 구원하시는 예수님을 믿고 신뢰 체계 안으로 우리 자신을 던지라는 말씀이다. 현실과 자아를 믿지 말고, 하나님과 하나님의 약속을 믿으라는 말씀이다. 이는 더딜지라도 하나님이 역사하심을 보게 될 거라는 약속이다.

신실한 크리스천 회사원 모 형제가 회식자리에 대한 부담 때문에 고민하고 기도하다가 대리운전 봉사자로 섬기기로 결정했다는 이야기

사람아, 신뢰 체계 안으로 뛰어들라

를 들은 적이 있다. 회식 때마다 동료들과 어울려 사이다 마시며 즐겁게 대화하고, 끝나면 동료들을 자기 차에 서너 명씩 태워서 일일이 집에 데려다주었다고 했다. 일 년쯤 그렇게 하고 나자, 직원들은 이 세상에 그리스도와 그리스도인이 있다는 것을 알게 되었다고 한다.

성도들 가운데 주께 하듯 늘 기쁨이 넘치는 마음으로 어느 회사 건물을 청소하는 분들이 계신다. 이분들은 아름답고 신실한 그리스도인 청소부다. 회사 책임자들이 그분들을 마음 깊이 신뢰한다. 그분들은 하나님께 점수 따려는 마음으로, 혹은 하나님께 혼날 것 같아서 기쁨으로 청소하는 게 아니다. 예수님의 은혜가 그들 안에서 샘물처럼 일어나 그들을 그렇게 하도록 이끄는 것이다. 회사 책임자는 그 성도가 그만둘까 우려한다고 했다.

부디 우리 마음에서 '이분들은 특별한 케이스'라고 생각하지 않기를 기대한다. 이분들이 특별한 게 아니라, 이분들에게 임한 은혜가 특별하고, 그 특별한 은혜는 우리 모두에게 동일하게 임했다. 그들 역시 우리가 있는 바로 이 자리, 예배의 자리에서 시작했다. 이 예배가 예배당 밖에서도 동일한 사건이 되기를 갈망했던 것이다. 우리에게 임한 예수님의 내어줌의 은혜가 단지 마음을 위로하고 구원을 보장하는 표시를 넘어, 내 모든 삶의 실제와 뗄 수 없는 중대한 사건이라는 사실을 몸으로, 삶으로 표현하고 싶었던 것이다. 그 표현을 위해 날마다 하나님의 은혜를 구했을 뿐이다. 우리 삶에서도 하나님이 그렇게 하실 것이다.

11

추방을 희망으로
바꾸시다

모든 것들로부터
스스로 추방당하는 삶

아담과 하와가 에덴에서 추방당했다. 하지만 추방은 현상으로 드러나기 전에 내면에서 먼저 일어나는 사건이다. 남편이나 아내 중 누군가가 집을 나간다면, 실은 오래 전에 이미 각자의 마음에서 서로를 쫓아낸 것이다. 마음에서 서로를 추방하고 신뢰 체계가 문을 닫고 의심 체계가 작동하면 많은 것들이 달라지기 시작한다. 대상이 변해서가 아니라 내 시선과 마음이 의심 체계로 돌아가고 있기 때문이다.

아담과 하와를 에덴에서 추방하신 분은 하나님이지만, 실은 아담과 하와가 먼저 하나님을 자기들 믿음 밖으로 추방했다. 그러고 나서 많은 것들이 달라진 것을 알게 되었다. 무엇보다 사랑이 흘러넘치던 하나님이 두려운 분으로 인식되기 시작했다. 다정했던 하나님의 음성은 숨고 싶을 만큼 무서운 소리가 되었고, 자신이 벌거벗었다는 사실은 너무나 수치스럽고 부끄럽게 보이기 시작했다. 민낯으로, 날것 그대로 내 모습을 누군가에 드러낸다는 것이 더 이상 자유가 아니라 감당할 수 없는 고통이 된 것이다. 얼마 후면 말라서 부서질 초라한 나뭇잎으로라도 자기를 감추지 않으면 안 될 것 같은 빈곤한 존재가 된 것이다.

에스더가 민족을 위해 죽음의 길을 가기로 결정했을 때, 그녀는 3일 금식 후 초라해진 민낯으로 왕을 만나 부탁하는 방법을 선택했다. 하나님은 우리 모습 그대로를 기뻐하는 왕이요 아버지시기 때문에, 하나님 앞에 제대로 서게 되면 우리는 무엇을 감추거나 꾸밀 필요가 없는, 매우 자연스럽고 담대한 마음의 결정 안으로 들어가게 된다. 그런 의미에서 에스더서에는 하나님의 이름이 전혀 언급되고 있지 않지만, 에스더가 하나님 앞에 서 있었던 것은 분명하다.

하지만 아담과 하와는 하나님을 자기들 믿음 밖으로 밀어내고 의심 체계에 갇혀서 모든 게 자기 잘못이라고 기꺼이 말할 만한 민낯의 힘을 상실했다. 여자 탓, 뱀 탓을 하고 하나님 탓을 해서라도 자기는 잘못이 없다는 것을 증명하지 않으면 자기가 어떻게 될 것 같은 '의심과 두려움의 감옥'에 갇혔다.

그래서 여자에게는 영광과 기쁨의 확장이어야 할 출산의 아름다운 고통이 자기 인생을 망칠지도 모를 불안과 두려움의 고통으로 의심되었다. 또 남자에게는 땅과 연합하는 기쁨의 노동이 생계를 위한 땅과의 투쟁으로 변했다. 의심의 감옥에서 세상의 모든 것들이 의심과 원망과 평계와 투쟁과 경쟁의 대상으로 인식되기 시작한 것이다.

모든 게 문젯거리가 되었다. 혼자면 외로워 힘들고, 함께하면 부대껴 힘들다. 빈곤함이 영원할까 두렵고, 부요함이 사라질까 불안하다. 무엇을 안 하면 존재감이 없어 힘들고, 무엇을 하면 나만 고생하는 것 같아 힘들다. 손주를 안 보면 보고 싶어 힘들고, 보면 뒤치다꺼리하기가 힘들다. 힘들지 않은 게 없다. 의심 체계 안에서는 자기가 쳐놓은 안전 울타리나 자기가 옳다 여기는 생각들을 침범하는 모든 것들을 추방하려는 본능의 지배를 받기 때문에, 결국에는 그 모든 것들로부터 스스로 추방당하는 삶을 살게 된다.

의심 체계의 인간은
도구에 불과한 존재

에덴동산에서 추방당하는 상황에서 불현듯 남자가 여자의 이름을 새롭게 불렀다는 사실이 기록된다.

> 아담이 그의 아내의 이름을 하와라 불렀으니 창 3:20a

이것은 갑자기 맥락 없이 끼어든 말씀이 아니다. 남자는 처음 신

추방을 희망으로 바꾸시다

뢰 체계 속에서 자기 짝을 보았을 때, 자신과 완전히 어울리는, 거의 자기 자신과 같은 존재를 발견했다고 생각했다. 그래서 "나는 남자 너는 여자, 나는 이쉬 너는 잇샤, 너는 곧 나로구나"라는 노래를 불렀다. 다시 말해, 상대를 자기 존재의 연장이자 자기를 더 온전한 존재가 되게 하는, 자신과 뗄 수 없는 존재로 인식했다.

신뢰 체계 안에서는 상대의 존재 자체를 기뻐하고 즐거워할 수 있었다. 그가 무엇을 해서가 아니라 그가 거기에 있기 때문에 좋았다. 그것은 부부뿐 아니라 타인과의 관계에서도 마찬가지다.

얼마 전 아내로부터, 정육점에서 시작해 큰 부자가 된 부부 이야기를 들었다. 이 부부 이야기의 핵심은 모든 손님들을 존재로 상대했다는 것이다. 정육점 초창기에 한 가난한 주부 손님이 천 원을 들고 고기를 사러 왔다. 500원어치는 국거리, 500원어치는 찌갯거리를 달라고 했다. 아마도 모처럼 가족에게 고기 들어간 밥상을 차려주려는 마음이었겠지만, 단돈 천 원밖에 없어 정육점 앞에서 쭈뼛거릴 수밖에 없었다. 정육점 주인의 시선도 그렇지만, 아는 이웃이라도 만나는 날에는 민망할 수 있는 상황이었다. 그때 정육점 안주인은 손님이 민망하지 않도록 자기 남편을 잠깐 숨게 했다. 그리고 정성껏 국거리와 찌갯거리 고기를 싸주고, 덤까지 챙겨주었다고 한다. 돈벌이보다 가난한 주부의 힘겨운 마음을 먼저 읽고 그 존재의 소중함을 지켜주려 했던 것이다. 결국, 그 정신이 이 가게에 흥왕함을 가져왔다. 신뢰의 체계에서 사람을 존재로 상대하는 것은 아름답고 소중하다. 그것은 심지어 망해도 승리하는 것이다.

이제 의심 체계 안에서 남자는 여자의 이름을 하와라 부른다. 하와는 '생명', '생명을 이어갈 자'라는 뜻이다. 그래서 20절 말씀은 그 이름을 "모든 산 자의 어머니"라고 해석했다.

> 그는 모든 산 자의 어머니가 됨이더라 창 3:20b

이 이름은 일면 감동적인 것 같아 보이지만 사실은 그렇지 않다. 여기서 여자를 그렇게 부른 사람이 자기 배필을 '자기 분신'이라 불렀던 아담이라는 사실이 중요하다. 이제 아담에게 하와는 자기 분신이자 자기 존재의 연장이 아니라, 출산의 기능을 통해 생명을 이어갈 사람이 된 것이다. 신뢰 체계 안에서 여자는 남자와 뗄 수 없는 존재적 기쁨이었지만, 의심 체계 안에서 여자는 생명을 생산하는 도구적 존재로 인식되기 시작한다.

우리나라에서도 꽤 오랫동안 여자를 존재 자체가 아니라, 단지 자손을 잇는 도구로 인식한 세월이 있었다. 그것의 대표적인 사례가 소위 '씨받이'다. 이때 여자는 존재가 아니라 철저하게 '도구'다. 오늘날에도 사람을 자기 욕망을 위한 도구로 인식하는 자들이 있고, 그런 인식에서 우리도 자유롭지 않다. 거기에는 남녀 구분이 없다. 특히 의심 체계 안에서는 내 손에 쥔 돈만 의심할 수 없는 대상이 된다. 돈을 많이 소유할수록 차츰 가진 자라는 존재의식과 연합하게 된다. 그래

추방을 희망으로 바꾸시다

서 수중에 돈이 많으면 자기 존재 자체가 달라진 것처럼 생각하는 망상에 빠지는 것이다. 자기보다 못 가진 자들과 자기를 존재적으로 구별하는 허위의식을 가지게 된다. 최근에 한 재벌이 다니는 교회 목사님을 만났는데, 이렇게 말했다. "부자가 천국에 가기 어렵다는 예수님 말씀은 확실히 진리인 것 같아요." 물론, 사람을 도구가 아니라 존재로 대하는 부자들도 있을 것이다. 마음 깊은 곳에서부터 경외심과 존경심을 불러일으키는 분들이다.

결과적으로 내가 신뢰 체계를 갈망하고 있느냐, 의심 체계에 갇혀 있느냐 하는 것은 가까이에 있는 사람들을 '존재로 인식하느냐 도구로 상대하느냐'를 통해 선명하게 드러난다. 신뢰 체계에서는 사람을 존재로 보게 되어 있고 존재에 대한 존경심과 경외심이 우리를 감싸게 된다. 하지만 의심 체계에서는 그가 나에게 이로운가 해로운가 하는 기능적 기준이 저절로 작동한다.

에스더서는 그런 의미에서 의심 체계 안에서 작동하는 세계정신과 그에 맞서 하나님의 질서를 따르려는 사람들 사이의 싸움을 보여준다고 할 수 있다. 흐드러진 잔치로 상징되는 권력을 향해 맹목적으로 달려가는 페르시아 제국에서 오직 권력의 도구와 수단이 된 존재들이 의심과 두려움의 방식으로 서로를 대하고 있다. 권력과 잔치는 화려해 보이지만, 그것은 약자들의 피로 세워진 것이고 그 내부에는 암투와 경쟁이 가득하다. 의심과 두려움은 황제와 왕비의 관계를 하루아침에 증오와 분노로 깨뜨리고, 권력의 2인자로 하여금 자신이 추구해온 권력을 따르지 않는 자와 그 민족을 말살할 계획을 품게 한다. 그런 계획은 곧 제국 전체를 피로 물들게 할 것이다. 의심 체계는 폭력적인 세계정신을 형성하고 모든 소중한 가치들을 하루아침에 파괴한다.

하지만 반전이 있다. 아담은 비록 돕는 배필을 단지 도구적 대상으로 하와라 불렀지만, 하나님은 바로 그 이름대로 생명을 이어갈 자가 되게 하셔서 생명의 역사가 끊어지지 않게 하셨다. 그리고 그 후손을 통해 신뢰 체계의 회복을 시도하는 일들이 끝없이 반복되게 하셨고, 결정적인 죽음의 사건을 통해 신뢰 체계가 회복될 날을 희망 중 바라볼 수 있게 하셨다. 추방을 희망으로 바꾸려 하신 것이다.

악의 평범성과
선의 위험성

의심 체계에 거하게 된 아담과 하와는 더 이상 에덴에 머물 수 없게 되었다. 그곳은 신뢰 체계에서만 거주할 수 있기 때문이다.

> 여호와 하나님이 이르시되 보라 이 사람이 선악을 아는 일에 우리 중 하나같이 되었으니 그가 그의 손을 들어 생명나무 열매도 따먹고 영생할까 하노라 하시고 여호와 하나님이 에덴동산에서 그를 내보내어 그의 근원이 된 땅을 갈게 하시니라 이같이 하나님이 그 사람을 쫓아내시고 에덴동산 동쪽에 그룹들과 두루 도는 불 칼을

의심 체계 안에서는 아무도 믿을 수 없기 때문에 자신만 믿을 수 있다고 확신하는 모순에 빠지게 된다. 선악을 아는 일에서 하나님처럼 되었다는 것, 곧 내가 무엇이 옳고 그른지를 결정하는 최종 결정권자가 되었다고 생각하는 것은 위대한 성취처럼 보이는 저주였다. 그것은 가장 위대한 나라를 가장 위험하고 무능한 지도자가 끌고 가는 것보다 더한 저주다. 그런데도 우리는 항상 그 자리에 앉고 싶어 안달하는 모순에 빠져 있다.

미자립 개척교회 목회자들을 돕는 세미나에서 강의를 한 적이 있다. 그곳에 모인 목회자들 한 사람 한 사람이 얼마나 갈급한 마음으로 참석했을까를 생각하니 마음이 숙연해졌다. 하지만 기도를 맡은 임원 하나가 강의 시간이 이미 지났는데도 기도하기 전에 한 마디 하겠다고 하더니 일장 연설을 했는데, 말의 내용과 태도가 훈련생 모두에게 매우 무례했다. 자기 존재감을 입증하고 싶어서 안달하는 모습이 볼썽사납게 느껴졌다. 그래서 나는 마이크를 잡자마자 그런 싸구려 태도를 열심히 성토했다. 그렇게 함으로써 내가 그 사람과 똑같은 모순에 빠졌다는 것을 입증하였다.

의심 체계 안에서는 매우 자주 진리가 아니라 진리를 말하는 내가 더 옳다는 사실을 증명하려는 모순에 빠진다. 마이크를 잡고 열정을 다해 말할 때는 속이 시원했지만, 그 후로 계속 하나님께 죄송하고 마음이 불편한 걸 보면 내가 잘한 게 아닌 게 분명한 것 같다.

아담과 하와는 하나님이 아니라 자신을 최종적인 신뢰 대상으로 삼는 치명적 위험에 빠졌다. 그에 따라 생명의 관계였던 하나님과 분리되었다. 그들이 생명나무 열매도 따먹고 영생을 하게 된다면, 그 자체로 영원한 저주에 빠지기 때문에 하나님은 그들을 에덴에서 추방하셨다.

선악과는 그것을 먹기 전과 먹은 후로 나뉜다. 먹기 전의 선악과는 위험 가능성이 크기는 했어도 아담과 하와로 하여금 하나님에 대한 절대적 신뢰만이 하나님과의 생명의 관계를 지키는 길임을 가르쳐주는 나무로 된 성경이었다. 따라서 거기에 반드시 있어야만 하는 나무였다. 하지만 먹은 후의 선악과, 곧 이미 하나님과의 관계가 끊어진 후의 선악과는 더 이상 경계의 대상이 아닌, 평범한 나무가 되어버렸다.

반면, 선악과를 먹기 전의 생명나무 열매는 늘 먹을 수 있었고 또 먹어야 하는 것이었지만, 선악과를 먹은 후로는 절대로 따먹으면 안 되는 치명적으로 위험한 열매가 되어버렸다. 다시 말해, 신뢰 체계에서 의심 체계로 이동하면 가장 위험한 것이 가장 평범해지는 '악의 평범성'이 이루어지고, 가장 선한 것이 가장 위험해지는 '선의 위험성'이 형성된다. 그래서 정의와 진리가 위험한 것으로 억압받게 된다. 그것이 바로 비극이다. 하나님이 그렇게 만드시는 게 아니라, 우리의 의심과 두려움이 그렇게 역사를 빚어가는 것이다. 그리고 사람은 그 역사를 영구화시키려 한다.

추방을 희망으로 바꾸시다

따라서 생명나무로 가는 길은 완전히 봉쇄되어야 했다. 하나님은 천사들과 불붙은 칼로 에덴동산으로 가는 길을 원천적으로 봉쇄하셨다. 상상컨대, 그 칼 때문에 에덴동산은 오래 전 불타 없어져 평범한 수풀과 나무덩굴에 완전히 감추어졌을 것 같다. 사람을 위한 조치였다.

하지만 인류는 끝없이 생명나무를 대신할 수 있는 것들을 갈망해왔다. 자신의 이성에 스스로 감탄하면서 철학과 종교로, 그리고 물질적 부요와 과학기술로 생명나무를 대신하려 했다. 하지만 그때마다 그것들이 자기 확신으로 배부른 존재들에 의해서 어떻게 자신과 세상을 파괴하는지 역력히 확인하게 되었다. 하나님 없이 인류가 찾는 모든 생명나무들은 인간의 자기중심적 욕망의 도구가 되어 파괴적으로 변할 수밖에 없다. 곧 생명나무를 통해 자유를 원했으나 오히려 속박당한 자가 되는 역설적인 역사가 반복된 것이다. 진정한 자유와 부요함은 하나님과 함께 신뢰 체계 안에 묶여 있을 때만 온전히 발휘된다.

은혜가 나를 살게 하는 힘이다

의심은 결코 쉽게 치유되지 않는 치명적인 질병이다. 따라서 진정한 생명나무를 다시 먹을 수 있으려면, 신뢰 체계를 회복하기 위한 누군가의 결정적인 죽음 사건이 있어야만 한다. 그 죽음의 사건은 단지 누군가의 희생적인 죽음이 아니라, 배신당한 피해자가 배신한 가해자를 위해 자기 몸을 내어주는 이해할 수 없는 죽음 사건이어야 한다. 그 배신당한 피해자는 누구에 대해서도 가해를 한 적이 없는 순전한 피해자여야만 한다. 가해자가 가해자를 위해 죽을 수는 없기 때문이다. 그가 죽는다고 해도 그것은 자신의 마땅한 죽음일 뿐이기 때문에, 거기서는 어떤 혁명적인 힘이 발생하지 않는다.

이 땅의 모든 사람들은 아담으로 인해 가해자로 태어나 의심의 체계에서 가해자로 살아간다. 그들은 의심과 두려움 속에서 자신과 가족과 세상과 무엇보다 하나님에 대한 가해자들이다. 누구에 대해서도 가해자가 아닌 순전한 피해자는 오직 하나님뿐이시다. 따라서 신뢰 체계의 회복은 오직 누구에 대해서도 가해자가 아닌, 순전한 피해자가 죽는, 예수님의 죽음 사건을 통해서만 가능하다. 생명나무는 장차 하늘에서 내려오는 새 예루살렘에 가득하게 될 것이다. 하지만 모두가 그 성으로 들어가지는 못한다. 어린양의 피에 적셔진 사람들, 하나님의 죽음이 나의 죽음과 부활로 경험되는 믿음의 사람들, 곧 진정한 신뢰 체계를 회복한 사람들이 성으로 들어가게 될 것이다.

하나님은 이제 아담과 하와에게 생명나무로 가는 길이 어디에 있는지를 희미하게라도 가르쳐주고자 하신다.

> 여호와 하나님이 아담과 그의 아내를 위하여 가죽옷을 지어 입히시니라 창 3:21

아담과 하와가 하나님을 피한 이유는 벌거벗었기 때문이었다. 따

추방을 희망으로 바꾸시다

라서 하나님이 옷을 지어 입히셨다는 것은 그들이 하나님께 나아올 수 있는 상황을 만들어주시려 했다는 뜻이다.

아담과 하와가 스스로 만들어 입은 옷은 나뭇잎을 엮어 겨우 허리만 가린 치마였지만, 하나님이 입히신 가죽옷 '카트노트'는 발목까지 내려오는 긴 옷이었다. 옷을 입혀주는 것은 보호하려는 의미뿐 아니라 사회적 지위를 부여하는 것이기도 했다. 모세는 제사장들에게 옷을 입혀주었고, 아버지는 돌아온 탕자에게 가장 먼저 새 옷으로 갈아입혔다.

> 아버지는 종들에게 이르되 제일 좋은 옷을 내어다가 입히고
> 눅 15:22a

누구나 예측할 수 있듯이, 가죽으로 옷을 만들기 위해서는 피 흘림의 희생이 있어야 한다. 아담과 하와가 자신들의 수치를 가린 나뭇잎은 임시적이고 불충분했지만, 가죽으로 만든 옷은 영구적으로 그들의 수치를 안전하게 가려주었다. 그리고 그들이 가죽옷을 입고 있는 한 누군가의 피 흘림, 즉 희생의 대가로 지어진 옷을 입고 있는 셈이었다. 그 옷은 하나님이 친히 지어 입히셨다. 다시 말하면, 생명의 주인이신 하나님이 아담과 하와의 수치를 가려주기 위해 친히 죽음의 사건을 일으키셨고, 생명을 주신 이가 최초 살생 사건의 주인공이 되셨던 것이다.

따라서 가죽옷은 아담과 하와의 몸에서 언제나 누군가의 죽음의 냄새를 맡게 했고, 그 냄새는 그들의 죄와 하나님의 은혜를 상기시키는 역할을 하게 되었다. 내 죄가 얼마나 큰지, 그리고 내가 얼마나 큰 은혜를 입었는지를 생각하게 했다. 우리에게 이 두 가지 진실은 언제나 예수님의 십자가 앞에서 확인된다.

이 사실을 잊으면 우리는 끝없이 하나님이 주신 것 말고, 자신이 스스로 준비한 옷을 입고자 몸부림치게 된다. 자신이 옳다는 주장으로, 자기 자랑으로, 자기 공로로, 자신의 의로, 존재감으로 옷 입으려 한다. 그것들이 자신의 수치를 가려줄 거라 생각한다. 하지만 우리의 수치는 그런 것들로 가려지지 않는다.

학벌이 높은 사람일수록 열등감이 심할 가능성이 높고, 부자일수록 인색할 가능성이 높다. 나를 내 모습 그대로 받으시는 하나님의 의로 옷 입은 사람만이 학벌이 높건 낮건 자신의 존재 자체를 감사할 줄 알고, 돈이 많건 적건 풍부한 마음으로 나눌 수 있다. 하나님의 은혜만이 그를 풍족하게 하기 때문에, 배움과 소유의 정도나 삶의 조건이 자신의 존재를 규정하지 않는다는 것을 알게 된다. 오직 하나님의 은혜가 그를 살게 하는 힘이라는 사실이 진실로 그의 존재를 구성하게 되는 것이다. 그 믿음 안에서 살아가는 자유와 부요함이 우리 안에 넘치기를 기대한다.

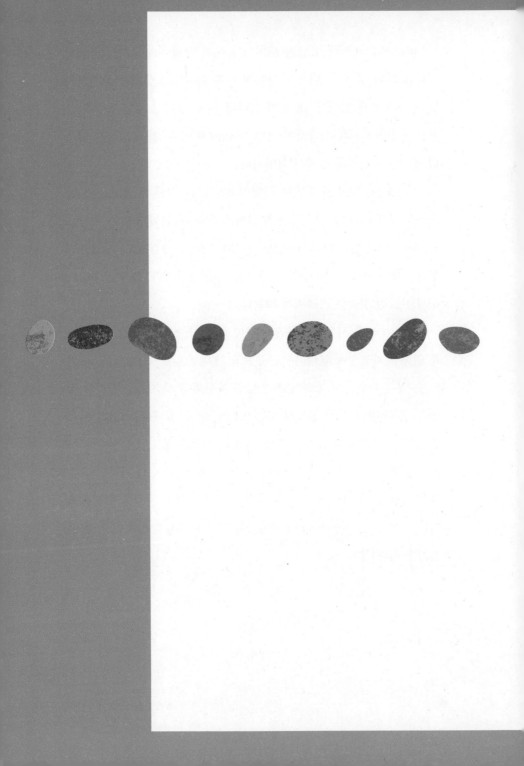

PART 3

자기중심적 욕망에서
내어놓음의 자리로

12

나는 죽이는 자인가
죽는 자인가?

의심 체계에서의 시작,

여자의 후손이 태어나다

이제 아담과 하와는 근본적으로 금이 간 신뢰 체계에서 생존하기 시작한다. 다행인 것은 의심 체계에서의 새로운 시작이 출산이었다는 것, 즉 여자의 후손이 태어난 것이다. 그것은 여자의 후손이 뱀의 머리를 밟을 것이라는 하나님의 약속이 진행되고 있다는 희망의 증거였다. 아담은 아들을 낳자 이름을 '가인'이라 불렀다.

아담이 그의 아내 하와와 동침하매 하와가 임신하여 가인을 낳고 이르되 내가 여호와로 말미암아 득남하였다 하니라 **창 4:1**

가인은 '얻었다. 소유했다'는 의미다. 아담은 하나님을 통해서 소유하게 되었다는 의미로 가인이라는 이름을 붙였지만, '하나님을 통해서'라는 은혜보다는 '소유와 획득'이라는 욕망으로 아들을 양육했을 가능성이 더 커 보인다. 가인의 삶이 그 증거다. 가인은 자신의 거절당한 존재감을 소유하고 획득하기 위해 뱀의 머리 대신 동생의 머리를 치는 자가 된다. 예언적이었을까? 아담은 둘째를 낳고는 '아벨', 즉 덧없다는 이름을 붙였다. 아담은 자기 인생을 고달프게 인식하면서 하나님에 대한 기대와 소망에서 조금씩 멀어지고 있는 것 같은 인상을 남긴다. 이 두 아들은 장성하면서 자연스럽게 노동현장에 뛰어들게 되었는데, 가인은 농부, 아벨은 양치기가 되었다.

> 그가 또 가인의 아우 아벨을 낳았는데 아벨은 양 치는 자였고 가인
> 은 농사하는 자였더라 창 4:2

당시, 선택할 수 있는 생존 수단은 농사와 목축이 전부였을 것이다. 여기서 한 가지 생각해볼 만한 요소가 있다. 성경의 기록대로라면 최초에 아담과 하와에게 주어진 양식은 채소와 열매들이었고, 사냥이나 목축을 통해 육류를 섭취하기 시작한 때는 노아 홍수사건 이후다. 그렇다면 가인과 아벨이 살던 때에는, 농사가 주로 양식을 얻기 위한 노동이었고, 목축은 젖이나 생활용품을 얻기 위한 노동이었을 거라고 예상할 수 있다. 따라서 상대적으로 목축보다는 농사가 좀 더 생계

형 노동으로 중요하게 여겨졌을 것이다. 더구나 동물의 가죽은 한번 소유하면 유효기간이 길고 수요를 위한 공급이 그다지 급하지 않았지만, 땅의 소산은 유효기간이 짧고 생존 필수품들이었기 때문에, 아벨은 상당 부분 형의 노동에 자신의 생계를 의존했을 것이라 예측할 수 있다. 그렇다면 의심 체계 안에서 시작된 생계의 현실에서 가인은 강자, 아벨은 약자였을 가능성이 높다. 그리고 이런 의심 체계에서는 필연적으로 강자와 약자 사이에 갑을관계가 형성되기 마련이다.

제물은 드리는 자의 마음을 반영한다

세월이 흘렀다. 아담의 가르침에 따라 두 아들은 각자 자기 노동의 산물을 가지고 하나님께 제사를 드리게 되었다.

> 세월이 지난 후에 가인은 땅의 소산으로 제물을 삼아 여호와께 드렸고 아벨은 자기도 양의 첫 새끼와 그 기름으로 드렸더니
>
> 창 4:3-4a

자신들의 존재뿐 아니라 노동의 결과가 하나님의 은혜이고 선물임을 고백하기 위한 제사였던 게 분명하다. 가인은 땅의 소산을, 아벨은 양의 첫 새끼와 그 기름을 제물로 드렸다. 제물이 하늘로 들려 올라갔는지, 하늘에서 불이 내려와 제물을 태웠는지 알 수는 없지만 제

물의 받아들여짐 여부는 명백하게 드러났다.

> 여호와께서 아벨과 그의 제물은 받으셨으나 가인과 그의 제물은
> 받지 아니하신지라 창 4:4b-5a

제물에 문제가 있었던 것일까? 그렇지는 않을 것이다. 피 흘림이 있었느냐의 여부는 그렇게 중요한 주제가 아니다. 구약 제사법이 시행된 후에도 곡식으로 드리는 소제물은 존귀한 제물이었기 때문이다.

하나님께서 보시는 것은 제물과 제물을 드린 사람의 필연적 연관성이었다. 그래서 하나님께서는 아벨과 그의 제물은 받으셨지만, 가인과 그의 제물은 받지 않으셨다. 제물은 단순히 제물만이 아니다. 거기에는 내 존재가 함께 있다. 따라서 우리가 드리는 제물에는 내가 하나님을 누구라고 생각하는지, 하나님과 나의 관계를 어떻게 규정하는지가 고스란히 담기게 마련이다. 손님을 맞아 음식을 낼 때도 그 손님을 어떤 존재로 생각하는지, 손님과 나의 관계를 어떻게 규정하는지가 음식을 대접하는 손길에 그대로 반영될 수밖에 없다.

다시 말하면, 제물은 제물을 드리는 자를 반영하고 제물 드리는 자는 자기 존재의 어떠함으로부터 제물을 내는 것이다. 따라서 제물에는 제물 드리는 자의 동기와 제물을 받는 분에 대한 사랑과 신뢰의 정도가 고스란히 담길 수밖에 없다. 동시에, 제물을 드리는 자의 인격과 동기가 제물의 가치를 결정한다.

나는 죽이는 자인가 죽는 자인가?

아나니아와 삽비라의 제물은 땅 판 돈의 절반으로 상당히 컸지만, 그것은 하나님이 아니라 자신들의 존재감을 섬기는 제물이었다. 따라서 그들은 제물을 통해 자신들의 욕망을 예배했고, 그 예배로 자기들의 생명을 잃었다. 반대로 제물이 초라해도 제물을 드리는 자의 합당한 동기와 정성은 제물의 존귀함을 담보한다. 물론 마음의 정성은 고스란히 제물의 어떠함에 반영된다는 사실도 잊지 말아야 한다. 과부의 제물이 단지 동전 두 닢이 아니라, 그녀의 전 재산이었다는 사실을 기억해야 한다.

나는 개척 후 지금까지 예배당 건축헌금에 관해 두어 번 언급한 것 외에는 헌금에 관해 거의 말한 적이 없다. 하지만 하나님께 드리는 헌금이 하나님과 나 사이 관계의 진실성에서 나온다는 사실만큼은 확신하면서, 헌금기도 때마다 그 점을 강조하려 애썼다. 그것은 속일수 없는 진실이다. 대충 헌금하면서 하나님을 사랑한다고 여기는 것은 일종의 영적 기만이다. 사람과 사람 사이에서조차 상대가 내게 보이는 눈빛만 봐도 나를 어떤 존재로 여기는지 순식간에 알 수 있는데, 하물며 하나님이시겠는가? 다만, 나 같은 목회자들이 이런 거룩한 영적 진리를 왜곡해서 성도들의 팔을 비트는 영적 사기를 치지 않기를 바랄 뿐이다. 동시에 성도들이 영적 사기성이 있는 자들 때문에 하나님을 향한 정성에 인색해지지 않기를 바랄 뿐이다.

가인은 선하고 아름다운 동기로
감사의 제물을 드렸는가

자신이 바친 제물이 하나님께 받아들여지지 않았다는 사실을 알게 된 가인은 처음부터 그에게 문제가 있었음을 역력히 드러낸다.

> 가인이 몹시 분하여 안색이 변하니 창 4:5b

가인은 열렬히 분노했다. 안색이 싹 변했다. 그의 제물에는 문제가 없었는지 모른다. 하지만 자신의 제물이 받아들여지지 않자 열렬히 분노함으로써 자신이 어떤 동기로 제물을 드렸는지를 분명히 드러내고 말았다. 분노가 그의 동기를 고발했다.

오래 전 개척교회에 참여했을 때의 일이다. 담임 전도사님이 꽤 자의식이 강한 분이었다. 그런데 그것이 너무 지나친 나머지 마음이 힘든 자매 가정에 심방을 갔을 때, 그 자매가 권면을 잘 받아들이지 않자 심방 끝에 이렇게 말했다. "어떻게 내 권면을 받고도 변하지 않을 수가 있는가?" 얼마나 무서운 말인가? 그 경우에는 자매의 마음을 충분히 열지 못한 자신을 돌아보거나, 아니면 시간이 더 필요하다고 생각하는 것이 마땅했을 것이다. 어떻게 '나 같이 대단한 사람의 권면을 받아들이지 않을 수 있단 말인가? 가능성이 없는 자매로군' 하는 식으로 생각할 수는 없는 일이다.

동기가 진실한 사람은 자신이 준비한 선물을 상대가 거절할 경

나는 죽이는 자인가 죽는 자인가?

우, 선물이나 선물을 주는 자신의 태도에 무슨 문제가 있는지를 돌아보겠지만, 동기가 맑지 못한 사람은 어떻게 이런 선물을 거절할 수 있느냐고 분개하며 역정을 낼 것이다. 아담의 영혼 안에 에덴 추방과 가죽옷으로 유발되었을 법한 하나님에 대한 서러움과 감사가 공존하고 있었다고 상상할 때, 가인에게는 서러움이, 아벨에게는 감사가 더 강하게 계승되었던 것일까?

그렇다면 가인은 자신이 제물을 드리면 하나님은 당연히 받으셔야 한다는 전제로 제물을 드렸던 게 분명하다. 서러움이 깊어지면 자기 수고에 대한 의가 더 강해진다. 따라서 가인의 입장에서 하나님의 거절은 상상할 수 없었다. 그는 자기가 동생보다 더 값지고 귀한 것을 제물로 드린다는 생각과 더불어, 그 제물에는 자신의 온갖 수고와 땀과 노력이 고스란히 담겨 있다고 확신했을 것이다.

만일 그토록 정성을 쏟아 바치는 제물을 하나님이 거절하신다면, 그것은 자신이 아니라 하나님께 문제가 있는 게 분명하다고 생각할 준비가 되어 있었던 셈이다. 다시 말해, 자신을 무대에 서 있는 주인공으로, 하나님을 관객으로 여긴 것이었다. 만일 그가 마음먹은 게 아니라면, 자신의 제물이 받아들여지지 않았을 때, 크게 분노할 필요도, 안색이 변할 필요도 없었을 것이다. 그렇게 마음먹은 게 아니라면, 받지 않으신 하나님이 아니라 단지 자신의 마음에 어떤 문제가 있었던 것인지를 하나님께 공손히 여쭈었을 것이다. 아벨이라면 아마도 그렇게 했을 것이다.

결국, 가인은 의심 체계에 갇힌 채 자기 스스로 주인공 노릇을 하고 있었던 것이다. 역시나 하나님은 가인의 태도가 합당하지 않다는 사실을 알려주신다.

> 여호와께서 가인에게 이르시되 네가 분하여 함은 어찌 됨이며 안
> 색이 변함은 어찌 됨이냐 창 4:6

그리고 그런 반응을 보이는 것은 제물을 드리는 그의 마음이 선하지 않았기 때문이라고 설명해주신다.

> 네가 선을 행하면 어찌 낯을 들지 못하겠느냐 선을 행하지 아니하
> 면 죄가 문에 엎드려 있느니라 창 4:7a

선을 행하는 자는 고개를 숙이지 않는다. 반대로 악을 행하는 자는 낯을 들지 못하는 동시에 화를 낸다. 방귀 뀐 사람이 성낸다는 말에는 놀라울 정도로 진실성이 있다.

따라서 하나님은 가인이 선하고 아름다운 동기로 감사의 제물을 드렸다면 안색이 변하거나 크게 분노하는 일은 없었을 거라고 말씀하신 셈이다. 그 마음을 바꾸지 않으면 언제든지 아담과 하와를 넘어뜨렸던 그 죄의 힘, 즉 내가 주도적으로 주인 노릇 하고, 내가 하는 일에 모든 사람들이 따라야 한다고 고집하는 강력한 죄의 힘이 마음 문 앞

에서 한시도 쉬지 않고 기다리고 있다가, 틈만 보이면 나를 장악해버리고 말 것이다. 그렇게 넘어지지 않으려면 죄를 다스려야 하고, 죄를 다스리려면 하나님 앞에서 내 동기를 끝없이 살펴야만 한다.

> 죄가 너를 원하나 너는 죄를 다스릴지니라 **창 4:7b**

재판장을 자처한 가인,
하나님을 심판하다

하나님께서는 가인과 그 제물을 받지 않으셨지만 그렇다고 그를 버리신 게 아니었다. 다만, 가인이 자신과 하나님을 어떻게 생각하고 있는지를, 자신이 지금 어떤 체계 속에서 움직이고 있는지를 깊이 들여다보게 하시려는 것이었다. 하지만 가인은 하나님의 뜻을 살피지 않았다. 거절당한 자신의 존재감에 분노하면서 끝내 자신은 틀리지 않았다고 고집했다. 따라서 자신의 옳음을 틀린 것처럼 보이게 하는 현실을 없애야만 자신의 옳음이 입증될 것 같은 충동에 사로잡혔다.

자신이 옳다는 것을 증명하려면, 자신의 잘못을 드러내는 존재를 제거해야만 했다. 그 요소가 바로 동생 아벨이었다. 결국 그는 그것을 실행에 옮긴다.

> 가인이 그의 아우 아벨에게 말하고 그들이 들에 있을 때에 가인이 그의 아우 아벨을 쳐죽이니라 **창 4:8**

결과적으로 가인은, 존재하는 것만으로도 자신의 틀렸음을 드러내는 바로 그 존재인 아벨을 제거함으로써 아벨을 옳다 하셨던 하나님이 틀렸다는 사실을 선언하고 하나님을 심판한 셈이었다. 가인은 치밀한 사전 계획에 의한 미필적 고의 살인범이 되었다. 하나님은 가인의 살인과 아벨의 희생을 막지 않으신다. 사람에게 여전히 자유의지를 허락하셨기 때문에, 사람의 일에 강제로 개입하지 않으신다. 대신, 아벨을 영원토록 믿음의 선조의 반열에 올리신다.

> 믿음으로 아벨은 가인보다 더 나은 제사를 하나님께 드림으로 의
> 로운 자라 하시는 증거를 얻었으니 하나님이 그 예물에 대하여 증
> 언하심이라 그가 죽었으나 그 믿음으로써 지금도 말하느니라
> 히 11:4

이제 가인은 스스로 주인 행세를 하고 자신이 최종 결정권자, 최종 판단자, 최후의 재판장 역할을 하면서 동생의 생사여탈권까지 행사했다. 자기가 생명을 만들지는 못할지라도 없앨 수는 있다는 위대한 권세를 실행에 옮긴 것이다. 하지만 즉시 그 결과의 참혹함에 직면해야만 했다. 하나님을 의심했던 부모를 따라 하나님과 동생을 의심함으로써 자신의 선택과 결정만 믿을 수 있다고 판단한 참혹한 결과를 고스란히 떠안고 살아야 한다는 것을 제대로 알아야 했다.

하나님은 아담을 찾았듯이 아벨을 찾으신다. 하나님은 찾으시는

분이시다. 하지만 가인은 뻔뻔스럽게도 아벨을 찾으시는 하나님에게 말장난을 늘어놓는다.

> 여호와께서 가인에게 이르시되 네 아우 아벨이 어디 있느냐 그가 이르되 내가 알지 못하나이다 내가 내 아우를 지키는 자니이까
> **창 4:9**

이 말은 "내가 양을 지키는 목자인 그 아이를 지키는 목자라도 된단 말입니까?"라는 말놀이였다. 동시에 '실제로 그 아이를 지켜야 할 목자는 하나님이 아닙니까?'라는 비난이 담긴 대답이었다. 정말 무례했다. 책임을 하나님께 돌리는 태도는 아버지 아담을 쏙 빼닮았다.

그에 따라 하나님은 스스로 재판장의 자리에 앉았던 가인을 피고인의 자리로 내려 앉히시고, 대신 하나님 자신이 재판장의 자리에 앉으신다. 그리고 가인의 죄증을 상기시키고 죄목을 밝히신다.

> 이르시되 네가 무엇을 하였느냐 네 아우의 핏소리가 땅에서부터 내게 호소하느니라 **창 4:10**

즉 "네가 무슨 일을 했는지 내가 말하겠다. 네 동생의 쏟아진 피가 너의 살인을 나에게 고발하고 있다"라는 말씀이었다. 그리고 나서 형집행을 선고하신다.

땅이 그 입을 벌려 네 손에서부터 네 아우의 피를 받았은즉 네가 땅에서 저주를 받으리니 네가 밭을 갈아도 땅이 다시는 그 효력을 네게 주지 아니할 것이요 너는 땅에서 피하며 유리하는 자가 되리라 창 4:11-12

풀어 말하면 이렇다. "너의 손으로 땅에 쏟은 네 동생의 피가 땅에게 호소하므로 이제는 네가 밟는 모든 땅이 너를 저주하여 끝없이 너를 거부할 것이다. 따라서 너는 일정하게 정해진 땅에 거할 수 없게 될 것이므로, 이 땅과 저 땅을 떠도는 도망자로 살게 될 것이다."

가인은 처음부터 재판장이 아니었고 재판장이 될 수 없었다. 하지만 자신이 드리는 제물과 제사에 대한 판결자를 자처했다. 자신과 자신이 드린 제물에는 문제가 없음에도 불구하고 하나님이 거절했으니, 문제는 하나님께 있는 것이라고 판결했다. 그에 따라 하나님의 부당한 판결에 의해 인정받은 아벨의 옳음은 거짓과 허위이므로, 자신의 옳음이 확증되려면 부당한 판결의 수혜자인 아벨이 제거되어야 한다고 판단했다. 그리고 그 판단의 결과를 스스로 집행했던 것이다.

'부자 한 사람이 나려면, 두 마을이 가난해져야 한다'는 말이 있다. 무서운 말이다. 옳지 않은 한 사람이 옳다고 여겨지려면 수많은 사람이 틀려야만 한다는 모순과 비슷한 수준에서 생각할 수 있는 말이다. 가인은 그런 방식으로 의심 체계의 결과가 얼마나 가공할 만한 것인지를 입증했고, 부모의 가슴에 가혹한 죽음의 그림자를 새겨넣었다. 그 결과 이제 진짜 재판장이신 하나님의 선고에 따라 하나님으로부터, 땅으로부터, 그리고 온 세상으로부터 정죄받고 거절당하여 모든 땅에서 유리하는 인생으로 전락하게 되었다. 유리하는 자가 된다는 것은 아무도 신뢰하지 못하고 아무에게서도 신뢰받지 못하는, 철저한 의심의 체계 속에서 사는 자가 된다는 의미다.

죽이는 자가 아니라
죽는 자를 구원하는 역사

의심 체계에서의 새로운 시작은 여자의 후손이 태어난 것이었고, 그것은 여자의 후손이 뱀의 머리를 밟을 것이라는 하나님의 약속이 진행되고 있다는 희망의 증거였다. 하지만 동생은 형의 질투로 죽는 자가 되었고, 형은 하나님과 동생에 대한 분노로 죽이는 자가 되었다. 그리하여 이 가정과 더불어 인류의 운명은 아벨의 이름처럼 '덧없음'으로 끝난 상황이었다.

하지만 스스로 판결자가 되어 자신의 옳음을 입증하려 한 죽이는 자는 하나님을 등지고 땅과 온 세상에게 버림받은 채 정처 없이 떠도는 인생이 된 반면, 형에게 맞아 덧없이 죽은 자는 오히려 몇 줄도 안 되는 작은 흔적만으로도 영원한 믿음의 조상이 되었다. 동생 아벨은 가장 자유롭고 가장 부요하게 영원한 생명의 안식과 기쁨을 누리는 자가 되어, 수천 년 동안 수없이 많은 자손들에게 믿음의 길을 보여주었다.

이후로 하나님은 죽이는 자가 아니라 죽는 자를 구원하는 역사를 계속해오셨다. 죽는 자의 덧없어 보임이 세상을 구원하는 힘이라 거듭 말씀하신다. 죽음에 삼켜지는 덧없음을 기꺼이 받아들이는 믿음을 통해 오히려 위대하고 부요한 구원의 잔치를 이루어가시는 하나님의 역사를 보이신다. 그 역사는 예수님을 통해 완성된 후, 우리 각자의 삶 안으로 스며들어왔다. 그래서 가인처럼 자신의 존재를 위해 죽이는 자가 되는 파멸의 길에서 벗어나 스스로 덧없어지는 삶, 죽는 자가 되는 삶을 기꺼이 받아들임으로써 나의 죽음을 통해 그가 살고, 그를 통해 내가 부활하게 되었다. 그런 은혜가 내 안에, 우리 가정 안에, 교회와 세상 안에 임하면 그 힘으로 하나님의 나라를 빚어간다.

나의 옳음을 입증하기 위해 말로, 눈빛으로, 행동으로 사람을 죽이고, 자책의 몽둥이로 자신을 죽이는 자가 되지 않기를 열망한다. 오히려 하나님이 인정하시는 옳음을 위해 말에 맞아 죽고, 눈빛에 맞아 죽고, 외면당하는 외로움에 맞아 죽는 자가 되기를 기대한다. 죽이는 길이 아니라 죽는 길이 하나님이 선택하고 작정하신 살리는 길이다. 그것이 나와 가족과 세상을 살리는 길이라는 사실과 그 길을 주신 하나님이 진짜 왕이요 통치자라는 사실을 결코 잊지 않기를 바란다.

어떤 경우에도 내가 아니라 하나님이 옳으시면 된다는 믿음을 가져야 한다. 죽이는 자의 길을 떠나 죽는 자의 길, 내 나라를 세우려는 길을 떠나, 주님의 나라를 세우는 길, 모든 것을 가지려다 주님도 잃게 되는 길을 떠나 주님만 가지려다 모든 것을 얻게 되는 길을 따라 살아가는 은혜가 있기를 기도한다.

13

하나님을 떠나
스스로를 책임지려는 사람의 역사

돌이킴을 거절한
자기중심성

하나님 앞에 엎드리면 다시 시작할 수 있지만, 떠나면 어디에서 시작해야 할지 알 수 없다. 하나님 앞에 엎드리면, 말씀이 임하고 그 말씀은 갈 길을 비추는 빛이 된다. 하지만 하나님 앞에 머물지 못하고 떠나면 말씀 대신 자기 내면을 장악하고 있는 상한 마음과 미약한 의지를 따를 수밖에 없기 때문에, 결국 정처 없는 그것들을 따라 정처 없는 길을 갈 뿐이다.

물론, 인격이나 의지나 지혜나 성품이 고상하고 높아서 하나님의 말씀 없이도 탁월한 길을 가는 분들을 종종 발견할 수 있다. 하지만 가장 결정적인 문제는 그들이 자신의 인격과 의지와 성품과 지혜로는 도무지 감당할 수 없는 일을 아직은 만나지 않았다는 것이다. 동시에 그는 결정적으로 자기 삶의 궁극적인 목적을 모르기 때문에, 생명의 종말이라는 거부할 수 없는 현실에 다다랐을 때 죽음 앞에서 모든 의미를 상실할 수밖에 없다.

만일 그 순간에도 그가 침착할 수 있다면, 답이 없는 논리로 자신을 설득하는 모순을 받아들였기 때문일 뿐이다. '모르는 게 정상이야. 죽음 너머의 세계에 대해서는 누구도 알 수 없어. 그러니까 이런 불합리한 무지함을 자연스럽게 받아들이는 것이 내가 할 수 있는 전부야.'

하지만 그런 설득이란 얼마나 슬프고 안타까운가? 천재 수학자이자 철학자였던 버트런드 러셀은 이런 부류를 대표할 만한 사람인데, 그가 자신의 모든 지성을 총동원해서 내린 결론은 이것이었다.

> 인간은 어떤 알 수 없는 원인들의 산물이지만, 그 원인들은 자신이 가려는 길을 예견한 적도 가르친 적도 없다. 인간의 기원, 성장, 희망, 두려움, 사랑, 신념은 원자들의 우연한 배열일 뿐이다. 그 어떤 열정과 용기와 심오한 사상과 감정도 개인의 삶을 무덤 너머까지 지속시킬 수는 없다. 따라서 인류 역사상 모든 수고, 헌신, 모든 영감, 모든 총명하고 비범한 재능은 태양계의 사멸과 함께 소멸될 것이다. 따라서 가장 견고한 기초는 불굴의 절망뿐이다.

하나님을 떠나 스스로를 책임지려는 사람의 역사

하나님을 배제한 최고 지성이 찾을 수 있는 삶의 가장 견고한 기초는 불굴의 절망뿐이었다. 불가피하고 허무한 결론이다.

하나님은 가인의 제물을 거절하심으로 그가 자신을 돌아볼 수 있게 하셨다. 그가 자신을 돌아보는 대신 동생을 죽임으로 하나님을 정죄했을 때에도 그를 대화의 자리로 끌어내어 그가 엎드리기를 기대하셨고 다시 시작하는 길을 찾기를 원하셨다. 하지만 가인은 엎드리는 대신 떠난다.

가인이 여호와 앞을 떠나서 에덴 동쪽 놋 땅에 거주하더니

창 4:16

가인이 떠난 땅은 에덴의 동쪽 놋 땅, 곧 '쉼 없음, 떠돌아다님'의 땅이었다. 끝내 정착하지 못하고 떠도는 삶, 누구도 신뢰하지 못하고 누구에게도 신뢰받지 못하는 영역으로 전입한 것이었다. 물론 하나님의 은혜는 그곳까지 미친다. 가인은 그곳에서도 오직 하나님께서 주시는 은혜로 산다는 것을 알아야 했지만, 제대로 알았을 것 같지는 않다.

그 상황에서 가인이 가장 중요시했어야 하는 것은 자신이 죽인 동생에 대한 묵상이어야 하지 않았을까? 무엇이 그보다 더 중요하겠는가? 그가 그런 생각을 잠시라도 했다면, "제 안에서 펄펄 끓어오르는 이 잔인한 폭력성도 감당되지 않는데, 떠도는 삶 따위가 대수이겠습니까?"라고 말할 수밖에 없었을 것이다. 하지만 그는 동생의 죽음

보다는 자기가 감당하게 될 고통에 모든 관심을 집중하고 있다. 참으로 참담한 자기중심성이다.

> 가인이 여호와께 아뢰되 내 죄벌이 지기가 너무 무거우니이다
> 창 4:13

하나님은 가인을 쫓아낸 적이 없으시다. 다만 그가 저지른 죄의 결과가 그를 떠도는 자가 되게 할 것에 대해 알려주셨을 뿐이다. 하지만 가인은 그게 곧 자기를 쫓아내는 말씀이라 확신한다. '결국 꼴도 보기 싫으니 떠나라는 말 아니에요?' 이런 식이다. 자기중심성은 매우 예민한 자격지심으로 작동하면서 때로는 거친 공격성으로, 때로는 자기학대로 드러난다. 단지 어떤 구체적인 일에 대해 지적한 것뿐인데, '나랑 관계 끊자는 거죠?', '지금 나더러 나가 죽으라는 거죠?' 하는 식으로 반응하는 것이다.

> 주께서 오늘 이 지면에서 나를 쫓아내시온즉 내가 주의 낯을 뵈옵지 못하리니 내가 땅에서 피하며 유리하는 자가 될지라 무릇 나를 만나는 자마다 나를 죽이겠나이다 창 4:14

가인은 "이 손으로 동생을 죽였으니, 누가 저를 죽인들 제가 무슨 말을 할 수 있겠습니까?"라고 말할 수 있어야 했지만, 자기 손에 묻힌

하나님을 떠나 스스로를 책임지려는 사람의 역사

피가 불러올 두려움에 사로잡혀 자기를 만나는 자마다 자기를 죽일 거라는 과대망상적 말들을 쏟아낸다. 가장 사랑했어야 하는 사람에게 가장 잔혹한 짓을 해놓고, 그 결과로 생길지도 모를 불행의 가능성을 극도로 과장한다.

자기중심적으로 사고하는 이기심은 세상에 대한 두려움과 긴밀하게 결합되어 있다. 이타적인 심성이 커질수록 두려움은 작아지지만, 이기적인 욕망이 분출할수록 두려움은 증폭된다. 내 것을 지키려는 강박적 이기심이 내 것을 지키지 못할지도 모른다는 두려움을 생산해내는 것이다.

속이 빤히 들여다보이는, 지독히 이기적인 가인을 볼 때 미움이 일어나지만, 하나님은 절대 그렇게 하지 않으신다. 나 같으면 이렇게 했을 것이다. "네가 지금 그런 말을 할 때야, 이 자식아? 동생을 쳐 죽여놓고 네 목숨이나 걱정하고 있니? 어쩌면 그렇게 자기밖에 챙길 줄을 모르니? 이 양심에 화인 맞은 나쁜 놈아!"

하지만 하나님은 오히려 가인을 달래신다.

> 여호와께서 그에게 이르시되 그렇지 아니하다 가인을 죽이는 자는 벌을 칠 배나 받으리라 하시고 가인에게 표를 주사 그를 만나는 모든 사람에게서 죽임을 면하게 하시니라 창 4:15

일곱 배로 갚아준다는 것은 완전한 보복이다. 하나님은 완전한보

복의 약속을 통해서 완전한 보호를 약속하셨다. 동시에 그 증거로 가인에게 '표'를 주셨다. 그 표가 무엇이었는지는 알 길이 없지만, 누구도 감히 가인을 죽일 생각을 하지 못하도록 하나님께서 가인을 직접 지키시고 함께하신다는 확실한 표식 정도로 이해할 수 있겠다. 하지만 가인은 이런 약속에도 불구하고 하나님을 떠난다. 자기만 자기를 지킬 수 있을 거라고 확신했던 것이다.

내 성을 쌓는 것과
하나님을 성으로 삼는 것

가인은 결코 엎드리지 않았다. 엎드리지 않음으로 회개하지 않았고, 회개하지 않음으로 말씀이 들어갈 여백을 얻지 못했다. 죄는 여전히 남았고, 따라서 말씀이 아니라 자기중심적 판단에 자신을 의탁할 수밖에 없었다. 자신을 지킬 자는 두려움으로 가득한 자신뿐이었으므로 더욱 자기를 지켜야 한다는 강박적 두려움에 시달렸을 것이다. 이제부터 그의 모든 생각과 행동은 '두려움'의 분출일 뿐이었다.

그것이 이렇게 표출되었다.

> 아내와 동침하매 그가 임신하여 에녹을 낳은지라 가인이 성을 쌓고 그의 아들의 이름으로 성을 이름하여 에녹이라 하니라
> 창 4:17

하나님을 떠나 스스로를 책임지려는 사람의 역사

가인은 하나님 앞에서 결혼하지 못했다. 하나님을 떠나 결혼했고 하나님 밖에서 출산했다. 그 결과, 그가 아들을 낳고 첫 번째 한 일은 성을 쌓은 것이었다. 그 성이 아들을 지켜줄 것으로 기대했거나, 아들이 그 성처럼 자신을 스스로 보호할 수 있기를 열망했을 것이다. 그래서 건축물에 아들 이름을 붙였다. 히브리어 원문은 가인이 아니라 아들 에녹이 성을 쌓았다고 번역할 여지가 있다고들 하지만 그렇다고 해도 큰 차이는 없다. 성을 쌓게 만든 힘이 '두려움'이었다는 사실이 중요하다.

성을 쌓는 행위는 가인에게 떠도는 삶을 선고하신 하나님에 대한 저항이기도 했다. 내가 만든 성, 울타리 안에서 살고자 하는 인생은 곧 자신과 자신이 스스로 확인할 수 있는 것들만 믿을 수 있다고 생각하는 삶이다. 삶과 생각과 신뢰의 범위가 성 안에 갇힌다. 근본적으로 그의 내면에는 성 밖의 세상, 곧 타자에 대한 적대감이 깔린다. 내 삶의 영역 밖이라고 생각하는 모든 것들에 대해서는 일단 배제하는 정신이다.

세계 역사의 고통은 배제의 정신 때문이다. 배제의 본질은 내 것과 다른 것을 악이라고 보는 것이다. '다름'을 악으로 보는 이유는 항상 내가 옳아야만 안전하다고 믿기 때문이다. 나 말고 타자도 옳다면, 너도 나도 나름 옳을 수 있겠다는 마음의 여유가 아니라 그의 옳음 때문에 내가 틀렸을지도 모른다는 두려움이 일어난다. 그래서 내가 틀렸을지도 모른다고 느끼게 하는 것들을 악으로 여겨 배제시키려 한다.

이 모순을 극복하려면 상대가 어떤 입장에 있느냐가 아니라 상대를 그냥 사람으로 받아들일 수 있어야 한다. 우리는 인종, 지식의 정도, 업적과 성취의 정도, 입장 차이에 무게를 부여하고 그 무게에 따라 사람을 다르게 상대한다. 하지만 그가 사람이라는 사실 자체가 그가 나와 대등하게 대화할 수 있는 본질적인 조건이라는 사실을 잊지 말아야 한다. 그렇게 되려면, 그 존재에 하나님이 담겨 있음을, 그가 하나님의 형상임을 결코 잊지 않아야 한다.

그가 하나님의 형상으로서의 사람이라고 하는 사실이, 인종, 직업, 지위, 경제적 수준, 교육적 수준, 사는 지역, 나와 의견이 같으냐 다르냐와 관계없이 그가 나와 대등하게 대화하고 나와 나란히 위치할 수 있는 유일한 조건이 된다. 따라서 결국 하나님 앞에서가 아니라면, 타인이나 다른 문화에 대한 우리의 관점과 태도는 언제나 자기중심적 편견과 이기심으로 왜곡될 수밖에 없고, 우리는 평생 배제의 반복 속에서 나와 다른 자들 사이에 적대적 선을 그으면서 살아갈 수밖에 없다.

우리는 가인의 아들 에녹 말고, 창세기 5장 24절에 등장하는 므두셀라의 아버지 에녹도 알고 있다. 그는 성을 쌓는 대신 하나님과 동행했으며 그로 인해 하나님을 자신의 성으로 삼았다고 느끼게 한다. 그의 삶은 이후 다윗에게 고스란히 계승되어 다윗은 하나님을 자신의 산성이라 표현하기를 좋아했다.

하나님을 성으로 삼는 신비의 의미를 아는 자는 행복하다. 전능하시고, 모든 것을 아시고, 나를 가장 사랑하시고, 나의 길을 친히 아시고, 세밀하게 인도하시는 하나님을 울타리 삼으니 그 삶에는 두려움이 없다. 내가 나를 보호하려고 몸부림칠 필요가 없다. 내 명예와 영광을 스스로 추구하는 피곤하고 긴장되는 일에 에너지를 소모할 필요가 없다. 어떤 것이라도 하나님이 허락하시는 것은 항상 최고임을 확실히 알기에 그 안에서 그 뜻을 따라 살아가면 그만이다.

반면, 자신을 위한 성을 쌓게 만들고 의심 체계를 돌리는 에너지인 두려움은 끝없이 새로운 두려움을 낳는다. 그것이 모든 인종 간, 종족 간, 나라 간 갈등의 본질이고 나에게서 그를 배제시켜 나의 안전을 확보하려는 피의 전쟁의 본질이다. 내 삶의 울타리에서 타자를 배제시키려는 본능이 바로 이 불신의 두려움에서 비롯하는 것이다.

하지만 예수님은 어떻게 하셨는가? 우리 모두가 아직 죄인이었을 때, 그 모든 적대적인 이들을 받아들이기 위해 자신의 영광스러운 울타리를 스스로 허무셨다. 자기 영광을 버리고, 영원과 무한의 경계선을 부수고, 시간과 공간 속으로 들어오셨다. 그리고 자신을 우리에게 내어주셔서 예수님 자신을 우리의 울타리 삼게 하셨다.

의심 체계와 두려움의 정신이 라멕에게 계승되다

모든 정신은 다음 세대에게 계승되기 마련이지만, 긍정적인 정신보다는 부정적인 정신이 훨씬 더 효과적으로 강렬하게 계승된다는 것을 우리는 알고 있다. 일본을 한 번도 경험해보지 못한 우리 자녀들도 일본에 대한 혐오감을 드러낸다. 중국인들에 대해서도 은연중 멸시하고 싶은 적대감을 품기도 한다. 따라서 아담에게서 확정된 의심 체계와 가인에게서 폭발한 불신과 두려움의 정신이 세대에서 세대로 이어지면서 지속적으로 계승되었을 거라고 예측하는 것은 무리가 아니다. 가인의 혈통이 4대째 이를 때까지 주목할 만한 변화는 없었다. 하지만 성경은 6대손 라멕에게 주목한다.

> 에녹이 이랏을 낳고 이랏은 므후야엘을 낳고 므후야엘은 므드사엘을 낳고 므드사엘은 라멕을 낳았더라 라멕이 두 아내를 맞이하였으니 하나의 이름은 아다요 하나의 이름은 씰라였더라 창 4:18-19

성경은 라멕이 두 아내를 맞이했다는 사실을 부각시켜 기록했다. 그것은 가인을 지배한 자기중심성, 자신이 모든 판단과 행동의 중심이 되어야 한다고 여기는 갈망이 급히 증폭된 실마리라고 할 수 있다. 남성 우월적인 힘의 행사, 그에 따라 여자 둘을 거느릴 수 있는 힘을 과시하는 문화가 시작된 것이다. 그 힘은 자신의 배우자를 취하는 단계를 넘어서, 누군가의 배우자가 될 여자까지 지배하려는 힘의 확장이었다(두 아내를 얻었다는 사실을 굳이 강조하여 기록한 이유는 그것이 당대에 특별한 사건이었기 때문일 것이다).

라멕의 두 아내 이름 중 아다는 '장식품', 씰라는 '그늘, 그림자'라는 뜻이다. 그녀들의 이름은 라멕의 군림을 반영한다. 라멕은 한마디로 군림하고 지배하고 자신이 주인인 나라를 세우는 자였다.

그 다음, 라멕의 자식들이 소개된다. 그들은 가축 치는 목축업과 악기로 대표되는 유흥문화와 구리 및 철 기구를 만드는 제조업의 조상이 되었다.

> 아다는 야발을 낳았으니 그는 장막에 거주하며 가축을 치는 자의 조상이 되었고 그의 아우의 이름은 유발이니 그는 수금과 퉁소를 잡는 모든 자의 조상이 되었으며 씰라는 두발가인을 낳았으니 그는 구리와 쇠로 여러 가지 기구를 만드는 자요 두발가인의 누이는 나아마였더라 창 4:20-22

목축업이나 유흥문화나 대장장이의 출현은 사회문화적, 경제적 발전과정에서 자연스럽게 나타나는 현상이다. 동시에 문화는 처음부터 명령이요 선물이었다. 그런 의미에서 라멕의 아들들은 역사적으로 매우 의미 있는 업적을 남긴 자들이라고 할 수 있다.

문제는 조상 가인의 대를 이어 농사를 짓는 자가 없었다는 사실과 더불어, 성경구절의 맥락이 불길하다는 데 있다. 각 영역의 조상이 된 자들의 아버지 라멕의 노래가 그 분위기를 대변하는데, 그는 이렇게 노래했다.

> 라멕이 아내들에게 이르되 아다와 씰라여 내 목소리를 들으라 라
> 멕의 아내들이여 내 말을 들으라 나의 상처로 말미암아 내가 사람
> 을 죽였고 나의 상함으로 말미암아 소년을 죽였도다 창 4:23

그는 아내들에게 자신의 정당 방위적 행동을 노래로 만들어 들려
준다. 하지만 자기정당성을 찬양하는 이 노래는 정당방위가 아니라
대단히 폭력적이고 잔혹한, 과도한 복수였다. '나를 건드리는 자는 죽
음을 각오해야 한다'는 식이다. 그는 자신에게 입히는 작은 상처는 살
인으로 되돌아갈 것이라 노래하며 소년이건 청년이건 대상은 불문이
라 자랑한다. 자신감, 오만함, 잔인한 폭력성이 가득하다. 그는 자기
안에서 포악한 왕이 누리는 권력의 맛을 찬양하고 있다.

동시에 그런 오만한 폭력성으로 만든 자신의 규칙을 자랑스레 떠
벌렸다.

> 가인을 위하여는 벌이 칠 배일진대 라멕을 위하여는 벌이 칠십칠
> 배이리로다 하였더라 창 4:24

그는 하나님께서 가인에게 주신 약속, "가인을 죽이는 자는 벌을
칠 배나 받을 것"이라는 약속을 알고 있었다. 그것은 가인이 사방에
퍼뜨리고 자기 자손들에게 반복적으로 확인시킴으로, 자신을 스스로
보호하려는 보증수표 같은 근거로 사용되었던 게 분명하다. 하지만

하나님을 떠나 스스로를 책임지려는 사람의 역사

라멕은 하나님의 그 약속을 이용하여 자신을 위한 법령을 스스로 만들어 선포했다. 하나님을 능가하는 자신감을 만끽하고 있는 것이다.

두려움과 자기중심적 욕망이
세상을 지배하다

라멕의 이런 영적 분위기가 어찌 그 자녀들에게 고스란히 전해지지 않았겠는가? 라멕의 두 아내에 대한 기록과 그의 잔혹한 노래가 세 자녀들에 대한 기록을 감싸고 있는 것도 그런 영향을 고발하려는 구성이라고 볼 수도 있다. 만일 그렇다면 그 아들들의 목축업과 유흥산업과 제조업이 어떤 방향으로 흘러가게 되었을지는 대략 짐작되고도 남는다.

라멕이 아다를 통해 낳은 아들 야발 이전의 모든 목자들이 양이나 소를 이리저리 몰고 방목하며 떠돌았던 반면, 야발은 장막에 거주하면서 가축을 치는 일에 최초로 성공한 사람이 되었다. 다시 말하면, 그는 노동집약적으로 가축을 양산할 수 있는 체계를 갖추었을 것이고, 자신의 편리성과 소득에 대한 야망을 더욱 극대화할 수 있는 기술을 개발했을 것이다. 그는 타인을 지배할 만큼 많은 재산을 독점하기 위한 기술을 발견한 셈이었다.

야발의 동생 유발은 악기를 만들어 연주하는 자들의 조상이 되었다. 악기보다 중요한 것은 그 악기로 무엇을 연주하느냐이다. 맥락을 보건대, 그 악기로 연주했을 법한 노래는 바로 라멕의 노래였을 가능성이 높다. 그렇다면 상상만으로도 끔찍하지 않은가? 독재자의 지독히 자기중심적인 잔인한 권력을 찬양하는 것이 음악이라면, 음악은 이미 비천하고 시끄러운 소음이 되지 않았겠는가?

라멕의 두 번째 아내 씰라가 낳은 두발가인은 구리와 쇠를 이용해서 여러 기구들을 만드는 자의 조상이 되었지만, 이후 그 기구들이 순식간에 무기로 바뀌고, 그 무기들이 이웃을 지배하고 정복하는 데 사용되었을 거라는 점은 충분히 짐작할 수 있다. 이런 배경을 반영한 것인지는 알 수 없지만, 프로이트는 문화의 본질을 욕망으로 파악했다.

다시 말해, 의심 체계는 점점 발달하는 경제, 사회문화적 활동 속에서 자기중심적 힘의 논리로 확장되어 가고 있었던 것이다. 힘을 가진 자에게는 폭력이 정당화되면서, 심지어 그 부당한 폭력이 힘을 가진 자에 의해 합법적인 법령으로 자리 잡은 것이다. 무전유죄 유전무죄가 시작되는 것이다. 아담 이후 의심 체계가 작동하고, 자기중심적 두려움과 두려움을 이기려는 힘의 논리가 찬양을 받으면서 바로 이런 역사가 만들어졌다. 그리고 라멕의 노래는 이 역사가 매우 합당하다는 식의 오만을 담고 있다.

그런 의미에서 헤롯대왕을 생각할 수 있다. 라멕은 헤롯을 적절하게 반영하는 인물이다. 헤롯은 자신의 권력을 위해 아내와 아들들까지도 기꺼이 죽일 수 있는 자였다. 그런데 바로 그 헤롯의 번득이는 권력 아래서 태어나신 예수님은 라멕의 노래에 대하여 직접적으로 이렇게 대답하셨다.

하나님을 떠나 스스로를 책임지려는 사람의 역사

"일흔 번씩 일곱 번이라도 용서하라."

라멕은 가인에 대한 하나님의 보호하심의 약속을 과도한 폭력과 복수를 위한 상징으로 끌어다 과장했지만, 예수님은 일흔 번씩 일곱 번이라도 용서하라 하심으로 우리를 죽이려는 죄의 창에 대신 찔려 죽음을 감당하셨다. 그런 방식으로 우리를 완전히 용서하는 자가 되셨다.

용서라는 단어에도 깊은 고뇌를 느끼는 우리가 어떻게 타인을 용서할 수 있는가? 용서받을 수 없는 자가 용서받았다는 이해할 수 없는 진실의 수혜자가 자신이라는 사실을 기억할 때, 그리고 하나님의 정의로운 심판이 여전히 펄펄 살아 있다는 사실을 믿을 수 있을 때만 용서할 수 있다. 따라서 용서는 자기 백성을 신원하시는 계시록의 하나님을 향한 확고한 믿음과 함께 우리 생각과 몸으로 들어오는 은혜라고 할 수 있다. 따라서 용서는 하나님 앞을 떠나지 않고, 끝내 하나님 앞에 엎드리는 것이다.

하나님의 용서가
타인을 향한 삶이 되도록

다시 말해야만 한다. 우리의 가정과 교회와 세상이 폭력과 복수로는 결코 새로워질 수 없다. 오직 용서를 통해서만 가능하다. 하지만 우리가 과연 용서할 수 있는가? 용서는 얼마나 두렵고 억울하고 혹독한가? 만일 우리가 진실로 용서할 수 있다면, 그것은 십자가에서 용서하신 예수님의 용서가 진실일 때만 가능하다. 그것이 나를 위한 용서였다는 사실과 더 나아가 가장 정의로우신 하나님의 공정한 재판이 결국에는 이루어지고 말 것이라는 사실이 믿어질 때만 가능하다. 그래서 요한계시록에서 하나님은 계속해서 '자기 백성의 고통을 반드시 갚아주시는 하나님'(계 2:23, 18:6-7, 22:12 참조)으로 자신을 소개하신다.

우리 가정과 세상은 오직 하나님 앞을 떠나지 않고 끝내 엎드리는 자, 곧 하나님의 용서가 타인을 향한 삶이 되도록 자기를 내어주는 자를 통해서만 새롭게 될 수 있다.

성경은 태생적 한계나 운명을 지지하지 않는다. 만일 그렇다면 여리고의 매춘부 라합이나 모압의 청상과부 룻이 예수님의 족보에 이름을 올리는 일은 불가능했을 것이다. 또한 성경은 태생적 특권을 주장하지도 않는다. 하나님이 택하여 출애굽 시킨 이스라엘의 성인 남성들 중 약속의 땅 가나안에 들어간 자는 단 두 명뿐이었다. 비록 태어난 환경을 무시할 수는 없겠지만, 사람의 태생적 한계 때문에 그의 인생이 그렇게 살도록 운명지어졌다고 말할 수는 없다. 최악의 환경이 최선의 선물로 얼굴을 바꿀 수도 있고, 최선의 환경이 최악의 조건으로 작동할 수도 있기 때문이다.

좀 더 정확하게 말하면, 그가 최악의 환경에서 최악의 인생을 살았다면 그것은 최악의 환경 때문이 아니라 최악의 환경에 숨겨져 있는 선물을 제대로 해석해내지 못했기 때문이다. 반대로, 그가 최선의 환경에서 최선의 삶을 살았다면, 최선의 환경이 오히려 최악의 조건이 될 수 있는 함정에 빠지지 않았기 때문이다. 따라서 성경에서 말하는 믿음의 족보와 불신의 족보는 태생적 전제를 넘어선다. 그 조상에게 태어났기 때문에 그렇게 살 수밖에 없었다는 말은 성립하지 않는다. 결국 진짜 족보는 육체의 아버지가 아니라, 하늘에 계신 아버지와 맺어지는 관계로 형성되는 족보인 게 분명하다.

14

사람을
사람으로

하 나 님 의 이 름 을 불 러 예 배 할 때

비 로 소 사 람 이 된 다

가인에서 라멕까지의 족보에 이어, 아벨에서 또 다른 라멕까지 이어지는 족보가 등장한다. 가인-라멕 족보의 본질은 하나님 앞을 떠나 스스로 자신을 책임지려는 역사였다. 하나님을 신뢰하지 못하면 하나님이 지으신 세상도 신뢰하지 못한다. 때문에 자신이 쌓은 성 밖에 있는 모든 '타인'들을 의심과 두려움으로 상대한다. 결과는 언제나 파괴적이다. 경제와 문화가 발달할수록 파괴성도 강해진다.

하지만 가인 라인에서 출생했다고 해서 자동적으로 그 길을 가야만 하는 것은 아니다. 다만, 의심과 두려움의 길을 간 자들을 대표해서 라멕이 다루어졌을 뿐이다.

따라서 아벨-셋-또 다른 라멕으로 이어지는 족보에 등장하는 모든 인물들도 그 혈통적 속성 때문에 자동으로 하나님을 신뢰하는 삶을 산 것은 아니었다. 각자가 하나님과 어떤 관계에 있었는가 하는 것이 그가 약속의 족보 안에 속했느냐를 보여주는 유일한 증거였다. 물론, 하나님의 약속이 그를 지속적으로 이끌어갈 것은 분명한 사실이다.

성경은 족보 안에서 몇 사람을 특별하게 소개하는데, 그 첫 인물이 셋이다.

> 아담이 다시 자기 아내와 동침하매 그가 아들을 낳아 그의 이름을 셋이라 하였으니 이는 하나님이 내게 가인이 죽인 아벨 대신에 다른 씨를 주셨다 함이며 창 4:25

'보충, 보상'이라는 뜻을 가진 셋의 이름에는 죽은 아벨 대신 주어진 아들이라는 의미가 담겼다. 성경대로라면, 아벨의 죽음은 유사 이래 죽음에 관한 최초의 경험이었다. 아담과 하와에게 아벨의 죽음은 너무나 낯설고 감당하기 어려운 고통이었을 것이다. 아마도 아벨은 그들이 에덴에서 쫓겨난 후에도 하나님께서 여전히 그들의 마음을 받으신다는 명확한 징표였을 것이다. 하나님이 아벨과 그 제물을 기꺼이 받으신 사건이 그 증거다. 그런데 그 아들이, 하나님께서 받지 못할 제사를 드린 다른 아들에 의해 살해당했다. 다시 한 번 하늘의 빛장이 닫히는 느낌이었을지도 모른다. 따라서 아담과 하와는 다른 아들이 태어나자, 기다렸다는 듯이 아벨 대신 얻은 자라는 뜻으로 셋이라 이름을 지었다.

셋은 성장 과정에서 아마도 가인과 아벨 이야기를 들었을 것이다. 아담과 하와 입장에서 셋을 아벨 대신 태어난 아들로 생각했다면 이미 가인도 없는 마당에 이야기해주지 않을 이유는 없었을 것이다. 그 증거가 셋이 자기 아들 이름을 '에노스'라 불렀고, 그때에 비로소 사람들이 여호와의 이름을 불렀다는 기록이다.

> 셋도 아들을 낳고 그의 이름을 에노스라 하였으며 그때에 사람들
> 이 비로소 여호와의 이름을 불렀더라 창 4:26

에노스는 '사람'이라는 뜻이다. 아담과 에노스 둘 다 사람을 뜻하지만, 에노스는 주로 병들거나 마침내 죽게 되는 사람의 연약함이 강조될 때 쓰였다.

셋이 에노스를 낳기 전까지 사람들은 여호와 하나님의 이름을 부르지 않았다. 아마도 아담과 하와를 에덴에서 쫓아내시고 불 칼로 지키신 하나님에 대한 두려움 때문에 차마 하나님의 이름을 부를 수 없었을 것이다. 하지만 사람들은 이제 다시 하나님의 이름을 불러 예배를 회복하기 시작했다. 에노스를 낳아 그 이름을 '사람'이라 부르기로 결정한 것을 통해 사람들은 비로소 자기들이 누군지를 다시 확인하기

사람을 사람으로

시작했다. 다시 말해, 자기들이 누군지를 알 때 비로소 하나님을 찾게 된다는 사실과, 자신들이 하나님의 이름을 불러 예배할 때 비로소 사람일 수 있음을 자각했던 것이다.

우리는 자기가 진실로 사람임을 자각할 때 예배자가 된다. 반면, 자기가 특별한 사람이라고 생각하면, 은연중에 예배 받으시는 하나님을 즐거워하기보다 자신의 예배 행위를 즐거워한다. 더 나아가 자신에게 더 많은 의미를 부여하면, 서서히 하나님을 예배하는 행위를 통해서 오히려 자신의 존재감을 숭배하기 시작한다. 나 같은 목사는 설교를 통해 하나님을 드러내기보다 하나님을 드러내는 방식으로 자기 존재감을 드러내는 것을 기뻐하게 된다. 그런 함정에 빠지면, 자기 존재감이 인정되지 않는 것을 못 견디고 대신 인정받는 자리를 갈망하게 된다. 한마디로 망하는 거다. 따라서 내가 사람일 뿐임을 결코 잊지 않도록 날마다 엎드려야 한다.

보잘것없고도
대단한 존재인 사람

물론, 사람을 사람으로 인식하는 것에는 다른 의미도 있다. 셋이 아들 이름을 에노스, 즉 사람이라 불렀을 때 거기에는 틀림없이 사람에 대한 경외감이 담겨 있었다.

이것은 아담의 계보를 적은 책이니라 하나님이 사람을 창조하실 때에 하나님의 모양대로 지으시되 남자와 여자를 창조하셨고 그들이 창조되던 날에 하나님이 그들에게 복을 주시고 그들의 이름을 사람이라 일컬으셨더라 창 5:1-2

하나님은 자기의 형상을 지으셨고, 그를 '사람'이라 부르셨다. 본래 사람을 사람이라 부르신 분은 하나님이셨고, 그렇게 부르실 때 거기에는 기본적으로 그가 하나님의 형상이라는 전제가 있었다. 따라서 셋이 아들의 이름을 사람이라 불렀다는 것은 자신이 사람임을 상기하면서 하나님께서 최초에 정해놓으신 질서, 곧 창조주와 피조물, 하나님과 하나님의 형상의 관계를 다시 설정하려는 열망을 표현했던 것이다. 그 관계의 회복만이 "하나님이 그들에게 복을 주시고 그들의 이름을 사람이라 일컬으셨더라"라는 말씀에 담긴 축복의 약속을 회복하는 유일한 길임을 자각했던 것이다.

따라서 우리는 사람을 사람으로 인식하는 것을 통해서만 본래의 복된 자리로 돌아갈 수 있다. 교만을 떠는 자신이 실은 한없이 연약한 사람일 뿐임을, 절망하며 무기력해 보이는 자신이 실은 한없이 위대한 하나님의 형상으로 지음 받은 사람임을, 내가 대수롭지 않게 낮춰보는 그가 실은 존귀한 하나님의 형상인 사람임을, 나를 주눅 들게 하면서 대단해 보이는 그가 실은 보잘것없는 사람일 뿐임을 자각할 때, 우리는 하나님이 처음부터 준비하셨던 자유롭고 부요하고 아름다운 자리에 이르게 되는 것이다. 사람은 오직 하나님 앞에서만 '보잘것없고도 대단한 존재인 바로 그 사람'이 된다.

"사람이 먼저다"라고 말한 분이 있는데, 그렇게 말한 이유는 사람이 먼저가 아닌 세상을 봤기 때문이다. 사람이 먼저가 아닌 이유는 자신이 사람이 아닌 줄 아는 자들과 사람을 사람으로 보지 않는 자들이 너무 많기 때문이다. 사람을 사람으로 보는 것은 늘 소중하다.

사람을 사람으로 본다는 것은 우리 삶 전반에 걸쳐 대단히 중대한 주제다. 따라서 사람이 사람을 낳는 출산은 단지 생식과 번식의 과정이 아니다. 그것은 하나님이 맡기신 이 땅을 책임지기에 가장 합당한 일이고 하나님의 형상들로 세상을 채워가는 성실한 과정이다. 그것은 하나님의 창조활동의 연장인 동시에 우리에게 주어진 영광스러운 창조행위다. 그래서 셋 계열의 족보는 이런 식으로 기록된다.

> 아담은 백삼십 세에 자기의 모양 곧 자기의 형상과 같은 아들을 낳아 이름을 셋이라 하였고 창 5:3

성경은 아담이 셋을 낳은 사건을 '하나님의 형상인 아담 형상의 계승'이라 함으로써 출산이 하나님 형상의 지속적인 계승이라는 점을 구체적으로 밝힌다. 그 계승은 끊어지지 않는다.

> 아담은 셋을 낳은 후 팔백 년을 지내며 자녀들을 낳았으며 그는 구백삼십 세를 살고 죽었더라 셋은 백오 세에 에노스를 낳았고 에노

스를 낳은 후 팔백칠 년을 지내며 자녀들을 낳았으며 그는 구백십이 세를 살고 죽었더라 에노스는 구십 세에 게난을 낳았고 게난을 낳은 후 팔백십오 년을 지내며 자녀들을 낳았으며 그는 구백오 세를 살고 죽었더라 게난은 칠십 세에 마할랄렐을 낳았고 마할랄렐을 낳은 후 팔백사십 년을 지내며 자녀들을 낳았으며 그는 구백십 세를 살고 죽었더라 마할랄렐은 육십오 세에 야렛을 낳았고 야렛을 낳은 후 팔백삼십 년을 지내며 자녀를 낳았으며 그는 팔백구십오 세를 살고 죽었더라 야렛은 백육십이 세에 에녹을 낳았고 에녹을 낳은 후 팔백 년을 지내며 자녀들을 낳았으며 그는 구백육십이 세를 살고 죽었더라 **창 5:4-20**

이 족보는 긴 기다림이다. 사람을 사람으로 보게 하시기 위해 하나님이 사람이 되어 오시는 그 날을 기다리는 기다림이다. 사람이 되신 하나님, 곧 예수님은 우리로 하여금 사람을 사람으로 보게 하실 것이다.

마태복음 7장 1-6절에서는 비판받지 않으려거든 비판하지 말라 하신다. 내가 비판하면 비판하는 나도 누군가로부터 비판받는다는 의미가 아니다. 내가 비판하는 그 비판의 대상에 실은 나도 포함되어 있기 때문에, 비판하는 순간 나 자신을 비판하게 되는 것이고, 동시에 비판할 주제가 못되는 사람이 비판한다는 사악함을 더하게 된다는 말씀이다. 그래서 비판하는 순간 나는 거룩한 것을 가진 개, 진주를 가

사람을 사람으로

진 돼지가 된다. 살리고 일으키라고 주신 진리로 죽이고 무너뜨리고 있기 때문이다(물론, 우리는 동시에 공의로 비판하고 분별하라는 예수님의 말씀을 듣는다. 따라서 이 말씀은 일체의 비판 행위를 금하라는 말씀이 아니라 자신의 옳음을 입증하기 위한 비판의 모순에 빠지지 말라는 말씀으로 이해할 수 있다).

하지만 나를 위해 사람으로 오신 예수님을 보면, 내가 얼마나 비참한 사람인지, 동시에 내가 얼마나 엄청난 은혜를 받은 사람인지, 곧 내가 '얼마나 보잘것없고도 대단한 존재인 바로 그 사람'인지를 알게 되어 비판하는 자가 아니라 기도하는 자가 된다. 기도를 통해 사람을 사람으로 보는 힘이 더해지고, 그 힘이 더해질수록 사랑과 긍휼이 우리를 다스리게 된다. 그 사랑과 긍휼이 나와 너를 살게 하는 힘이다. 그 하나님의 은혜를 기다리는 자들이 바로 에녹에서 노아로 이어진다.

> 에녹은 육십오 세에 므두셀라를 낳았고 므두셀라를 낳은 후 삼백 년을 하나님과 동행하며 자녀들을 낳았으며 그는 삼백육십오 세를 살았더라 에녹이 하나님과 동행하더니 하나님이 그를 데려가시므로 세상에 있지 아니하였더라 므두셀라는 백팔십칠 세에 라멕을 낳았고 라멕을 낳은 후 칠백팔십이 년을 지내며 자녀를 낳았으며 그는 구백육십구 세를 살고 죽었더라 라멕은 백팔십이 세에 아들을 낳고 창 5:21-28

하 나 님 의 심 판 ,

그 후 의 위 로 와 안 식

신약의 성도들은 에녹을 '선지자'로 알고 있었다.

> 아담의 칠대 손 에녹이 이 사람들에 대하여도 예언하여 이르되 보
> 라 주께서 그 수만의 거룩한 자와 함께 임하셨나니 이는 뭇 사람
> 을 심판하사 모든 경건하지 않은 자가 경건하지 않게 행한 모든 경
> 건하지 않은 일과 또 경건하지 않은 죄인들이 주를 거슬러 한 모
> 든 완악한 말로 말미암아 그들을 정죄하려 하심이라 하였느니라
>
> 유 1:14-15

이 말씀은 초대교회에 이단 사설을 들여와 교회를 혼란스럽게 하
는 거짓교사들을 비판하는 맥락에서 기록된 말씀이었다. 따라서 초대
교회 성도들은, 노아가 태어나기 전에도 초대교회 때와 마찬가지로,
하나님을 거스르고 모독하고 왜곡된 말로 세상을 어지럽히는 자들이
있었고 그들을 경고하던 자가 바로 에녹이었다고 이해했던 것이다.
에녹이 하나님과 동행했다는 것은 바로 그런 의미였을 것이다.

영적인 어둠으로 가득했던 자기 시대를 경고하던 에녹은 아들의
이름을 므두셀라라고 지었다. 그 이름은 'the man of dart', 즉 뾰족한
화살이나 창을 던지는 자라는 의미다. 에녹은 아들의 이름을 통해 음
란한 세상에 임할 하나님의 심판을 경고했던 셈인데, 놀랍게도 연대

사람을 사람으로

를 계산해보면, 거의 정확하게 므두셀라가 죽는 그 해에 노아 홍수가 시작되었다.

이후 므두셀라는 라멕을 낳았고 그 라멕이 또 아들을 낳은 후 이름을 '노아'라 했다. '위로, 안식'이라는 뜻이다. 라멕은 아들의 이름을 통해 진정한 위로와 안식이 필요한 세상을 진단하고, 그 세상에 희망을 제시하려고 했던 것이다.

> 이름을 노아라 하여 이르되 여호와께서 땅을 저주하시므로 수고
> 롭게 일하는 우리를 이 아들이 안위하리라 하였더라 창 5:29

라멕은 현재 거세어진 자연과 맞붙어 온힘을 쥐어짜가면서 노동을 해야 하는 고된 삶의 원인이 바로 아담의 범죄와 땅이 받은 저주 때문인 것을 알고 있었다. 곧 현재의 고통은 죄가 만들었고, 그 죄가 갈수록 광대해지고 있음을 보았던 것이다. 따라서 그는 자기 아들 시대에는 본질적인 문제가 해결되어 하나님에게서 진정한 위로와 안식이 주어지기를 열망하는 의미에서 아들의 이름을 지었을 가능성이 있다. 하지만 아들 노아의 이름을 통해 표현된 '위로와 안식'에 대한 기대가 '창 던지는 자'라는 아버지 므두셀라의 이름과 어떤 방식으로 연결될 것인지에 대해서는 알 수 없었을 것이다.

결국, 하나님께서 세상의 죄악 위에 던지신 창은 40일 동안 쉼 없이 쏟아져 내리는 비와 온 세상을 산꼭대기까지 덮은 홍수였고, 하나

님께서 주시려는 위로는 하나님이 창조주요 통치자이심을 진실로 고백하는 진정한 예배 공동체(노아 가족)의 탄생이었다. 결국 에녹이 아들 므두셀라의 이름을 통해서 하나님의 심판이 불가피한 인간의 죄를 말했다면, 라멕은 아들 노아의 이름을 통해서 하나님의 위로가 필요한 인간의 실낱같은 소망을 말한 셈이었다. 단, 그 심판과 위로가 홍수를 통해 겹쳐진 채로 찾아오게 되었다. 심판은 사람이면서도 사람이 아니고자 하는 사람들의 자기중심적 욕망 위로 떨어졌고, 위로와 안식은 사람을 사람으로 생각하는 사람들, 곧 노아 가족의 예배 공동체를 통해 새롭게 시작될 것이었다.

사람을 사람으로 인식하는 것이 변화의 시작이다

심판이 위로가 되는 시간이 임하기까지는 오랜 기다림이 불가피하다. 그것은 "뭐가 복잡해요. 그냥 나쁜 놈들 싹 쓸어버리면 되지"라고 말하는 사람들 자신이 바로 그들이기 때문이다. 우리는 오랜 기다림 속에서만 비로소 사람을 사람으로 볼 수 있는 힘을 얻게 된다. 그 증거로 노아는 자식이 없는 채로 500년 가까운 세월을 기다려야 했다.

> 라멕은 노아를 낳은 후 오백구십오 년을 지내며 자녀들을 낳았으며 그는 칠백칠십칠 세를 살고 죽었더라 노아는 오백 세 된 후에 셈과 함과 야벳을 낳았더라 창 5:30-32

사람을 사람으로

뜸이 들어야 맛있는 밥이 되듯, 오랜 기다림을 통해서만 우리는 무언가 더 깊고 중요한 진실을 알게 된다. 기다림은 우리가 먼저 자신에 대하여 묻게 만든다. '나는 누구인가, 사람은 무엇인가?' 그 질문은 자연스럽게 부정적이건 긍정적이건 신이 누군지에 대한 물음으로 이어진다. 그리고 자신과 세상의 처절한 허무함에 직면하든지, 아니면 완전히 무능한 자신과 전능하신 하나님이 교차하는 지점에 다다르든지 둘 중 하나에 이르게 된다.

노아는 그 과정을 거쳐야 했다. 그 과정을 거쳐서 현실을 보는 자신의 눈을 내려놓고 현실이 뭐라 하든 하나님의 말씀을 좇는 것만이 사는 길이라는 사실을 깊이 인식하게 되었을 것이다. 그래서 오직 말씀에 의지해서, 너무나 비현실적으로 산꼭대기에 거대한 배를 짓는 정신 나간 짓을 감행했고, 그 일에 대한 모든 사람들의 비방과 욕설을 견딜 수 있었다. 오래 잘 기다리는 자에게 형성되는 '오직 하나님만 바라보는 힘'이 있었기 때문이다.

결국 이 길고 긴 기다림은 사람의 죄를 향한 하나님의 결정적인 심판과, 사람의 생명을 향한 하나님의 결정적인 구원이 겹쳐지는 자리, 곧 예수 그리스도의 십자가를 통해 죄의 심판과 우리의 구원이 완성되는 자리를 향한 목마른 기다림이었다. 죄악을 향해 쏟아진 창은 예수님의 허리를 찔렀고, 대신 예수님의 허리에서 흐른 물과 피는 우리의 위로와 안식이 되었다. 거기에서 하나님 앞에 머물러 사람을 사람으로 인식하는 예배자들이 새롭게 창조되고, 그 진정한 예배자들을 통해 가정과 세상이 변하기 시작할 것이다.

예수님은 마태복음 5장 34-44절 말씀에서 "도무지 맹세하지 말라"고 하셨다. 이것은 내가 맹세할 수 없는 자, 곧 '사람일 뿐임'을 잊지 말라는 말씀이었다. 또 "복수하지 말고 구하는 자에게 거절하지 말라"고 하셨다. 이것은 하나님이 친히 갚으시는 하나님이심을 결코 잊지 말라는 말씀이었다. 그리고 "원수를 사랑하고 박해자를 위해 기도하라"고 하셨다. 이것은 이웃과 원수, 내 편과 네 편을 구분하지 말고 모두를 '사람'으로 보라는 말씀이었다.

예수님 앞에서 예수님과 함께, 더 나아가 나는 죽고 예수로 사는 삶을 통해서 자신과 가족과 이웃 안에서 사람을 사람으로 보는 힘을 얻고, 우리를 바꾸시는 주님과 함께함으로 우리 자신과 가정과 세상이 바뀌는 은혜가 임하면 좋겠다.

15

사람을 사람답게 만드는
경계선

하나님의 아들들과
사람의 딸들

우리 전 세대까지만 해도, 아주 빨리 시집을 가서 자식을 낳으면, 20년쯤 후에는 엄마와 큰딸이, 또 시어머니와 며느리가 같이 출산하는 경우가 종종 있었다. 말씀에 기록되었듯이, 인류 최초 역사에서 출산은 최소 60대 중반에 시작해서 700년 이상 이어지는 과정이었다. 따라서 단지 숫자상으로만 상상해 대략 70년을 한 세대로 계산할 때, 출산 당사자가 70세에 처음 아이를 낳기 시작했다면, 850세쯤 될 때는 12대 조상부터 현세대까지 모든 세대 사람들이 동시대에 같이 자녀를 낳고 있었을 것이다. 이것은 번식의 속도를 강조하는 게 아니라,

하나님이 주신 세상을 다스리기에 가장 합당한 하나님 형상들이 매우 빠른 속도로 온 땅을 채워가고 있었다는 증거다.

> 백성이 많은 것은 왕의 영광이요 백성이 적은 것은 주권자의 패망
> 이니라 잠 14:28

그래서 계산하는 것을 즐기는 어떤 꼼꼼한 학자들은 노아 홍수사건 직전 시대의 인구수가 현시대의 인구수와 비슷했을 거라고 예측하기도 한다.

내가 초등학교 4학년 부반장에 뽑혔을 때, 선생님은 임원들에게 화분 하나씩 사오라고 명하셨다. 나는 그 지시를 받고, 가장 빠른 속도로 그야말로 아무 것도 없는 빈 화분만 달랑 사가지고 갔다가 큰 부끄러움을 겪었다. 시골에서 전학 온 지 한 학기가 지났을 뿐인 나에게 화분은 그냥 아무 것도 없는 '토분' 그 자체였을 뿐이다. 결국 나의 토분은 쓸모없이 버려졌고 나는 '일단 물어야 한다'는 진실을 알게 되었다. 무엇을 했느냐보다 중요한 것은 제대로 했느냐다. 한때 유행했던 책 제목처럼 '속도가 아니라 방향'이다.

마찬가지로 온 세상을 하나님의 형상들이 얼마나 빨리 채웠느냐보다 비교할 수 없이 중요한 것은 그들이 과연 어떤 방향으로 온 땅을 채워가고 있었느냐 하는 것이다. 하지만 안타깝게도 성경은 이렇게 기록한다.

사람을 사람답게 만드는 경계선

> 사람이 땅 위에 번성하기 시작할 때에 그들에게서 딸들이 나니 하나님의 아들들이 사람의 딸들의 아름다움을 보고 자기들이 좋아하는 모든 여자를 아내로 삼는지라 창 6:1-2

사람이 급속도록 번성하는 초창기부터 이미 문제가 불거지기 시작해서 상당히 심각하게 방향이 틀어져버렸다는 말씀이다.

사람에게서 딸들이 났다. 그 딸들은 너무나 아름다워서 하나님의 아들들을 완전히 매료시켰다. 결국, 하나님의 아들들 사이에서는 사람의 딸들을 자기 아내로 삼는 일이 유행했다.

여기서 사람의 딸들은 누군가? 또 하나님의 아들들은 누군가? 단순히 여자는 사람의 자녀고 남자는 하나님의 자녀라는 말은 아닐 것이다. 사람의 딸들과 하나님의 아들들이 누구를 가리키는지 정확하게 이해하는 것은 불가능해 보인다. 다만, 그것이 어떤 비유적인 표현일 것이라고 짐작할 뿐이다. 분명한 것은 그것이 하나님께서 심각한 문제로 여기실 일이었다는 사실이다. 아들들이 딸들의 아름다움에 매료되는 것은 매우 자연스런 현상이지만, 하나님의 아들들이 사람의 딸들에게 매료되어 섞이는 것은 매우 바람직하지 않은 현상이었다는 말씀이다.

하나님의 아들들과 사람의 딸들의 결혼을 각각 신적 존재와 신적 존재가 아닌 사람 사이의 결합으로 보는 학자들이 적지 않다. 이유는 본문이 그런 뉘앙스를 풍기기 때문이다. 따라서 이들은 성경이 반인

반신의 존재를 말하는 고대 신화적 상징을 끌어와서 하나님의 백성이 어떻게 또다시 하나님의 경계선을 허물어 스스로 신적 경지에 올라가려고 몸부림했던가를 말하려는 것이라고 설명한다.

하나님의 아들들로 표현되었지만, 하나님의 질서를 떠난 신적 존재들이 사람으로 상징되는 사람의 딸들을 미혹할 때, 그것을 사람의 딸들이 자신의 인간적 한계를 넘어설 기회로 적극 수용한 것이 문제였다는 것이다. 따라서 이것은 마치 선악과를 먹게 하려는 사탄의 유혹을 아담과 하와가 적극 수용한 것에 비교할 수 있다는 주장이다. 그러면서 다음 성경말씀을 그 근거로 든다.

> 하나님이 범죄한 천사들을 용서하지 아니하시고 지옥에 던져 어두운 구덩이에 두어 심판 때까지 지키게 하셨으며 옛 세상을 용서하지 아니하시고 오직 의를 전파하는 노아와 그 일곱 식구를 보존하시고 경건하지 아니한 자들의 세상에 홍수를 내리셨으며
>
> 벧후 2:4-5

홍수의 원인이 범죄한 천사들과 연관이 있다는 말씀이다. 물론 반인반신적 존재라는 상상은 성경 전체의 흐름과 우리의 정서 모두에 비추어볼 때 어색하다. 성경을 '고대 신화집' 수준으로 격하시키는 느낌을 준다. 더구나 예수님은 하늘의 천사들은 시집도 장가도 가지 않는다고 말씀하시지 않았는가?

사람을 사람답게 만드는 경계선

사람이 죽은 자 가운데서 살아날 때에는 장가도 아니 가고 시집도
아니 가고 하늘에 있는 천사들과 같으니라 막 12:25

따라서 많은 보수적인 학자들은 하나님의 아들들을 믿음의 자손
으로, 사람의 딸들을 불신의 자손으로 구분해서 훨씬 더 안전한 길을
선택한다. 믿음의 자손들이 불신의 자손들과 뒤섞였다는 것이다. 좀
더 구체적으로 말한다면, 스스로 하나님의 아들이라 자처하는 믿음의
자손들이 구별된 자라는 자기 존재감에 도취되어 자만해지면서 '자기
중심적인 자신감'을 가지고 불신의 자손들과 과감하게 결혼함으로써
파괴적인 결과를 자처했다는 것이다.

어느 권사님의 아들과 며느리 이야기가 생각난다. 권사님은 아들
네와 잘 지내다가 결정적으로 가치관의 차이로 서로 왕래하지 않고
오히려 아들을 세속적 가치의 질서에 내어주고 말았다. 주변에서 흔
히 듣는 이야기지만, 당사자들에게는 감당하기 힘든 일이기도 하다.
결혼 못하고 있던 자녀에게 배우자감이 생겼는데, 신앙이 다른 것 외
에는 다른 모든 조건이 매우 적합할 때, 어떻게 해야 할 것인가? 그렇
게 결혼해서 성공하는 경우도 더러 있지만 크게 낭패당하는 경우도
많다. 그럼 어떻게 해야 하는가?

일단 어디에서 시작하느냐가 중요하다. 나는 지금 하나님의 은혜
에 의지하고 있는가, 아니면 나의 영적 자신감에 은근히 기대고 있는
가?

하나님의 질서를 떠나
인간의 질서대로 살아가려는 시도

세상에 속하여 세상과 다른 방식으로 존재한다는 것은 쉽지 않은 일이다. 우린 그 길을 걸을 수 없다. 다만, 예수님께 물으면서 한 걸음씩 내디딜 뿐이다. 어쨌든 우리는 자신에게 이렇게, 단호하고 과감하게 말해야 할 것 같다.

"하나님의 사람들에게 가장 비천하고 초라한 일은 하나님이 흘려보내신 사랑이 아니라 이해관계에 따라 정략적으로 결혼하는 것이다."

그것은 욕망을 자기 왕으로 삼는 것이고, 자신의 노력과 힘으로 현실을 극복해갈 수 있다는 오만을 숭배하는 모순이다.

사람은 하나님의 사랑과 은혜를 충분히 반영하는 여정 속에서 결혼해야지 돈, 권력, 공명심, 인정받으려는 욕구와 결혼하면 안 된다. 그것은 하나님만이 주실 수 있는 평화와 안정과 기쁨을 하나님이 아닌 것을 통해서 얻으려는 일종의 우상숭배다. 그 우상들에게는 궁극적이고 영속적인 본질이 없기 때문에 그것들은 결국 우리를 허무함과 파탄의 자리로 끌고 갈 것이다.

그런 면에서, 이 본문이 말하고자 하는 바는 매우 분명하다. 그것은 사람이 하나님의 질서를 떠나 자신의 욕망과 주장을 자신의 질서와 기준으로 삼아 살아가려고 하는 또 다른 선악과적 도발이라는 점이다. 다시 말해, 하나님의 거룩한 질서보다 자신의 욕망에 따른 질서가 더 나은 선택이라고 생각함으로써 스스로 하나님과 같아지려는,

사람을 사람답게 만드는 경계선

혹은 하나님보다 더 유능해지려는 시도라는 것이다.

그래서 "보고 자기들이 좋아하는 모든 여자를"(창 6:2) 선택했다는 말은 하와가 선악과를 '보고 자기가 좋다고 판단한 대로 먹은 것'에 정확하게 비교되고 있다. 그것을 성경은 이렇게 기록한다.

당시에 땅에는 네피림이 있었고 그 후에도 하나님의 아들들이 사람의 딸들에게로 들어와 자식을 낳았으니 그들은 용사라 고대에 명성이 있는 사람들이었더라 창 6:4

히브리어 네피림은 '넘어진 자, 타락한 자'라는 뜻이다. 이들은 하나님의 질서 안에 있기를 거부하고 스스로 넘어져 자기 길을 갔다. 영혼을 키우기보다 몸을 키우고 힘을 확장하여 거의 신적 권세에 가까운 힘으로 다른 이들을 압도하는 용사가 되려 한 것이다. 하지만 놀라운 것은 역사적으로 이런 용사들이 세상을 정복한 적이 단 한 번도 없다는 사실이다. 이들은 단지 특이한 변종이었을 뿐이고, 그들이 스스로 자기 권세를 강화시킬수록 자멸의 길을 걸을 수밖에 없었다. 어떤 사람은 이 네피림을 히틀러나 이단 교주 같은 존재, 혹은 천박한 상업 자본주의라고 생각한다.

사람은 하나님의 형상으로 지음 받은 피조물이라는 경계선 안에 존재해야 했다. 그는 하나님의 형상이지만 동시에 피조물이다. 그것이 사람의 경계선이고, 그 경계선은 사람을 사람답게, 가장 자유롭고 풍성하게 만드는 본질이다. 하지만 지금 문맥은 하나님의 아들들이라 불리는 자들이 각각 종류대로 번성하라는 명령을 어기고, 스스로 하나님의 자리에 앉으려는 욕망으로 파멸적 존재가 되어갔다는 것이다. 다시 말하면, 에덴을 지키는 불 칼을 피해 에덴으로 들어가 생명나무 열매도 따먹고 영생하려는 욕망을 그런 방식으로 성취하려고 했다는 것이다. 그런 의미에서 그들의 날은 120년으로 제한 당하게 된다.

> 여호와께서 이르시되 나의 영이 영원히 사람과 함께하지 아니하리니 이는 그들이 육신이 됨이라 그러나 그들의 날은 백이십 년이 되리라 하시니라 창 6:3

앞에서 아벨 계열의 족보를 이야기하면서, 죄로 무너진 세상이라 하더라도 이미 이 땅에는 사람이 하나님의 질서에 따라 살 수 있는 여지가 충분하다는 것을 살펴보았다. 사람들이 두려움, 불안, 의심에 빠지고 권력과 부와 인정받으려는 욕구에 서슴없이 굴복할지라도, 하나님의 사람들은 굳건한 믿음과 바른 정신과 뚜렷한 목적과 긍휼이 가득한 사람으로 남을 수 있고, 그렇게 살아갈 수 있다. 우리가 그렇게 하도록 도우시는 하나님과 그리스도 구속의 능력을 믿기 때문이다. 그분이 앞서가신 부활의 능력을 확실히 믿기 때문이다.

정민영 선교사가 언급하는 것처럼, 그토록 큰 고통과 불안과 모순어린 환경에서도 세상이 오히려 그들을 향해 어떻게 그렇게 평온한

사람을 사람답게 만드는 경계선

마음으로 살 수 있는지 물을 정도로 평화로운 삶을 사는 사람들이 반드시 존재한다. 그들이 곧 하나님의 사람들이다. 세상은 바로 그런 질문을 불러일으키는 자들을 찾고 있으며 그들을 통해 새로운 질서로 재편되기 시작할 것이다. 그것이 곧 세상 변화의 출발점이다. 하나님은 그 일을 위해 우리를 부르셨다.

하지만 안타깝게도 사람은 자기 욕망을 따르는 질서를 만들고 그 질서를 따름으로써 스스로 무너지는 함정에 빠진다. 그때마다 하나님은 심각하게 상처를 받은 것처럼 힘들어 하신다. 그만큼 하나님은 우리를 충분히 용서하셨기 때문일 것이다.

하나님은 이제 자신의 영이 영원히 사람과 함께하지 않을 것이라 하셨다. 하나님은 이미 사람을 지으시고 코에 생기를 불어넣어 사람이 하나님의 영을 따라 하나님과 동행하는 존재가 되게 하셨다. 그것이 사람을 피조물 이상의 존재로 만드는 것은 아니었지만, 하나님이 주신 자유의지로 인해 사람은 자신이 피조물 이상의 존재인 듯 착각했다. 우리는 가끔 극한의 훈련을 통해 입이 쩍 벌어지게 만드는 서커스나 춤을 볼 때, 또 고도로 발달한 과학기술의 결과물들을 볼 때 사람의 능력이 무한하다고 느끼곤 한다. 그것은 하나님이 주신 대단히 특별한 능력이다.

하지만 사람은 자신에게 주어진 능력이 본래 자기 소유인 양 착각한 탓에 번번이 무너지면서도 사람 이상의 존재가 되려는 시도를 끝없이 도발해왔다. 그러나 그런 시도는 항상 하나님의 영이 주시는 소원이 아니라 육체가 내뿜는 욕망이었다. 따라서 사람 이상의 존재가 되려는 시도들을 반복하면 할수록 더더욱 욕망에 사로잡힌 보잘것없는 죄 덩어리, 곧 육체가 될 수밖에 없다.

하나님은 그들의 허무함을 보시고 깊은 안타까움으로 한탄하셨다. 그리고 인류를 위한 옳은 선택이 무엇인지, 무엇이 가장 합당할지 생각하셨다. 마침내 그들을 거대한 심판의 물세례 아래로 밀어넣으시기로 마음을 정하셨다.

> 여호와께서 사람의 죄악이 세상에 가득함과 그의 마음으로 생각하는 모든 계획이 항상 악할 뿐임을 보시고 땅 위에 사람 지으셨음을 한탄하사 마음에 근심하시고 이르시되 내가 창조한 사람을 내가 지면에서 쓸어버리되 사람으로부터 가축과 기는 것과 공중의 새까지 그리하리니 이는 내가 그것들을 지었음을 한탄함이니라 하시니라 **창 6:5-7**

자 기 예 배 자 가
하 나 님 예 배 자 를 몰 아 내 는 세 상

"내가 창조한 사람을 내가 지면에서 쓸어버리되"라는 말씀에서 우리는 하나님의 분노를 느낄 수 있다. 하지만 과연 그렇게 느끼는 게 맞는 걸까? 자신의 형상을 실어 창조하신 사람을 보고 심히 좋아하셨던 하나님이, 그들이 끝없이 배신하고 돌아서는 상황에서도 그들을

사람을 사람답게 만드는 경계선

구원하기 위해 자기 아들의 목숨을 내어주시는 하나님이 과연 분노를 못이기는 떨림으로 사람들을 지면에서 쓸어버리실 수 있었겠는가? 더구나 "내가 창조한 사람을 내가 지면에서 쓸어버리겠다"는 말씀은 우리같이 초라한 인간에게도 자존심 상하는 말일 텐데, 하물며 완전하고 거룩하신 하나님이 쉽게 하실 수 있는 말씀이었겠는가? 거기에 어떤 참혹한 고통이나 극단적 갈등이 있었을지 우리는 상상할 수 없다. 다만, 우리 믿음의 수준에서는 그 길만이 최선이었을 거라고 짐작할 뿐이다. 하나님은 그들을 잘 다듬고 새롭게 변화시켜서 다시 시작하는 것이 가능하지 않다고 판단하셨던 것이다.

나는 후배 목회자 열의 아홉에게는 '개척'을 권하는데, 이유는 기성 교회에 청빙 받을 경우 성경적 본질이 아님에도 마치 목숨처럼 전통에 집착하는 성도들이 변화되는 것은 거의 불가능하다고 확신하기 때문이다. 그 확신은 일종의 실망이기도 하고 불신이기도 하고 두려움이기도 하다.

물론 기성 교회 성도들이라고 해서 다 그런 건 아니다. 언제나 전체를 힘들게 하는 소수의 고집 센 분들이 문제다. 자신들의 틀과 전제가 너무 강하다. 그들은 자기가 붙들고 있는 것들이 과연 성경적으로 바른지 돌아보려 하지 않는다. 일단 자신들의 틀과 다르면 너무나 강한 반발심과 적대감이 샘솟기 때문이다. 그래서 그들에게 필요한 것은 떠남이다. 떠남을 통해 자기 존재가 한 번 흔들려야 그 틈을 비집고 다른 목소리를 수용할 조금의 공간이라도 생기기 때문이다. 하지만 이들은 그 자리를 결코 떠나지 않는다. 그곳이 자기들 땅이라고 확신한다.

그래서 목회자들이 흔히 농담으로 이렇게 말하곤 한다. "그분들은 예수님이 오셔도 안 변할 것 같아요. 예수님이 오셔서 진리를 말하면, 예수님을 다시 한 번 십자가에 못 박을 가능성이 높지요." 그 말은 어느 정도 사실이다. 목회자들이 목회 현장에서 발견하는 것은 변할 사람은 변하고 안 변할 사람은 절대 안 변한다는 사실이다. 물론, 이것이 불변의 진리라고 할 수는 없다. 하지만 현장에서는 상당히 타당성 있는 말이기도 하다.

반면, 나는 최근 굉장히 놀라운 교회를 경험했다. 목회자들에게 D 지역은 소위 목회자들의 무덤이라고 알려져 있다. 목회 토양이 매우 척박하기 때문이다. 그런데 무려 110년의 역사를 가진 그 지역의 교회에서 마치 우리나라 1970~80년대처럼 뜨겁고 열정적인 예배와 기도가 이어지고 있었다. 밝고 따뜻한 분위기, 말씀에 대한 성도들의 진지한 수용, 30~40대 성도들의 매우 활발한 참여 등이 왕성한 교회였다. 대단히 놀라운 광경이었다. 한 목사님이 부임해서 26년간 매우 신실하게 목회한 결과였다. 나는 그야말로 놀라운 가능성을 발견할 수 있었다.

나중에 알고 보니 기존의 질서에 충성하던 분들이 변한 게 아니었다. 현재 출석하는 2천 명이 넘는 성도들의 95%가 그 목사님이 오신 이후에 밀려들어온 새 물결이었다. 새 질서가 옛 질서를 밀어냈던

사람을 사람답게 만드는 경계선

것이다. 그런 의미에서 이것은 기성 교회에 대한 절망이기도 하고 희망이기도 하다. 기존의 전통에 집착하는 자는 결코 변하지 않는다는 절망과 막대한 새 물결이 밀려오면 변화는 가능하다는 희망이다.

하지만 노아 홍수 때는 어땠는가? 하나님의 질서를 멸시하고 하나님을 향한 예배를 상실한 무리가 오히려 자신을 예배하며 거센 폭풍처럼 확장되고 있었다. 다시 말하면 자신을 예배하는 절대다수의 허위 예배공동체가 하나님을 예배하는 극소수의 참 예배공동체를 멸시하면서 세상을 주도하는 형국으로 달려가고 있었다.

따라서 하나님을 예배하는 한 가족 공동체가 그 무리를 향해 새로운 물결을 일으키는 것은 불가능한 상황이었다. 아무리 봐도 역부족이었다. 하나님은 그들을 일시에 죽음으로 내모심으로써 앞으로 오는 모든 세대에게 자기 자신을 예배하는 역사가 얼마나 허망한가를 선명하게 보여주어 그들의 기억에, 또 온 땅 구석구석에 뚜렷한 흔적을 남기기로 결정하셨다.

매일의 순종은 한 걸음 더 나아간 삶을 만든다. 물론, 노아의 홍수로 인류의 절대다수가 죽은 사건이 구원을 이루는 것은 아니었다. 세상은 그 후로도 끊임없이 매우 거칠거나 세련되게, 때로는 매우 신앙적인 척하는 얼굴로 자신을 숭배하는 파멸의 길을 걸어왔다. 하지만 하나님도 구원의 일을 멈추지 않으셨다. 그리고 마침내 인류의 절대다수의 죽음이 아니라, 자기 아들의 죽음을 계획하셨다. 그리고 하나님의 역사가 바로 그 지점을 향해 끝없이 지속할 것임을 분명히 보여주시기 위해 역사의 대로 위에 정기적으로 뚜렷한 이정표들을 남기셨다. 그 대표적인 이정표 중 하나가 바로 노아의 방주 짓기였다.

예수께서 노아 홍수에 대해서 언급하신 적이 있다. 일본의 기독교 사상가 우치무라 간조는 예수님이 "노아의 때에 된 것과 같이 인자의 때에도 그러하리라"(눅 17:26)고 말씀하심으로 자신의 미래를 과거의 노아 홍수사건과 연결시키셨는데, 예수님이 자신의 미래를 소설에 비유하셨을 리는 없을 것이므로, 노아 홍수사건은 역사적 사실인 게 분명하다고 말한다. 우리는 예수님을 통해 노아 홍수사건의 역사적 사실성을 믿는다.

예수님이 노아의 때에 대해 언급하신 내용은 우리가 늘 기억해야 할 말씀이다. 예수님은 노아의 때에 사람들이 사고팔고 집 짓고 시집가고 장가가는 일을 하다가 홍수에 의해 망했다고 말씀하셨다(눅 17:27-28 참조). 그것이 무슨 잘못인가? 사고팔고 집 짓고 시집, 장가가는 일은 지금도 여전히 일어나고 있지 않은가?

나는 우리 자녀들이 잠자거나 PC방 가는 것이 잘못이라고 생각하지 않는다. 하지만 잠자고 PC방 가는 게 그들이 하는 일의 전부라면, 그것은 악할 수 있다. 노아 시대 사람들의 심각한 문제는 사고팔고 집 짓고 시집가고 장가가는 것이 그들이 추구하는 삶의 전부였다는 것이다. 다시 말해, 그들이 악한 것은 이 땅에서 자신들의 왕국을 만들 수 있다는 거짓에 하나님이 주신 자신들의 금쪽같은 인생 전부를 걸었기 때문이다. 노아가 당대의 의인이라 불리는 이유는 그의 삶이 그렇지 않았기 때문이다.

> 그러나 노아는 여호와께 은혜를 입었더라 이것이 노아의 족보니
> 라 노아는 의인이요 당대에 완전한 자라 그는 하나님과 동행하였
> 으며 창 6:8-9

노아 역시 장가가고, 집도 지었고, 사고파는 일도 했을 것이다. 심지어 그는 다른 사람들이 하지 않은 일인 배도 만들었다. 하지만 중요한 것은 왜 그렇게 했느냐다. 노아가 특별한 인물이었던 이유는 다른 사람들과 동일한 삶의 모습이라 하더라도 그 일을 왜, 무엇을 위해서 하느냐가 달랐기 때문이다. 그는 하나님께 귀를 기울였고, 하나님께서 원하시는 목적을 따라 모든 일을 했다. 노아의 방주는 요즘 말로 풀어 쓰면 '물에 뜨는 동물원', '최초의 타임캡슐'이었다. 한 가족이 감당하기에는 불가능한 순종이다. 하지만 하나님을 믿고 한 걸음씩 발을 떼자, 마침내 가능한 일이 되었다.

세계의 불가사의한 유적들을 보면, '이런 건축물들을 어떻게 지을 수 있었을까?' 하는 의문이 저절로 든다. 자기 욕망에 사로잡힌, 강력하지만 초라한 피조물에 불과한 한 왕의 명령에 억지로 한 걸음을 떼는 백성의 땀과 노동으로 결국 그 말도 안 되는 건축물이나 구조물이 만들어졌다면, 하물며 하나님이시겠는가? 하나님을 믿고 하나님의 말씀을 따라 한 걸음을 떼는 믿음이 결국 하나님의 일을 이 땅에 이루

어가는 능력이 된다.

노아의 순종은 100여 년의 순종이었다. 그것이 가능했던 이유는 500년간 하나님의 이끄심을 기다렸기 때문이었다. 긴 기다림이 빚어 낸 열매였다. 매일의 순종은 어제보다 한 걸음 더 나아간 삶을 만들기 때문이다. 심지어 퇴보하는 것 같은 상황에서조차 이전 것과는 다른 방식으로 경험할 수 있기 때문이다.

하나님은 지구의 생명체를 축소하여 방주에 보존하셨다. 그런 의미에서 방주는 소우주와 같다. 하나님을 경배하는 사람들과 그 사람들의 다스림을 받는 모든 생명체들이 하나님과 함께 있다. 새, 가축, 땅에 기는 모든 것들이 암수 짝을 맞추어서 노아에게로 나아올 것이다. 그리고 그들이 새로운 예배 공동체를 형성하게 될 것이다.

사람을 사람답게 만드는 경계선

PART 4

죄의 형상에서
하나님의 형상으로

16

하나님의
아름다운 고통

■

홍 수 심 판 은

하 나 님 의 고 통 이 야 기

하나님은 권위적이거나 강제적이지 않으시다. 동시에 우리에게 온전한 자유의지를 주셨다. 그래서 우리가 돌이키기를 간절히 원하시지만 강요하지도 강제하지도 않으신다. 엄밀히 말해, 종종 가벼운 간증에 등장하곤 하는 "하나님이 치셔서…"라는 말은 성립하지 않는다. 스스로 깨달을 수 없는 사람에게 어떤 계기를 통해 깨닫는 은혜를 주셨다는 것이 더 합당한 논리다. 사람들이 순종하도록 작동하는 것은 하나님의 명령이 아니라 사랑이다. 실은 그분의 명령조차 사랑이다. '세상의 아픔과 분열 때문에 고통과 슬픔을 느끼시는 하나님의 사랑'

을 알기 시작하면 우리의 순종이 시작된다. 그런 의미에서 우리는 홍수 심판을 하나님의 분노가 아니라 하나님의 고통에 관한 이야기로 인식해야 한다.

홍수 심판의 이유는 앞에서 묵상했듯이 사람이 사람 이상이 되고자 하는 욕망, 하나님처럼 되려는 욕망과 관련된 것이 분명하다. 에덴과 바벨탑에서, 그리고 대제국의 건설을 통해서 인류는 끊임없이 신적 권위에 도전하다 무너지기를 반복했고, 지금도 '인류의 무한한 가능성'이라는 듣기 좋은 구호 아래 끝없이 신적 존재에 도달하려 도전하는 중이다. 그 시도는 갈수록 자기 파괴적 속성을 극적으로 강화시킨다. 그 시도와 성과 자체가 이미 자멸적이다.

하나님은 세상의 절망에 눈 감고 계실 수 없었다. 총체적으로 부패한 고깃덩이가 되었기 때문이다.

> 그때에 온 땅이 하나님 앞에 부패하여 포악함이 땅에 가득한지라 하나님이 보신즉 땅이 부패하였으니 이는 땅에서 모든 혈육 있는 자의 행위가 부패함이었더라 창 6:11-12

'부패와 포악'이 강조된다. 어원상 부패는 깨진 그릇을, 포악은 약자에 대한 강자의 착취를 뜻한다. 하나님 형상의 아름다움이 깨지면서 포악함이 그들의 존재방식이 된 것이다. 하나님에게서 비롯된 사랑의 질서가 사라지고 의심과 두려움, 부패한 힘의 논리가 온 땅을 채웠다. 반역자 아담과 하와에게 가죽옷을 지어 입히심으로 지극한 긍휼을 나타내신 하나님이 보시기에도 절망적이었다. 이젠 다른 선택의 여지가 없었다.

아는 형제가 패혈증으로 양쪽 손가락 끝과 두 다리가 불에 탄 고목나무처럼 새까맣게 썩었을 때, 유일한 희망은 잘라내는 것이었다. 그것은 잔인한 폭력이 아니라, 생명을 위한 최선의 선택이었다. 하나님은 그렇게 다시 시작하려 하셨다. 그때, 시대의 바람에 휩쓸리지 않은 한 사람이 있었다. 그는 오직 창조주 하나님께만 희망이 있음을 알고, 하나님에서 비롯된 믿음과 사랑의 질서에 끝내 머무르기로 결정한 사람이었다. 그는 어느 누구도 멸망을 상상할 수 없던 시대에 반드시 멸망이 닥쳐올 것을 믿고 자신이 해야 할 행동에 몸을 던졌다. 마녀사냥을 당할 만한 상황에서도 배 만드는 일을 100년 이상 감당했다. 하나님은 은혜를 입은 오직 한 사람, 그를 통해서 다시 불씨를 일으키셔야만 했다.

> 이것이 노아의 족보니라 노아는 의인이요 당대에 완전한 자라 그는 하나님과 동행하였으며 창 6:9

노아는 이름 그대로 위로와 안식의 희망이었다. 물론, 노아도 죄인이고 불완전한 사람이다. 그의 불완전함은 홍수사건 후 고스란히 드러난다. 노아가 끝없이 하나님과 동행하기만 했다고 보는 입장은 근거가 확실치 않다. 하지만 성경은 그를 의인이자 완전한 자였으며, 하나님과 동행했다고 기록한다.

우리는 이미 그 이유를 알고 있다. 비록 그가 혼잡한 잡혼의 시대에 500년 이상을 신실한 믿음으로 한 여인과 살았고, 그 여인과 더불어 언약의 자손들을 낳았으며, 인류 구원을 위한 방주 짓는 일에 온 삶을 드렸다 해도, 그런 노아에게 "하나님이 그러시는데, 당신은 의인이며 완전한 자라 합디다"라 한다면, 그가 "하나님이 뭘 좀 아시네요"라고 말할 리는 없을 것이다. 그는 틀림없이 손사래를 치면서 말도 안 된다고 할 게 분명하고, 우리는 그런 거절이 가식이 아닐 것이라고 생각할 수 있다. 따라서 우리는 역설적으로, 그가 그렇게 할 것이기 때문에 하나님이 그를 의인이라 불렀으리라 짐작할 수 있다.

그런 이유로 노아에 대한 성경의 평가는 노아의 존재가 아니라 노아를 바라보는 하나님의 시선에 관한 것이다. 노아를 하나님이 어떻게 보셨는가 하는 것에 관한 기록이다. 그것은 고스란히 '예수님을 통해서 우리를 보시는 바로 그 시선'이다.

거기에 신비가 있다. 우리를 의롭다 여기시는 하나님의 시선이 우리를 통해 의롭다 할 만한 현실로 드러나는 것이다. 그래서 베드로후서 2장 5절에서는 노아를 '의를 전파하는 자'로 소개했다. 하나님의 시선과 그 뜻은 눈에 보이는 게 없음에도 충실하게 작동하는 일종의 Wi-Fi(Wireless Fidelity) 같다. 보이지는 않지만 듣게 하시고, 보게 하시고, 믿게 하시고, 행하게 하시는 능력으로, 하나님의 뜻이 우리 삶을 통해 구체적 형태로 드러난다.

의에 대한 구원과
불의에 대한 심판

이제 하나님은 노아에게 자신이 결정한 것과 그렇게 결정한 이유를 말씀하신다.

> 하나님이 노아에게 이르시되 모든 혈육 있는 자의 포악함이 땅에 가득하므로 그 끝 날이 내 앞에 이르렀으니 내가 그들을 땅과 함께 멸하리라 창 6:13

하나님께서 소돔과 고모라 심판을 앞두고 그것을 아브라함에게 알리실 때 하셨던 말씀이 있다. "내가 하려는 것을 아브라함에게 숨기겠느냐"(창 18:17). 하나님의 뜻을 이루기 위해 선택하신 사람에게 곧 이루실 일을 말하지 않을 수 없다는 것이다. 더구나 하나님은 아브라함의 건의에 따라 계획을 변경하실 수 있는 여지를 두고 아브라함과 대화를 나누셨다. 하나님은 우리를 대하실 때, 피조물 위에 군림하는 창조주가 아니라 아들과 마주 앉은 아버지, 조력자의 의견을 존중하는 계획자시다. 그래서 고린도전서 3장 9절에서 바울은 과감하게도 "우리는 하나님의 동역자"라고 말했다.

하나님은 노아에게 '쓸어버리겠다'고 말씀하시는 동시에 방주를 만들라 명하신다.

> 너는 고페르 나무로 너를 위하여 방주를 만들되 그 안에 칸들을 막
> 고 역청을 그 안팎에 칠하라 창 6:14

심판과 구원, 절망과 희망이 겹쳐진다. 선에 대한 구원과 악에 대한 심판, 의에 대한 구원과 불의에 대한 심판은 함께 발생한다.

방주, 히브리어 '테바'는 영어로 Ark, '상자'다. 이 상자는 모세를 담은 갈대상자를 거쳐 성막의 내밀한 중심인 언약궤에 도달한다. 언약궤에 대한 히브리어의 선택은 '테바'가 아닌 '아론'이지만, 그 역시 '상자'라는 의미를 담고 있다. 따라서 영어 성경은 방주, 모세의 갈대상자, 언약궤를 모두 '상자'로 번역했다.

상자로서의 방주가 어떻게 성막과 연결되는지는 여러 방면에서 살펴볼 수 있겠으나, 일단 '노아가 하나님이 자기에게 명하신 대로 다 준행하였다'(창 6:22, 7:5)라는 표현을 통해서 간략히 추정해볼 수 있다. 성경 이곳저곳에서 빈번하게 등장할 것같이 여겨지는 이 표현은 의외로 창세기부터 신명기에 이르기까지 자주 등장하지는 않는다. 다만 출애굽기 39장과 40장에서만 무려 16번이나 집중적으로 등장하는데, 이때의 모든 언급들은 성막을 세우라는 말씀에 대한 순종을 가리키고 있어서 흥미롭다.

이 표현의 절정은 진정한 성막으로 오신 예수님이 "아버지께서

하나님의 아름다운 고통

내게 하라고 주신 모든 일을 내가 다 이루었습니다"라고 선언하신 기도에서 우리 가슴을 뛰게 한 후, 십자가 위에서 "다 이루었다"고 절규하신 말씀으로 완성된다.

결국 방주는 하나님에 대한 절대적 믿음의 순종을 통해 이루어지는 구원이 예수님을 통해 어떻게 완성될 것인지를 암시한다. 따라서 방주는 예수님의 완전한 순종이 어떻게 우리로 하여금 순종적인 삶을 통해 구원을 이루어가게 할 것인지를 말씀하시는 그림이라고 할 수 있다.

자녀들이 잘못했을 때 부모는 대체로 아주 힘들게 용서한다. 그런데 용서하고 또 용서하다 보면 정말 끝장내고 싶은 마음으로 "당장 나가! 더 이상 꼴 보기 싫어!"라는 말로 '종말'을 고하고 싶을 때가 생긴다. 하지만 그 순간에도 부모는, 자신이 결코 그 아이를 버릴 수 없다는 사실을 알고 있다. 그 아이를 버리는 것이 곧 자신에 대한 가장 결정적인 심판이라는 것을 알기 때문이다. 아이를 버리고서 대체 어떻게 살겠는가? 따라서 부모는 아이에게 최종선고를 내리고 싶은 순간에도 구원의 길을 예비할 수밖에 없다.

지금 노아에게 "내가 다 멸할 것이다. 그런데 너는 방주를 지어라"고 말씀하시는 하나님은 우리 아버지시다. 따라서 다음과 같이 난감한 말씀을 대면할 때마다 해석의 어려움을 느끼긴 하지만, 이 말씀에서도 우리는 아버지의 사랑을 느낄 수밖에 없다.

그리스도께서도 단번에 죄를 위하여 죽으사 의인으로서 불의한 자를 대신하셨으니 이는 우리를 하나님 앞으로 인도하려 하심이라 육체로는 죽임을 당하시고 영으로는 살리심을 받으셨으니 그가 또한 영으로 가서 옥에 있는 영들에게 선포하시니라 그들은 전에 노아의 날 방주를 준비할 동안 하나님이 오래 참고 기다리실 때에 복종하지 아니하던 자들이라 방주에서 물로 말미암아 구원을 얻은 자가 몇 명뿐이니 겨우 여덟 명이라 벧전 3:18-20

정확한 의미를 파악하기가 쉽지 않다. 하지만 이 말씀으로 보아 하나님의 구원에 대한 열망이 노아 시대에 불순종하여 홍수에 쓸려갔던 자들에게까지 뻗어가고 있었다는 것만은 분명하다. 하나님은 그런 아버지시다.

고통 속에서 찾은 희망,
방주

방주는 고페르라는 침엽수로 만든, 길이 135~140미터, 폭 22~23미터, 높이 13~14미터, 내부 수용공간 1만 3천 평(약 4만 3천 평방미터)짜리 '물에 뜨는 상자 동물원'이었다.

네가 만들 방주는 이러하니 그 길이는 삼백 규빗, 너비는 오십 규빗, 높이는 삼십 규빗이라 거기에 창을 내되 위에서부터 한 규빗에

하나님의 아름다운 고통

내고 그 문은 옆으로 내고 상 중 하 삼층으로 할지니라 내가 홍수를 땅에 일으켜 무릇 생명의 기운이 있는 모든 육체를 천하에서 멸절하리니 땅에 있는 것들이 다 죽으리라 그러나 너와는 내가 내 언약을 세우리니 너는 네 아들들과 네 아내와 네 며느리들과 함께 그 방주로 들어가고 혈육 있는 모든 생물을 너는 각기 암수 한 쌍씩 방주로 이끌어들여 너와 함께 생명을 보존하게 하되 새가 그 종류대로, 가축이 그 종류대로, 땅에 기는 모든 것이 그 종류대로 각기 둘씩 네게로 나아오리니 그 생명을 보존하게 하라 너는 먹을 모든 양식을 네게로 가져다가 저축하라 이것이 너와 그들의 먹을 것이 되리라 창 6:15-21

창세기 7장에 보면 방주에 싣는 생물들의 숫자가 일관되지는 않지만, 소소한 숫자의 차이가 방주의 본질을 흐리지는 못한다.

방주의 목적은 온 땅의 생명을 삼키는 심판의 거센 물결로부터 구별된 생명들을 안전하게 지키는 것이다. 그리고 하나님의 말씀을 따르는 이상, 그 과업은 결코 실패하지 않을 것이다. 방주 내부는 생물들을 위해 칸들이 나뉘었고, 물이 새지 않도록 역청으로 마감됐다. 방주는 그 구조와 의미 모든 면에서 구원을 위한 그릇에 합당한 모습이었다. 일단, 40일간 쏟아져 내리는 폭우와 땅에서 솟구쳐 오르는 엄청난 소용돌이에도 결코 전복되지 않을 안정적인 구조를 갖추었다. 전문가들은 배의 길이와 폭의 비율이 6:1일 때 최적화된 안정성을 확보한 것으로 보는데, 노아 방주가 정확히 그랬다.

동시에 방주는 하나님의 질서를 떠난 의심과 두려움의 세계에서 구별된 새로운 공동체였던 만큼, 오직 하나님의 질서 안에 있는 믿음과 사랑을 따라 예배하는 공동체로 구성되었다. 아담의 타락으로 생긴 의심과 두려움의 질서가 동물들 사이에 적자생존 질서를 만들기 시작했다면, 하나님을 예배하는 압도적인 믿음과 사랑의 질서 없이는 방주의 삶은 완전히 불가능했을 것이다. 그런 의미에서 방주에 방향과 속도를 조정하는 키나 돛대가 없었다는 것이 의미심장하다. 치명적인 위험 속에서도 오직 하나님에 대한 믿음과 사랑으로 완전히 맡겨진 형태였기 때문이다.

언젠가 셀프 세차장에 가서 깜짝 놀랄 만한 말을 들었다. 자동차를 6시간이나 닦는 사람들이 있다는 얘기였다. 그것은 일종의 정성스런 예배 행위였다. 자동차는 속도, 방향, 분위기, 온도 등 모든 것을 내가 스스로 통제할 수 있는 세상에 대한 가장 적합한 상징이다. 따라서 6시간이나 이어지는 자동차 세차에는 내 세상을 향한 집착이 반영되어 있다고 할 수 있다. 하지만 노아의 방주에는 자신이 스스로 통제할 수 있는 어떤 시스템도 존재하지 않았다. 오직 '맡겨짐'을 위한 구조였다.

다른 한편, 방주에서의 실제 현실은 얼마나 버거웠겠는가? 방주 안에서의 생존 상황을 최대한 부정적으로 상상해보자. 밖에서는 엄청난 빗소리와 사람들과 짐승들의 죽어가는 소리가 들끓고, 방주 밖의

하나님의 아름다운 고통

모든 생명체가 소멸되기까지 문을 걸어 닫은 채 완전히 밀폐된 사회를 이루고 있어야 했다. 문이 닫힌 방주는 모든 죽어가는 자들에게 원망과 저주의 대상이 될 수밖에 없었다. 방주 바깥의 사람들에게 문 닫힌 방주는 매우 폐쇄적인 그들만의 천국이었다. 더구나 문이 열리기까지 안에서 반복되는 일상은 얼마나 힘겨웠겠는가? 가끔씩 바깥 공기를 들여보낼 수 있었는지는 모르지만 폐쇄된 공간의 답답함, 온갖 생명체들의 몸과 배설물에서 나오는 극심한 냄새, 매일 반복되는 단조로운 나날들, 그리고 모든 생명체들에게 끝없이 양식을 제공하고 돌봐야 하는 극단적인 분주함…. 그야말로 답답하고 고통스럽고 단조롭고 바쁜 날들이 계속되었을 것이다.

하지만 방주를 최대한 긍정적으로 상상해보자. 인류의 최종적인 멸망은 일단 보류되었다. 방주는 밖에서 죽어가는 사람들에게는 잔인한 심판의 상징이었지만, 구별된 생명체들에게는 은혜의 상징이었다. 방주는 미래를 위한 유일한 새 희망이었다. 방주 밖에 있는 외부자들에게는 자신들의 구원 가능성을 차단한 폐쇄적인 공동체였지만, 방주 안에 있는 내부자들에게는 매우 개방적이고 열려 있는 공동체였다.

하나님의 은혜로 부름받은 사람도 있고, 짐승도 있고, 새도 있고, 기는 것들도 있었다. 정결한 것들도 있었지만, 정결치 못한 것들도 있었다. 큰 것도 있었고, 작은 것도 있었고, 암수도 고루 섞여 있었다. 일정한 기간이 끝나면 방주의 문은 활짝 열릴 것이고, 세상은 하나님에게서 흘러나오는 믿음과 사랑의 질서를 중심으로 활짝 개방된 하나님의 나라를 이루어가기 시작할 것이다.

그런데 방주를 통해 상상할 수 있는 이런 최대한의 긍정적이고 희망적인 그림은, 반드시 방주를 통해 상상할 수 있는 최대한의 부정적이고 절망적인 그림과의 대조를 통해서만 가능하다. 광야의 고통을 통해서만 안식이, 십자가의 죽음을 통해서만 생명의 이야기가 시작될 수 있었던 것과 같다.

우리가 "사람이라면 그럴 수 없지…"라고 말할 때가 있다. 그렇게 말하게 되는 이유는, 사람이라면 정말 그럴 수 없기 때문이고 그럼에도 불구하고 실제로는 누군가가 그렇게 했기 때문이다. 사람은 안타깝게도 하면 안 되는 일을, 그렇게 해도 되지 않을까 하는 가능성 하나만으로도 얼마든지 저지르고야 마는 존재다. 몇 년 전, 신안군 섬마을에서 여교사를 성폭행한 사람들이 평범하기 짝이 없는 학부모와 마을 사람들이었다는 사실이 그 증거다. 우리는 사람이라면 결코 그렇게 할 수 없다는 당위적인 진실보다 그렇게 할 수도 있다는 욕망의 가능성을 침범하고 싶은, 주제넘은 열정에 사로잡히는 자들이다.

따라서 우리에게 가장 필요한 것은, 사람이라면 결코 그렇게 할 수 없게 만드는, 압도적인 믿음과 사랑의 진실에 매료되는 것이다. 곧 예수 그리스도의 십자가가 가르쳐주시는 압도적인 믿음과 사랑의 이야기에 빠져드는 것이다. 다시 우리 존재의 처음으로 돌아가서, 또 홍수 심판 같은 이야기를 통해서 믿음과 사랑을 회복하시려는 하나님의 고통의 아름다움을 볼 수 있어야만 한다.

하나님은 마침내 자기 아들을 죄악의 거친 물결에 수장시키는 죽음을 통해 멈추지 않는 구원의 역사를 이루셨고 앞으로도 계속 이루어 가실 것이다. 우리 모두는 그 은혜의 일방적이고 과분한 수혜자들이다. 우리를 일으켜 살게 하는 가장 강력한 힘은 바로 그 은혜에서 흐르는 믿음과 사랑의 이야기에 날마다 압도되는 것이다.

17

하나님의 약속에
나를 던지다

■

하 나 님 이   주 신   약 속 에   대 한

기 억 과   신 뢰

하나님이 정하신 자리에서 벗어나면 이미 혼돈은 시작된 것이다. 본래 태초의 물은 혼돈의 상징이었으나 하나님께서 자리를 정하셔서 어떤 물들은 땅 아래로 어떤 물들은 땅 위로 가게 하시고, 땅 아래 물들도 각자 자기 자리를 찾아가게 하셨을 때, 아름다운 질서가 갖추어졌다. 하지만 하나님을 거절한 사람들의 욕망에 의해 하나님의 통치가 그들 가슴에서 작동하지 않자, 모든 물들은 또다시 혼돈의 자리로 돌아가 온 땅과 불순종의 사람들을 덮게 되었고, 세상은 혼돈과 소멸의 수면 아래 놓이게 되었다. 노아 홍수사건이 시작된 것이다.

하지만 하나님은 노아에게 이렇게 말씀하셨다.

그러나 너와는 내가 내 언약을 세우리니 창 6:18a

'모든 육체는 소멸하겠지만 너는 반드시 살리겠다'는 약속의 말씀이었다. 물론, 노아와 그 가족만 살고 후세대가 이어지지 않는다면 하나님의 약속은 허무해지고 말 것이므로, 이 약속은 노아와 그 가족과 그들을 통해서 새롭게 창조될 모든 백성을 보존하시겠다는 하나님의 강력한 의지였다. '언약'은 하나님이 세우시고 주도하시는 약속이다. 따라서 노아에게 약속하시기 전에 이미 하나님이 자신과 굳게 약속하신 것이다. 말씀으로 천지를 지으신 하나님이 친히 자기 자신과 하신 약속이기에 그것은 어떤 경우에도 지켜질 것이다.

"그가 정말 그렇게 말했다고? 그럼 된 거야. 아무 걱정하지 말고 기다리기만 하면 돼." 우리 사이에도 이렇게 그의 말을 신뢰하게 하는 사람이 있다. 사람에게도 그렇게 말할 수 있다면, 하물며 하나님이시겠는가? 따라서 하나님이 약속하셨음에도 불구하고 여전히 의심과 불안이 가득하다면 그것은 하나님 문제가 아니라 전적으로 내 문제다.

따라서 우리에게 결정적으로 중요한 것은 하나님이 주신 약속에 대한 기억과 신뢰다. 그 시대에 방주 짓는 일이 얼마나 고되고 혹독했겠는가? 노아는 과연 상상하기 어려운 수고를 했으리라 짐작할 수 있다. 하지만 성경은 노아가 수고한 구체적인 내용에 초점을 맞추지 않는다. 대신 하나님의 약속에 대한 순종을 통해 이루시려는 하나님의 분주한 지시들을 강조한다. 세상을 바꾸는 것은 우리의 수고가 아니라 하나님의 약속이기 때문이다. 우리의 수고조차 하나님에게서 비롯된 기쁨이고 영광이기 때문이다.

이때 하나님의 약속은 반드시 지켜지고야 말 것이기 때문에, 홍수라는 혼돈과 거친 물결의 고통과 망망대해를 떠다니는 두려움을 얼마나 잘 견뎌내느냐 하는 것은 내가 하나님의 약속을 어떻게 기억하고 신뢰하고 있는지 여부에 따라 결정될 것이다.

그런데 이 약속에서 중요한 것은 약속의 내용이 아니라 약속의 주체다. 어떤 약속이냐보다 누가 약속했느냐가 중요하다. 하지만 우리는 안타깝게도 약속의 주체보다 약속의 내용에 마음을 빼앗기곤 한다. 큰 몫 챙기게 해준다는 약속에 사로잡혀 속여 먹으려는 자들의 실체를 못 본다. 대박의 환상에 사로잡혀 모든 손해를 고객에게 고스란히 떠넘길 정밀한 체계를 갖춘 카지노나 복권산업의 구조를 생각하지 못한다.

얼마 전 이런 내용으로 설교를 준비하고 있던 중에 어떤 낯선 이가 전화를 걸어 대답할 겨를도 주지 않고 이렇게 말했다. "3천만 원만 투자해도 매월 따박따박 수십만 원씩 받을 수 있는 특별한 금융상품이 있는데, 이 특별한 기회를 꼭 놓치지 마십시오."

"관심 없습니다."

"무슨 말씀이십니까? 돈 싫어하는 사람도 있습니까? 다들 이 상

하나님의 약속에 나를 던지다

품에 열광하고 있는데 제 이야기를 조금만 더 들으시지요."

그 순간 내가 뭐라 했겠는가?

"당신이 말하는 내용이 아니라 당신이 누구인가 하는 게 문제지요." 그랬더니 전화를 끊었다.

약속의 내용이 아니라 누가 약속하느냐가 모든 것을 결정한다. 성경은 우리를 사로잡는 것들을 '육체의 정욕, 안목의 정욕, 이생의 자랑'으로 요약한다. 성경이 이것들을 강조해서 경계하는 이유는 우리를 행복하게 해줄 것이라고 약속하는 그것들이 우리 눈을 멀게 할 정도로 매력적이기 때문이다. 하지만 그 약속의 주체가 누군가?

> 이는 세상에 있는 모든 것이 육신의 정욕과 안목의 정욕과 이생의 자랑이니 다 아버지께로부터 온 것이 아니요 세상으로부터 온 것이라 **요일 2:16**

약속의 주체가 세상이다. 에덴에서 선악과를 보게 하고, 그것을 탐스럽게 여기게 하는 육체의 정욕과 보암직하게 하는 안목의 정욕, 그리고 하나님처럼 되려는 욕망을 갖게 하는 이생의 자랑으로 무너뜨리려 한 사탄이 약속의 주체다. 거듭 강조하지만, 사탄은 성취하는 방식으로 무너뜨린다. 선악과를 먹음으로 사람은 지혜를 얻었지만 서로의 허물을 들춰내는 지혜였고, 밝아진 눈으로 볼 수 있게 되었지만 자기 수치를 보게 되는 눈이었고, 스스로 선악을 아는 하나님처럼 굴게 되었지만 하나님께 맡기지 못하고 스스로 책임지려 몸부림하는 영원한 고통이었을 뿐이다.

따라서 어떤 약속이 나의 삶에 얼마만큼의 영향을 미치느냐 여부는 누가 약속했느냐가 결정한다. 많은 사람들이 이것을 의미심장하게 생각하지 않기 때문에, 단지 지금 당장 나의 눈 먼 욕망과 상한 마음을 채워줄 것 같은 약속의 내용에만 현혹된다. 누가 그 약속을 했는지, 그 약속이 어떤 방식으로 이루어질 것인지, 궁극적으로 어떤 결과를 낳을 것인지에 대해서는 생각하지 못한 채, 눈 막고 귀 막고 혼돈의 길로 달려든다.

나보다 크신 하나님께
작은 나를 던지는 것

노아 당대의 사람들은 스스로 하나님처럼 굴려는 욕망에 사로잡혀 그 욕망이 어디에서 온 것인지에 대해서는 전혀 관심이 없었던 게 분명하다. 누군가 하나님 앞에서 옳은 길을 제대로 가고 있다면, 사람들이 아무리 악하다 해도 그들의 양심의 눈은 그 사람을 어느 정도 알아보게 되어 있다. 산 위에 있는 동네는 숨기지 못하기 때문이다.

노아 역시 당대 사람들 양심의 눈에 뭔가 특별한 진정성이 엿보였을 게 분명하다. 하지만 아무리 방주 짓는 게 엉뚱해 보였다고 해도 노아의 행동과 말에 귀를 기울인 사람이 단 한 명도 없었다는 것은 놀랍다. 당시에도 다른 이들보다 양심적인 사람들, 통찰력 있는 사람들이 왜 없었겠는가? 하지만 모두가 동일하게 자신들의 완전한 절망에 대해 거의 문제를 느끼지 못했거나 문제를 느꼈어도 목숨 걸고 고쳐야 할 사안으로는 여기지 않았다. 그 시대뿐이겠는가? 사람은 욕망에 취하면 그 욕망이 누구에게서 온 것인지에 대해서는 눈이 멀게 되어 있다.

따라서 우리가 하나님 말씀을 통해 항상 깊이 비춰보아야 하는 것은, 지금 나를 달려가게 만드는 꿈이 어떤 꿈이냐가 아니라, 나는 지금 어디서 유래된 꿈을 향해 달려가고 있는가 하는 것이다. 그리고 그 꿈이 진짜 하나님이 주신 꿈이 맞는지를 계속해서 묻는 것이다.

노아는 하나님의 약속에 따라 아내와 아들들과 며느리들과 함께 홍수를 피해 방주로 들어갔고, 하나님이 명하신 대로 모든 생명체들을 방주로 이끌었다.

> 홍수가 땅에 있을 때에 노아가 육백 세라 노아는 아들들과 아내와 며느리들과 함께 홍수를 피하여 방주에 들어갔고 창 7:6-7

기막힌 상황이다. 만일 노아가 모든 생명체들을 끌어모아야 했다면, 그것은 시간에 관계없이 수행이 불가능한 숙제였을 것이다. 하지만 놀랍게도 그 모든 생명체들이 노아를 향해 줄지어 나왔다. 그것도 하나님께서 정하신 일정한 숫자만 나온 것이었다.

정결한 짐승과 부정한 짐승과 새와 땅에 기는 모든 것은 하나님이
노아에게 명하신 대로 암수 둘씩 노아에게 나아와 방주로 들어갔
으며 창 7:8-9

이것이 자기 백성을 인도하시는 하나님의 방식이다. 솔직히 말하
면, 하나님 명령은 지키는 게 불가능하다. 방종의 시대에 생뚱맞게 방
주를 짓는 것이나 어마어마한 생명체들을 불러 모으는 것이나 순종
이 불가능한 일이었다. 십자가를 지라는 말씀이나 용납하라는 말씀이
나 날마다 죽으라는 말씀이나 순종이 불가능하다. 하지만 하나님은
그 말씀대로 순종하기 위해 나를 맡겨드리는 순간부터 하나님이 친히
다 이루시는 방식으로 그 일이 이루어지게 하신다. 우리가 이루는 게
아니다. 이루어지는 것이다. 그래서 죽어도 용서할 수 없을 것 같았는
데, 용서하라는 말씀대로 따르려 하니 용서가 되는 것이다. 죽어도 믿
을 수 없을 것 같았는데, 믿으라는 말씀대로 따르려 하니 믿어지기 시
작하는 것이다. 핵심은 하나님의 약속을 기억하고 나보다 크신 하나
님께 작은 나를 던지는 것이다.

땅 의 고 통 과
하 나 님 의 고 통

방주 입주 대상자들이 빠짐없이 입주를 완료한 후, 방주 안에서 모
든 것들이 자리를 잡기까지는 대략 일주일 정도가 필요했던 것 같다.

하나님의 약속에 나를 던지다

칠 일 후에 홍수가 땅에 덮이니 노아가 육백 세 되던 해 둘째 달 곧 그 달 열이렛날이라 그날에 큰 깊음의 샘들이 터지며 하늘의 창문들이 열려 사십 주야를 비가 땅에 쏟아졌더라 창 7:10-12

방주 안에서 대기하는 그 일주일이야말로 얼마나 위험하고 고통스러운 시간이었겠는가? 모든 생물들을 다 들여보내고 노아와 가족까지 다 들어갔는데 여전히 비는 내리지 않는다. 어쩌면 본격적으로 홍수가 내리기 바로 직전까지도 해가 쨍쨍했을지 모른다. 어쩌면 동네 사람들이 몰려와서 그 우스꽝스런 장면을 구경거리로 삼았을지 모른다. 따라서 단 일주일 동안이었다 해도 하나님의 약속에 대한 믿음이 가장 확고하게 필요했을 시간이었다.

그때 갑자기 하늘이 캄캄해지고 검은 구름이 온 땅을 새카맣게 뒤덮었으리라. 땅의 물은 지표면을 뚫고 터져 나와 하늘로 솟구쳤고 동시에 하늘 위의 물은 하늘 장막을 찢고 땅으로 쏟아져 내렸다. 물들이 하나님이 정하신 자리에서 벗어나 창조 전 혼돈의 상태로 되돌아가면서, 땅의 물과 하늘의 물이 서로 충돌했다.

그렇게 40일 동안 계속 비가 내린 결과 온 땅이 잠겼다. 전 지구적인 홍수였다. 19절 말씀은 "천하의 높은 산이 다 잠겼더니"라고 증언한다. 온 땅이 고통스러운 혼돈의 힘에 삼켜졌다. 하지만 창조 전의 혼돈으로 되돌아간 이 모습은, 하나님의 새 창조의 손길을 기다리는 시간이었다. 그것이 땅의 모든 고통이 최종적인 절망이 아닌 유일한 이유다. 그것이 내가 치과에서 어금니 세 개를 새로 끼워넣는 중요한 시술을 받던 중, 치료시간이 길어져 마취가 풀린 상태에서 20여 바늘을 꿰매야 했던 고통의 시간을 견딜 수 있게 한 힘이었다. 나는 오직 새 창조를 향한 열망으로 견뎠다!

의미 있는 것은, 방주에 들어가야 할 것들이 다 들어간 후, 방주 문을 닫은 주체가 노아가 아니라 하나님이셨다는 사실이다.

> 곧 그날에 노아와 그의 아들 셈, 함, 야벳과 노아의 아내와 세 며느리가 다 방주로 들어갔고 그들과 모든 들짐승이 그 종류대로, 모든 가축이 그 종류대로, 땅에 기는 모든 것이 그 종류대로, 모든 새가 그 종류대로 무릇 생명의 기운이 있는 육체가 둘씩 노아에게 나아와 방주로 들어갔으니 들어간 것들은 모든 것의 암수라 하나님이 그에게 명하신 대로 들어가매 여호와께서 그를 들여보내고 문을 닫으시니라 창 7:13-16

표준새번역 성경은 이 말씀을 "마지막으로 노아가 들어가니 주께서 몸소 문을 닫으셨다"고 번역했다. 하나님이 친히 문을 닫으셨다면 방주 안으로 들어가야 할 대상들 중 빠진 것은 하나도 없다는 뜻이다. 마지막으로 들어간 자는 노아였다. 그런 의미에서 노아는 재창조를 위한 제2의 아담이었고, 더 나은 아담이었다. 아담은 선악과 취식사건에 대해 끝내 책임지지 않고 하와에게 떠넘겼지만, 노아는 끝내 뒤

하나님의 약속에 나를 던지다

에 남았다가 최종적으로 들어감으로 자기중심적인 누추함에 빠지지
않았다.

이것은 '책임감'의 문제가 아니라, 하나님과의 관계 문제다. 하나
님의 약속에 대한 기억과 신뢰의 문제다. 자신을 섬기느냐 하나님을
섬기느냐의 문제다. 우리는 하나님을 섬기지 않으면, 결국 자신을 섬
기게 된다. 그래서 내가 나를 챙기지 않으면 누구도 나를 챙겨주지 않
을 거라는 의심 가득한 두려움과 쩨쩨한 누추함에 빠진다.

노아는 방주를 직접 만든 사람으로서 방주에 대해 누구보다 큰
지분과 권리를 가지고 있었고, 임박한 심판의 긴박성을 누구보다 생
생하게 알고 있었지만, 맨 마지막으로 입주했다. 하나님을 전적으로
신뢰하는 자의 모습이다. 이 모습은 가정과 교회와 세상을 섬기도록
부름 받은 우리에게 하나님의 약속에 대한 기억과 신뢰가 나의 모든
태도를 결정하게 될 것이라고 말하고 있다. 모두를 살리려다 설령 내
가 죽음의 위협을 당하더라도 너끈히 구해주실 하나님을 신뢰하는 사
람만이 보여줄 수 있는 모습이다. 방주 문을 닫으시는 하나님의 고통
을 알고 하나님과 동행하는 태도다.

부모는 자녀들이 빤히 보이는 망하는 길로 정신없이 달려가는 것
을 보는 게 너무 힘들다. 아이의 다리몽둥이를 부러뜨린다고 고쳐지
는 게 아니다. 깊은 분노와 상처만 남길 것이다. 그래서 결국 부모는,
자신의 죽음이 아이의 변화를 위한 결정적인 이야기가 되기를 갈망하
면서 죽는 길을 간다. 자존심을 죽이고 억울함을 죽이고 두려움을 죽

이고 사랑을 붙든다. 다시 강조하고 싶다. 방주 문을 쾅 닫으시는 하나님의 마음에는 이미 인류의 죄를 어깨에 짊어지고 십자가에 달리신 아들 예수를 향해 죄에 대한 심판으로 하늘 문을 쾅 닫으시는 하나님의 고통, 하나님 아버지의 죽음의 이야기가 담겨 있다.

소멸 위에 남은
소망의 흔적

홍수는 땅을 뒤덮는 동시에 방주를 띄웠다. 땅이 많은 물에 더 깊이 잠길수록 방주는 점점 높이 물 위로 떠오른다. 심판이 깊을수록 구원은 높다. 급기야 천하의 모든 높은 산이 다 물로 덮이게 되자 방주는 어떤 장애물도 없이 하나님이 이끄시는 대로 온 세상을 자유롭게 떠돌게 된다.

> 홍수가 땅에 사십 일 동안 계속된지라 물이 많아져 방주가 땅에서 떠올랐고 물이 더 많아져 땅에 넘치매 방주가 물 위에 떠다녔으며 물이 땅에 더욱 넘치매 천하의 높은 산이 다 잠겼더니 물이 불어서 십오 규빗이나 오르니 산들이 잠긴지라 창 7:17-20

물이 온 땅을 뒤덮은 그 시간 물속에서는 어떤 일이 벌어지고 있었을까?

땅 위에 움직이는 생물이 다 죽었으니 곧 새와 가축과 들짐승과 땅에 기는 모든 것과 모든 사람이라 육지에 있어 그 코에 생명의 기운의 숨이 있는 것은 다 죽었더라 지면의 모든 생물을 쓸어버리시니 곧 사람과 가축과 기는 것과 공중의 새까지라 이들은 땅에서 쓸어버림을 당하였으되 **창 7:21-23a**

창조과학자들은 이때 물속에서 몇 가지 두드러진 사건들이 벌어졌을 거라고 예측한다. 화산이 폭발하고 땅이 터지는 거대한 지각변동과 함께 지하에 갇혀 있던 물들이 솟구쳐 올라오고, 하늘에서 엄청난 양의 물이 쏟아져 내려 땅이 곤죽처럼 변하는 토양액화 과정이 일어났을 것이다. 또한 시속 600~1500킬로미터 속도로 이동하는 쓰나미로 인해 땅바닥에서 저탁류가 형성되고, 흙과 돌돌이 종류별로 켜켜이 쌓이는 현상이 일어나면서 이를 통해 화석들이 만들어지는 환경이 생겼을 거라는 예측이다.

실제로 1957년 알래스카의 지진으로 발생한 쓰나미가 하와이까지 도착하는 데는 불과 5시간밖에 걸리지 않았고 그로부터 3년 후인 1960년 칠레에서 일어난 쓰나미가 일본에 도착하는 데는 22시간밖에 걸리지 않았다고 한다. 그러니까 거의 비행기 속도로 최대 높이 30미터에 달하는 엄청난 파도가 달려가는 것이다. 이 설명은 23절 "쓸어버리시니"라는 표현과 어울린다.

이런 예측과 실험의 객관적 중요성을 넘어, 우리에게 중요한 것은 온 땅이 혼돈에 삼켜졌고 제2의 혼돈은 제2의 창조를 기다리고 있었다는 사실이다. 따라서 새롭게 형성될 세상은 혼돈을 이긴, 보다 더 선명한 하나님 손길의 흔적을 간직하게 될 거라는 사실이다.

어마어마한 격변에 의한 희생에서 제외된 일부의 물속 생명체들 외에는 지면의 모든 생명체들이 사라졌다. 완전한 고요가 뒤덮은 적막한 세상이 되었다. 물론, 하나님이 9장에서 약속하신 것처럼 이런 규모의 홍수는 다시는 없을 것이다. 다만, 인류는 이미 홍수 이상의 고통으로 온 세상을 몇 번이고 부숴버려, 지옥 같은 적막으로 채울 수 있는 무기들을 충분히 보유하고 있다. 또 토양을 더럽히고 공기를 오염시켜 더 이상 마실 물을 찾을 수 없는 날을 계속해서 앞당기고 있다. 점점 더 추워지는 겨울과 점점 더 무더워지는 여름을 통해 우리는 언젠가 날씨가 가혹한 파괴력으로 우리를 공격해 올 날을 예상하게 된다.

그 와중에 인류는 우치무라 간조의 말처럼, 평탄한 시절에는 무신론을 찾고 위기의 시절에는 휴머니즘을 부르짖으면서 결코 자신의 창조주를 찾지 않은 채 소멸해갈 것이다. 하지만 하나님은 결코 희망이 끊어지지 않을 것이라는 진실을 이런 식으로 가르치신다.

오직 노아와 그와 함께 방주에 있던 자들만 남았더라 물이 백오십 일을 땅에 넘쳤더라 창 7:23b-24

하나님의 약속에 나를 던지다

어떤 상황에서도 반드시 남은 자는 있을 것이다. 역사는 항상 남은 자들을 통해서 생명력을 유지해왔다. 떵떵거리던 권력자들과 세력가들은 언제 그랬냐 싶게 하루아침에 그 힘을 잃고 사라졌다. 하지만 하나님의 나라는 겨자씨나 누룩같이, '과연 하나님의 나라가 있기는 한 건가?'라는 질문을 불러일으킬 만큼 미약하게 존재하지만, 결코 끊어지지 않는 생명력으로, 결국 새들의 보금자리 같은 안식으로, 부드럽게 부풀어 오르는 빵과 같은 잔치로 성취되고 말 것이다.

하나님의 나라는 힘과 권력, 세력과 영향력으로 뻗어나가려는 의도와는 결코 어울리지 않는다. 자라게 하시고 부풀게 하시는 분은 하나님이시다.

따라서 우리는 다만 생명의 주인에게 자연스럽게 반응하기만 하면 된다. 그가 주시는 물에, 천둥번개와 함께 땅에 내려주시는 영양분에, 성장하길 기다려주시는 시간에, 따뜻하게 쬐어주시는 햇볕에 고요히 반응하는 것이다. 그러면 자라고 부풀게 될 것이다.

하나님은 홍수의 흔적을 온 땅 구석구석에 뚜렷하게 남기셨다. 놀랍게도, 에덴동산 부근으로 추정되는 메소포타미아 지역뿐 아니라 외부와의 접촉이 전혀 없었던 파푸아뉴기니의 부족들, 미국 서부 인디언 부족들, 하와이 원주민들, 인도와 중국의 여러 지역들 등 중동, 아프리카, 극동, 유럽, 아시아, 북남미에 걸쳐 약 250개 이상 종족들이 간직하고 있는 옛이야기들에는 오래전부터 전해 내려오는 거대한 홍수 이야기가 포함되어 있다. 물론 그 모든 이야기들이 직접적으로 노아 홍수사건과 관련된 것이라고 볼 수는 없겠지만, 인류가 광범하게 홍수이야기를 간직하고 있다는 사실은 인류의 영혼에 인간의 오류에서 시작된 두려움과 두려움 너머에서 찾아올 희망에 대한 기대가 선명함을 가르쳐준다.

그리고 온 땅 이곳저곳에는 거대한 홍수사건으로만 설명이 가능한 지질학적 흔적들이 뚜렷하다는 주장은 우리의 마음에 엄숙함을 일으킨다. 우리는 이 기억과 흔적들을 통해 우리가 사람임을 망각하고 스스로 사람 이상의 존재가 되기 위해 몸부림하며 자신을 예배하는 것이 처음부터 파멸의 길임을 확연히 느끼게 된다. 그리고 오직 하나님의 약속을 기억하고 신뢰하며 살아가는 것만이 진실로 생명으로 가는 길임을 믿음으로 붙잡게 된다.

하나님의 약속에 나를 던지다

18

기다림을 통한
이루어짐에 관하여

■

하 나 님 의

기 억 하 심

온 땅이 혼돈의 물에 덮여 창조 전 혼돈으로 다시 돌아갔지만 세상을 혼돈으로 덮은 주범은 물이 아니라, 물을 초대한 사람들의 주제넘은 자기숭배였다. 사람이 사람 이상의 신적 존재, 곧 스스로 자신과 모든 것에 대한 최종결정권자가 되려 할 때 놀랍게도 사람은 사람 이하의 존재, 자기 욕망으로만 작동하는 짐승이 된다. 사람은 오직 창조자의 질서 안에서 신뢰와 사랑의 자유를 누릴 때 비로소 사람이 된다. 따라서 혼돈을 다시 창조질서로 돌아가게 하는 일은 혼돈의 주범인 사람으로부터 시작될 수 없다. 그 일은 오직 하나님의 기억하심에서 시작된다.

하나님이 노아와 그와 함께 방주에 있는 모든 들짐승과 가축을 기
억하사 창 8:1a

우리는 잊히지 않았다. 잊힌다는 것은 얼마나 두려운 일인가? 스
티브 잡스는 그의 전기에서 자신의 죽음을 의식하면서 이렇게 적었
다. "평생 축적된 이 모든 경험이 그냥 없어져버린다고 생각하면 이
상하다. 그래서 나는 뭔가 살아남는 게 있다고, 어쩌면 우리의 의식이
지속될 거라고 정말 믿고 싶다." 또 신학자 폴 틸리히(Paul Tillich)는 《영
원한 지금》(Eternal Now)이라는 책에서 이렇게 말했다. "우리를 잊힘으
로부터 지켜줄 어떤 것이 과연 있을까? 우리가 영원 전부터 알려져
있었고 또 영원토록 기억되리라는 사실만이 우리를 영원히 잊히는 것
에서 건져줄 유일한 희망이다. 우리는 잊힐 수 없다. 왜냐하면 우리는
과거와 미래를 넘어서서 영원토록 알려져 있기 때문이다."

온 세상을 완전한 기억상실의 세계에 가두려 한 물의 혼돈을 벗
어버리고, 우리를 영원토록 기억되는 존재로 회복시키는 힘은 오직
하나님의 기억하심뿐이다.

하나님의 기억하심은 잊고 있던 것을 불현듯 생각해내는 게 아니
라, 자기 백성과 맺으신 약속이 오늘 여기에서 실제가 되도록 약속을
실현하신다는 뜻이다. 따라서 하나님의 기억은 곧 행동이다. 하나님

· 기다림을 통한 이루어짐에 관하여

은 방주에 들어간 모든 생명체들을 통해 새 창조의 일을 시작하려는 약속을 이루시기 위해 물 위로 바람을 보내신다.

> 하나님이 바람을 땅 위에 불게 하시매 물이 줄어들었고 **창 8:1b**

그런 의미에서 이 바람은 단순히 기압의 차이로 발생하는 자연현상이 아니다. 하나님의 호흡이다. 실제로 여기에서 쓰인 바람, 루아흐는 호흡, 심지어 성령으로도 해석할 수 있다. 이것은 창세기 1장 2절에서 혼돈의 물 위로 성령께서 운행하고 계실 때 창조가 시작되었던 것뿐 아니라 흙으로 빚어진 사람의 코에 하나님의 생기가 불어넣어지는 것과 유사한 상황이다. 이제 하나님은 그 바람을 보내셔서 혼돈의 세상에 새로운 창조를 시작하신다. 그 증거로 '물이 줄기 시작했다.' 새로운 세상을 드러내기 위해 혼돈이 가라앉기 시작한 것이다.

하나님께서 바람을 불게 함과 동시에 깨진 땅을 막으시고 찢어진 하늘의 장막을 닫으시니 물은 점점 물러갔다.

> 깊음의 샘과 하늘의 창문이 닫히고 하늘에서 비가 그치매 물이 땅에서 물러가고 점점 물러가서 백오십 일 후에 줄어들고 **창 8:2-3**

흥미롭게도 물이 물러갔다는 말은 하나님이 정해주신 자기 집으로 되돌아갔다는 뜻이다. 이 과정이 150일 이상 계속되는 동안 드디어 5개월 만에 방주가 아라랏산 위에 머물게 되었다.

> 일곱째 달 곧 그 달 열이렛날에 방주가 아라랏산에 머물렀으며
> 창 8:4

드디어 정박지를 찾은 것이다. 최초 창조 세계의 중심이 에덴동
산이었다면, 이제 새 창조의 첫 삶은 아라랏산 위에서 시작되려 하고
있었다. 아라랏산은 어떤 특정한 산이 아니라 현재 아르메니아 아라
랏 지역에 있는 여러 산들을 통칭하는 말이다. 두 달 반쯤 더 지나자
주변 산봉우리들이 드러났다. 그 모든 봉우리들은 혼돈의 물이 걷히
고 새로운 세상이 온다는 희망의 증거였다.

> 물이 점점 줄어들어 열째 달 곧 그 달 초하룻날에 산들의 봉우리가
> 보였더라 창 8:5

산은 자주 하나님과 그의 백성 간 생명 소통의 장소였다. 하나님
은 자기 백성과 깊이 소통하려 하실 때마다 산에서 만나셨다. 그에 따
라 이방인들 사이에서 이스라엘의 하나님은 산의 신이라는 인식이 생
길 정도였다. 이것은 사람이 자기가 중심이 되는 왕국을 세우려 한 곳
이 시날 평지였다는 사실과 의미 있게 대조된다. 그런 의미에서 방주
주위로 산봉우리들이 보였다는 것은 피조세계와 하나님 사이에서 생

기다림을 통한 이루어짐에 관하여

명의 소통이 시작될 날들이 가까워지고 있다는 것을 상징한다.

봉우리들이 드러나기 시작한 지 또 40일이 지났다. 홍수 때는 비가 40일간 쉬지 않고 내렸다. 세상을 물의 혼돈에 빠뜨리는 데 40일이 걸린 것처럼 희망의 봉우리들을 드러내는 데도 40일이 걸렸다. 이제 산봉우리에서 시작된 희망이 노아의 가슴 안으로 들어오자, 노아는 방주의 창문을 활짝 열었다.

사십 일을 지나서 노아가 그 방주에 낸 창문을 열고 창 8:6

얼마나 감격스러웠을까? 노아는 이제 마지막 남은 생명체들과 함께 힘을 다해 뻗어나가야 하는 세상을 향해 창문을 활짝 열어젖혔다.

하 나 님 과   소 통 하 며
함 께   움 직 이 는   사 람
노아는 먼저, 지금이 과연 세상으로 나갈 만한 타이밍인지 알아보기 위해 까마귀와 비둘기를 내보낸다.

까마귀를 내놓으매 까마귀가 물이 땅에서 마르기까지 날아 왕래하였더라 그가 또 비둘기를 내놓아 지면에서 물이 줄어 들었는지를 알고자 하매 온 지면에 물이 있으므로 비둘기가 발붙일 곳을 찾지 못하고 방주로 돌아와 그에게로 오는지라 그가 손을 내밀어 방

주 안 자기에게로 받아들이고 또 칠 일을 기다려 다시 비둘기를 방
주에서 내놓으매 창 8:7-10

어린 시절 들었던 설교말씀 중에는 까마귀와 비둘기를 대조시켜
서 의미를 찾으려는 내용이 꽤 있었다. 하지만 때로 그런 설교는 비둘
기에게는 과도한 명예를, 까마귀에게는 지나친 불명예를 안겨주는 경
향이 있다. 요즘 내 개인적인 취향은 솔직히 비둘기보다는 까마귀다.
교회 주변 전깃줄 위로 계절에 맞추어 우르르 등장하는 까마귀 떼가
반갑고 정겹다. 울산에서는 까마귀 떼 덕분에 자동차에 잔뜩 묻은 까
마귀 배설물을 청소하는 신종 직업이 생겼다고 하니, 일자리 창출의
주역이다. 어쨌든 까마귀나 비둘기에게 너무 많은 의미를 부여하는
것은 조심스럽다.

결국 노아는 저녁에 비둘기를 통해 감람나무 새 잎사귀를 얻었다.

저녁때에 비둘기가 그에게로 돌아왔는데 그 입에 감람나무 새 잎
사귀가 있는지라 이에 노아가 땅에 물이 줄어든 줄을 알았으며
창 8:11

혼돈의 어둠에서 생명의 빛이 비추었다. 비둘기가 저녁에 돌아왔
다는 것은 오랜 기다림을 상징하지만 그 기다림 끝에 감람나무 새 잎
사귀라는 소망을 얻었다. 그리고 다시 날려 보낸 비둘기가 돌아오지

기다림을 통한 이루어짐에 관하여

않음으로써 방주 가까이에 생존할 만한 땅이 있다는 확실한 증거를 얻게 된다.

> 또 칠 일을 기다려 비둘기를 내놓으매 다시는 그에게로 돌아오지 아니하였더라 창 8:12

물을 줄게 하신 분은 하나님이셨지만, 물이 얼마나 줄어들었는지 확인하는 것은 노아의 몫이었다. 하나님의 백성에게는 수동적 적극성이라는 삶의 특징이 있다. 매우 수동적으로 한없이 기다리기만 하는 것 같지만, 진실로 하나님과 생명의 소통을 이루어가는 중이라면 그 기다림은 매우 적극적인 행동이다. 동시에 모든 반대를 뚫고서라도 누구보다 담대하게 지금 당장 행동하고야 만다. 따라서 하나님과 제대로 소통하지 않은 채, '언젠가는 이루어지겠지' 하고 막연히 기다리는 것은 믿음이 아니다.

나오미의 며느리 룻을 보라. 남사스럽게도 보아스가 잠든 타작마당을 찾아가 보아스의 발치 이불을 들고 눕는다. 심지어 깜짝 놀란 보아스에게 "저랑 결혼해 주십시오. 당신은 저희 집안을 책임져야 하는 분입니다"라고 말한다. 어떻게 보면 대책 없는 뻔뻔함이고, 자칫하면 동네에서 완전히 매장당할 수 있는 지나친 행동이었다. 하지만 그것은 룻의 과도하고 주제넘은 행동이라기보다 대단히 수동적인 믿음의 행동이었다. 시어머니 나오미를 통해 말씀하시는 하나님께 온전히 수동적으로 순종했을 뿐이다. 그랬기에 룻은 아마도 자기 맘에 쏙 드는 남자가 적극적으로 구애해도, 하나님이 주시는 확신이 아니면 결코 움직이지 않았을 것이다.

하나님과 제대로 소통하는 사람은 타인의 눈에 때로는 지나치게 적극적으로 보이기도 하고, 지나치게 수동적으로 보이기도 한다. 하지만 중요한 것은 사람들에게 어떻게 보이느냐보다 그가 진실로 하나님을 기다리며 하나님과 함께 움직이고 있느냐 하는 것이다. 하나님과 함께 움직이면, 결국 사람들에게도 아름답게 드러나게 하실 것이다.

하나님을 기다리는 사람에게는 결코 늦는 법이 없다

노아가 얼마나 직접 바깥을 확인하고 싶었겠는가? 하지만 까마귀와 비둘기를 통해 충분히 바깥 상황을 살펴본 후에야 본인이 직접 확인한다. 다시 말해, 노아는 방주 안에 있는 동안 다른 생명체들과 충분히 소통할 수 있을 만큼 그들을 다스렸고, 그 생명체들이 하나님의 새 창조에 함께 동역하도록 만들었다. 노아가 물이 얼마나 말랐는지를 자기 눈으로 직접 확인하려 한 때는 홍수가 시작된 지 무려 10개월 보름 만이었다.

> 육백일 년 첫째 달 곧 그 달 초하룻날에 땅 위에서 물이 걷힌지라 노아가 방주 뚜껑을 제치고 본즉 지면에서 물이 걷혔더니 창 8:13

하지만 그때에도 섣불리 방주 문을 열지 않는다. 또다시 2월 27일까지 두 달을 기다린다. 충분히 기다린 끝에 드디어 밖으로 나가도 되는 때가 되었다.

> 둘째 달 스무이렛날에 땅이 말랐더라 창 8:14

답답하고 힘겨운 방주생활 끝에 마른 땅 위에 설 수 있게 되었을 때, 밖으로 나가고 싶은 열망이 얼마나 간절했을까? 아마도 좀 더 빨리 나가면 안 되겠느냐는 가족의 성화가 있었을지도 모른다. 하지만 노아는 끝끝내 하나님께서 말씀하실 때까지 기다리고 또 기다렸다. 하지만 바로 그때 진정한 희망과 감동의 시간이 시작된다.

> 하나님이 노아에게 말씀하여 이르시되 너는 네 아내와 네 아들들과 네 며느리들과 함께 방주에서 나오고 너와 함께한 모든 혈육 있는 생물 곧 새와 가축과 땅에 기는 모든 것을 다 이끌어내라 이것들이 땅에서 생육하고 땅에서 번성하리라 하시매 노아가 그 아들들과 그의 아내와 그 며느리들과 함께 나왔고 땅 위의 동물 곧 모든 짐승과 모든 기는 것과 모든 새도 그 종류대로 방주에서 나왔더라 창 8:15-19

정종규 목사님과 유영례 사모님은 교회 없는 섬 지역을 찾아 섬기기 위해, 우리 교회 파송을 받아 사량도 섬으로 갔다. 나는 이분들이 참 좋다. 이분들께 근황을 여쭐 때마다 늘 행복하다 답하셨지만, 평생 서울에서 살던 분들에게 섬 생활은 얼마나 답답했겠는가? 하지만 목회자 정년이 넘도록 최선을 다하고서도, 성도들의 간청을 기꺼이 기쁨으로 받아들여 2년 더 연장된 사역을 마저 끝내고 하나님의 때가 되어 모든 사역을 깨끗이 인계하고 올라오셨다.

또 후임자로 섬에 들어간 류동하 목사님과 사모님을 진심으로 존경하고 사랑한다. 36년 전 대학 1학년 때 처음 만난 형님으로, 오래도록 한결같이 신실하셨다. 여전히 8년 이상 현직에서 일할 수 있는 상황에서도 중견교회 담임목사직을 사임하고 기꺼이 사량도 섬 목회자로 내려가셨다. 두 가정 모두 우리의 기다림과 하나님의 일하심의 역동적 관계에 자신들을 맡긴 아름다운 분들이다. 이런 분들과 동역하는 것이 행복하다.

기억하자. 아무리 오래 기다리는 것 같아도, 하나님과 소통하면서 하나님을 기다리는 사람에게는 결코 늦는 법이 없다. 아름다운 끝이 있고 그 끝은 항상 아름답고 희망적이고 감동적이다.

방주 문을 닫으신 분은 하나님이셨다. 그리고 방주 밖으로 나오는 때를 정하신 분 역시 하나님이셨으므로, 결국 방주 문을 여시는 분도 하나님이셨음을 알리신다. 새 창조의 일은 결국 처음부터 끝까지 오직 하나님의 일이다. 우리 삶에서도 '죽음을 이기는 새 창조의 일'은 전부 예외 없이 하나님의 일이다. 우리에게 필요한 것은 그분의 음성을 기다리고 듣고 따르는 것뿐이다. 몽골국제대학교(MIU) 권오문 총장님은 "작년 1년 동안 기숙사 건축하느라 죽을 뻔했습니다. 이젠 학교가 파산해서 문을 닫을 수도 있겠구나 싶어서 하루하루 버텼을 뿐입니다"라고 했다. 그런데 재정적으로 매우 힘든 상황이었고 엄청난 어둠의 계곡을 건넜는데도, 사역이 진행되고 있는 게 신기하다고 했다.

완전히 맞는 말이다. 영원한 생명이 이미 내 것이니 죽어도 좋다는 심정으로 하나님만 꽉 잡고 나아가고, 모든 게 하나님 것이니 하나님이 알아서 하시라며 하루하루 말씀과 함께 순종하다 보면 어느새 홍해도 건너고 요단강도 건너고 여리고도 무너진다. 우리는 기다릴 때만 진실로 하나님이 누구신지 알게 된다.

은혜 만 이
사 람 을 살 린 다

따라서 모든 것을 행하시는 하나님을 기다리는 우리가 가장 적극적으로 기다리는 일은 바로 예배다.

> 노아가 여호와께 제단을 쌓고 모든 정결한 짐승과 모든 정결한 새 중에서 제물을 취하여 번제로 제단에 드렸더니 창 8:20

예배를 위한 제물은 하나님이 친히 준비하셨다. 하나님은 이미

266

제물을 위한 정결한 생명체들을 부정한 생명체보다 몇 배로 보존하게 하셨다. 그런데 하나님이 주신 것을 하나님께 드리니 하나님이 기뻐하신다. 우리가 자녀들을 키우면서 경험하게 되는 가슴 뭉클한 기쁨이 그것이다. "네가 무슨 돈이 있어서 이런 걸…" 하면서도 엄청 행복해한다. 다 부모가 준 돈으로 샀다는 걸 알면서도 기쁘다. 자녀 안에서 사랑이 자라는 것을 보는 것이 최고의 기쁨인 것이다. 하나님은 바로 그 기쁨 가운데서 약속하신다.

> 여호와께서 그 향기를 받으시고 그 중심에 이르시되 내가 다시는 사람으로 말미암아 땅을 저주하지 아니하리니 이는 사람의 마음이 계획하는 바가 어려서부터 악함이라 내가 전에 행한 것같이 모든 생물을 다시 멸하지 아니하리니 **창 8:21**

하나님의 이 약속이 의미심장하다. 사람이 저주와 심판으로는 결코 바뀌지 않을 거라는 사실을 확증하신 말씀이다. 하나님은 사람의 내면에 있는 뒤틀어진 악함은 그를 저주하고 강력하게 심판한다고 해서 결코 바뀌는 게 아님을 인정하셨다. 따라서 노아 방주를 통한 새 창조의 질서는 처음부터 저주와 심판을 통한 구원이 불가능하다는 전제에서 출발한다. 진정한 구원은 오직 은혜를 통해서만 가능하다. 사람의 불의함과 근본적인 사악함에도 불구하고 끊임없이 쏟아붓는 은혜만 사람을 사람의 자리로 가게 한다.

땅이 있을 동안에는 심음과 거둠과 추위와 더위와 여름과 겨울과
낮과 밤이 쉬지 아니하리라 창 8:22

하나님은 여전히 그들 위에 햇빛과 비의 은혜를 내리신다. 그리
고 그 은혜를 넘어, 그들에게 임해야 하는 저주와 심판을 하나님이 하
나님 자신에게, 그 아들 예수 그리스도 위에 쏟아부으시는 방식으로
은혜를 내리실 것이다. 그 은혜만이 사람을 살린다. 이제 우리는 우리
에게 이미 임한 그 은혜, 또 변함없이 신실하게 임하실 그 은혜를 생
생하게 기억하면서, 깊은 신뢰 속에서 하나님의 때를 기다린다.

우리는 스피드스케이팅의 한 종목인 매스 스타트(Mass start, 집단 출
발) 빙상 경기장에 뛰어들어 함께 달리는 선수들과 같다. 서로 호흡을
맞추며 배려하고 격려하고 응원하면서 그때를 향해 달린다. 우리는
사람과 세상을 변화시키는 유일한 힘인 자기를 버리는 하나님의 사랑
이 역사하기를 함께 기다리는 자들이다. 부활의 영광을 믿으며 끝까
지 그 사랑 안에 거하는 자들이다. 하나님은 새 일을 시작하실 것이다.

19

생명을 살리려는
하나님의 집착적 사랑

고통을 딛고 나오는
하나님의 새 말씀

노아는 드디어 '새 땅'에 발을 내딛는다. 그 땅은 옛 땅이었던 새 땅이다. 옛것을 심판 아래 가두고 일어난 새 땅이다. 발밑에 옛것을 딛고 서야 하는 새 땅이다. 만감이 교차하는 땅이다.

5~6년 전, 눈길을 운전하다 미끄러져 2미터 아래 도랑으로 떨어진 적이 있다. 1천여만 원짜리 중고차를 900만 원 들여 수리했다. 그런데 수리를 마치고 차가 새로 나왔을 때 느낌은, 그야말로 새 차를 보는 듯했다. 하지만 그것은 새 차 같은 옛 차였고 옛 차인 게 분명한 새 차였다. 만감이 교차했다. 무엇보다 차에게 미안했다. 그래서 쓰다

듣으면서 진심에서 우러나는 말을 했다. "미안해. 이젠 서두르지 않고 잘 탈게." 정말 진심으로 한 말이었다. 하지만 그 미안한 감정보다 더 중요한 것은 안전 규칙에 따라 찬찬히 운전하는 것이다. 아니나 다를까, 그 후에도 여기저기 많이 긁히고 찌그러뜨렸다.

물론, 이런 사사로운 이야기로 노아의 상황을 상상하는 건 미안한 일이다. 사랑하는 일가친척, 가까이 지냈을 친구들을 비롯해서 온 세상이 깊은 땅에 묻혀 흔적도 없이 사라진 옛 땅인 새 땅에 발을 내딛게 되었을 때, 그 느낌을 어떻게 표현할 수 있을까? 두려움, 비장함, 미안함, 희미하지만 아주 없진 않았을 설렘, 이제 나로부터 모든 것이 새로 시작되어야 한다는 막대한 부담감과 책임감 등 수많은 감정들이 노아와 그 가족을 사로잡았을 것이다.

하지만 그런 감정들보다 훨씬 더 중요한 것은 하나님의 마음과 그 마음에서 나오는 말씀이었다. 이제 노아와 그 가족은 어떤 상황과 처지에서도 오직 하나님의 말씀을 들어야만 한다는 것을 온몸으로 기억하게 되었다.

'팀 켈러 in Seoul' 집회기간 중 진행된 목회자 세미나 때 팀 켈러 목사가 이런 식으로 빗대어 말한 것이 생각난다. "하나님 말씀은 우리로 하여금 사람들의 입장 차이에 따라 복잡해진 상황 한가운데를 향해, 소위 묵직한 중심(massive center)을 향해 걸어 들어가도록 이끈다. 따라서 때로는 이쪽저쪽 모두에게 욕먹을 수 있지만, 그럼에도 불구하고 결국 그 묵직한 중심을 향해 가는 것이 옳다."

이런 태도는 삶과 역사의 큰 전환점에서도 옳고, 우리 일상에서도 옳다. 주님에게서 들은 말씀으로 복잡한 상황 한가운데를 걸어야 한다. 왕이신 하나님의 말씀을 들어야만 정신을 차릴 수 있고, 묵직한 중심을 향해 갈 수 있으며, 그때 제대로 살 수 있다.

이제 노아와 그 자녀들에게 주시는 말씀, 그들을 통해 온 세상을 향해 주시는 하나님의 말씀이 임한다. 노아 가족에서 시작해서 온 인류가 흔들림 없이 걸어가야 할 묵직한 중심을 향한 하나님의 말씀이었다. 옛 땅과 옛 땅에 속한 모든 자들을 심판하신 하나님의 고통을 딛고 나오는 새 말씀이었다. 따라서 그 말씀에는 옛 땅에 대한 고통스러운 사랑과 새 땅에 대한 설레는 기대가 함께 있다. 하나님은 최초 에덴동산에서 아담과 하와에게 주셨던 말씀의 핵심을 고스란히 이어가시면서, 필요에 따라 말씀의 내용을 조정하셨다.

사람과 다른 피조물 사이에 생긴 긴장관계

먼저, 하나님은 창세기 1장 28절에서 주셨던 최초의 약속을 다시 확인하신다.

> 하나님이 노아와 그 아들들에게 복을 주시며 그들에게 이르시되
> 생육하고 번성하여 땅에 충만하라 **창 9:1**

생명을 살리려는 하나님의 집착적 사랑

하나님이 주시려는 복은 처음이나 지금이나 변함이 없다. 그 복은 많이 번식해서 땅에 충만하라는 말씀이다. 이 말씀은 본래 "하나님이 자기 형상 곧 하나님의 형상대로 사람을 창조하시되"(창 1:27)라는 말씀과 결정적으로 연결되어 있다. 다시 말하면, 인류의 복은 자식을 많이 낳아 세상을 채우는 데 있는 게 아니라, 하나님 형상, 곧 하나님의 내면을 삶으로 드러내는 사람들이 온 땅에 가득해지는 데 있다.

역사의 진실은, 세상 모든 문제가 하나님 형상을 집어던지고 짐승의 탈을 쓴 자들에 의해, 그리고 그들에게 동조하거나 방조하는 자들에 의해, 그들에게 맞서기 위해 똑같이 짐승의 탈을 쓰는 자들에 의해 파괴되고 뒤틀어지면서 생겼다는 것을 증언한다. 세상뿐 아니라 교회도 마찬가지다.

하나님은 하나님 형상들로 하여금 온 땅을 채우고 섬기게 하시겠다는 첫 약속을 변함없이 계속 이루실 것이다. 하지만 그 약속이 이루어지는 방식은 약간 변경된다. 하나님께서 최초에 만물을 다스리라 하셨을 때, 우리는 그것을 사랑과 신뢰로 빚어가는 질서로 이해했다. 하지만 이제는 그것이 '사람의 지배와 만물의 두려워함'이라는 구도로 바뀐다.

> 땅의 모든 짐승과 공중의 모든 새와 땅에 기는 모든 것과 바다의 모든 물고기가 너희를 두려워하며 너희를 무서워하리니 이것들은 너희의 손에 붙였음이니라 창 9:2

이제는 절대적으로 그렇게 살 수밖에 없는 운명이 되었다기보다는, 사람과 다른 피조물 사이에 사랑과 신뢰의 질서가 회복되는 일이 그만큼 어려워졌다는 뜻이다. 동시에 하나님의 뜻을 따르는 더 치열한 자기부인이 있어야 한다는 의미다. 더구나 사람과 다른 생명체들 사이에 생긴 어두운 긴장감은 이런 방식으로 더 강렬해졌다.

> 모든 산 동물은 너희의 먹을 것이 될지라 채소 같이 내가 이것을
> 다 너희에게 주노라 창 9:3

최초 사람의 양식은 씨 맺는 채소와 씨 가진 나무 열매들이었다. 하지만 이제, 땅과 하늘과 바다의 생명체들까지 사람의 먹을거리로 주어진다. 온 땅의 식물들이 다 사라졌고, 그것들이 자라나려면 적지 않은 시간이 필요하며, 사람의 배고픔은 하루를 버티기 어려울 만큼 취약하기 때문일 것이다.

랭던 길키가 쓴 《산둥 수용소》 서문에 이런 글귀가 있다. "아무리 성자 같은 사람도 식사다운 식사를 못하면 죄인처럼 행동할 것이다." 수용소의 굶주림을 통과한 사람들이라면 누구든 절대적으로 공감할 문장이다.

어쨌거나 하나님은 채소와 과일이 자취를 감춘 세상에서 산 동물들을 양식으로 삼도록 허락하셨는데, 그것이 정결한 생명체들을 더 많이 방주에 태우게 하신 이유이기도 했을 것이다. 하지만 하나님은

먹는 사람과 먹히는 동물 사이에 사랑과 신뢰의 질서를 반영하는 안전장치를 두신다. 산 동물에 대한 취식허용이 사람의 자기중심적 욕망과 결합할 때 어떤 과잉행동으로 나타날 것인지를 잘 아셨기 때문이다. 따라서 하나님은 그에 대한 안전장치로, 먹히는 자에 대한 먹는 자의 관용을 말씀하신다.

그러나 고기를 그 생명 되는 피째 먹지 말 것이니라 **창 9:4**

먹는 자인 강자와 먹히는 자인 약자 사이에 사랑과 신뢰의 질서는 불가능하다. 하지만 약자에 대한 강자의 예의는 있어야 한다. 말씀을 직역하면, 살을 먹되 그것의 영인 피와 같이 먹지 말라는 것이다. 하나님은 피를 그 육체의 영혼으로 보셨다. 이것은 단지 피째 먹는 형식을 금지한 말씀이 아니라, 산 동물들의 신적 기원에 대한 경외심을 잊지 말 것을 강조하신 말씀이었다. 이를 위해서, 12, 13, 15, 16, 17절에서 반복적으로 '하나님과 모든 피조물 사이에' 세운 약속을 강조하신다.

짐승을 조심스레 잡는 사람에게 굳이, '어차피 먹을 건데, 뭘 그렇게 점잔을 떨어?'라고 객기를 부릴 필요는 없다. 그렇게 말하는 사람도 자식이 용돈을 던져준다면 못 견딜 것이다. 어차피 돈만 내 손에 들어오면 되는 게 아니다. 결과가 중요하긴 하지만 어떤 경우에는 과정이 결과보다 더 중요하다. 우리는 오직 결과에만 집착하는 게걸스런 짐승이 아니다. 따라서 가축을 잡을 때도, '내가 비록 너를 먹지만, 그것은 내가 너보다 우월해서가 아니다. 다만 하나님의 질서에 복종하려는 것이니 너에게는 정말 미안하고 고맙다'는 마음을 가지는 것이 바람직하다. 한마디로 먹히는 자에 대한 먹는 자의 예의, 자비와 긍휼, 미안함과 고마움이 있어야 한다.

생 명 을   지 키 고   구 원 하 시 려 는
하 나 님 의   집 착 적   사 랑

동물이건 사람이건 그 생명은 완전히 하나님께 속해 있다.

> 내가 반드시 너희의 피 곧 너희의 생명의 피를 찾으리니 짐승이면 그 짐승에게서, 사람이나 사람의 형제면 그에게서 그의 생명을 찾으리라 다른 사람의 피를 흘리면 그 사람의 피도 흘릴 것이니 이는 하나님이 자기 형상대로 사람을 지으셨음이니라 창 9:5-6

짐승을 죽이는 행위도 그렇지만, 특히 사람의 생명을 빼앗는 것은 온 땅을 바르게 채워야 할 하나님의 형상을 말살하는 행위이므로, 그것은 암암리에 하나님을 공격하는 것이다. 하나님은 아무 조건 없이 모든 인간을 궁극적인 가치를 지니는 존재로 자신과 동일시하신다. 하나님의 이 마음은 "지극히 작은 자 하나에게 한 것이 곧 내게 한 것이니라" 하신 예수님의 말씀에서 메아리친다. 우리가 모든 생명을 대할 때는 반드시 그 생명의 운명을 내 힘과 능력으로 좌우할 수 있다는 망상에 빠지지 말아야 한다. 그 생명의 기원과 그 생명을 붙들고 있는 힘과 그 생명에 대한 최종적인 책임자가 오직 하나님이시라는 사실을 절대 잊으면 안 된다. 따라서 타자의 생명을 단지 내 만족과 이익을 위한 도구로 인식하는 태도는 세계 존재의 근거이신 하나님의 사랑과 신뢰의 질서에 반역하는 치명적인 무모함이다.

우리는 그가 나에게 얼마나 유용한가, 얼마나 일을 잘되게 하는가 여부를 따지기 전에, 어떤 상황에서도 그가 하나님의 형상이라는 사실을 먼저 생각할 수 있어야 한다. 그것을 위해 바로 복음이 필요하다. 예수께서 나 같은 죄인을 어떻게 받으셨는가 하는 것이 실제 내 안에서 날마다 신선한 진실로 끊임없이 확인되어야만, 타인을 내 기분에 따라 이리저리 판단하는 가벼운 대상으로 생각하는 위험에서 벗어날 수 있다.

따라서 우리는 온 땅의 생명체들을 생존을 위한 먹을거리와 수단으로 삼아야 하는 상황에서도, 또 때로는 어떤 목표에 도달하기 위해 타인들을 기능적 존재로 상대할 수밖에 없는 상황에서도 우리 삶의 근본적인 의미와 목적은 내 뜻이 이루어지는 것이 아니라, 하나님의 뜻이 이루어지는 것임을, 하나님께서 허락하신 생명체들과 하나님의 형상들이 온 땅에 번성하여 하나님 나라를 이루는 것임을 잊지 않도록 늘 명심해야 한다.

너희는 생육하고 번성하며 땅에 가득하여 그 중에서 번성하라 하셨더라 **창 9:7**

하나님은 그들의 번성이 완전히 성취되기 전까지는 결코 멈추지 않으실 약속의 핵심에 대해 다시 한 번 강조하신다. 그 약속의 핵심은 결국 죄로 인해 세상이 최종적으로 멸망한 것처럼 보이는 상황에서도, 생명을 지키고 구원하시려는 하나님의 집착에 관한 것이다.

하나님은 옛 땅을 심판하실 수밖에 없었던 깊고 깊은 고통을 딛고, 여전히 당신의 약속을 지키시기 위해, 진정한 새 땅의 회복을 위해 집착하신다. 이 땅과 이 땅의 영혼들이 끝내 전혀 달라지지 않을지라도, 하나님이 자신의 마음을 바꾸어 이 땅을 사랑하고 지키고 보존하겠다는 집착적인 결정이었다.

하나님이 노아와 그와 함께 한 아들들에게 말씀하여 이르시되 내가 내 언약을 너희와 너희 후손과 너희와 함께한 모든 생물 곧 너희와 함께한 새와 가축과 땅의 모든 생물에게 세우리니 방주에서 나온 모든 것 곧 땅의 모든 짐승에게니라 내가 너희와 언약을 세우리니 다시는 모든 생물을 홍수로 멸하지 아니할 것이라 땅을 멸할 홍수가 다시 있지 아니하리라 하나님이 이르시되 내가 나와 너희와 및 너희와 함께 하는 모든 생물 사이에 대대로 영원히 세우는 언약의 증거는 이것이니라 내가 내 무지개를 구름 속에 두었나니

생명을 살리려는 하나님의 집착적 사랑

이것이 나와 세상 사이의 언약의 증거니라 내가 구름으로 땅을 덮을 때에 무지개가 구름 속에 나타나면 내가 나와 너희와 및 육체를 가진 모든 생물 사이의 내 언약을 기억하리니 다시는 물이 모든 육체를 멸하는 홍수가 되지 아니할지라 무지개가 구름 사이에 있으리니 내가 보고 나 하나님과 모든 육체를 가진 땅의 모든 생물 사이의 영원한 언약을 기억하리라 하나님이 노아에게 또 이르시되 내가 나와 땅에 있는 모든 생물 사이에 세운 언약의 증거가 이것이라 하셨더라 **창 9:8-17**

하나님은 11절과 15절에서 "다시는 멸하지 않겠다"고 자신에게 확증하신다. 집착이라는 단어는 거의 부정적으로 사용되지만, 가장 중요한 본질을 위한, 진실로 옳은 길을 위한 집착은 오히려 긍정적일 뿐 아니라 아름답기조차 하다. 하나님의 아름다우심은 우리를 향한 집착적 사랑에서부터 솟아오른다. 우리에게는 그 약속에 대한 신실한 기억과 그 기억에 걸맞은 행동이 필요할 뿐이다.

무 지 개 는
예 수 님 을 향 한 표 지 판

피째 먹지 말라 하심으로 사람과 다른 피조물 사이에 안전장치를 두신 하나님은, 이제 하나님과 사람 사이에 무지개를 안전장치로 두신다. 하나님은 인간이 여전히 죄의 본능에 따라 사람 이상의 존재가 되려고, 하나님의 자리를 차지하려고 끝없이 무리수를 두게 될 것을 알고 계셨다. 동시에 하나님의 거룩하심은 그 죄악을 눈감아주실 수 없다. 거룩함은 불의에 충돌하는 강렬한 힘이다. 거룩함은 불의의 침범을 용납하지 않는다.

따라서 시내산에 임하신 하나님의 거룩하심에 근접한 존재들은 짐승이건 사람이건 하나님의 거룩함에 충돌하여 사망했다. 따라서 무지개는 하나님의 거룩하심이 인간의 죄악에 충돌하려 할 때, 거룩함의 칼을 막아 그 칼이 다시 칼집에 꽂히도록 작동하는 은혜의 수단으로 임명된 것이었다. 사람은 여전히 범죄할 것이고 하나님의 거룩함은 사람의 죄악에 충돌할 수밖에 없는 상황이지만 하나님은 무지개를 통해 견디신다.

하지만 냉정하게 말한다면, 전능하신 하나님께 무지개가 왜 필요하겠는가? 하나님께서 자신이 약속한 것을 잊어버리시기라도 한다는 것인가? 그렇지 않다. 그런 의미에서 무지개는 하나님이 자신의 약속에 스스로 구속받기로 결정하신 은혜였고, 결과적으로 그것은 하나님이 아니라, 우리 인간을 위한 것이었다. 무지개를 볼 때마다 생명을 살리려는 하나님의 집착적 사랑을 기억하고, 그 약속 안에 있는 한 결코 파멸되지 않으리라는 표식을 사람이 기억하게 하려 하셨던 것이다. 그런 의미에서, 무지개는 예수님을 향한 표지판이다.

본문의 맥락대로 말한다면, 세상의 통치자이신 예수님이야말로 먹는 자 중의 먹는 자, 강자 중의 강자이시지만, 먹히는 자에 대한 관용을 넘어 스스로 먹히는 자가 되시고, 더 나아가 먹히는 자가 결국 먹는 자에게 용서를 베푸는 방식으로 우리를 받으셨다. 무지개는 바로, 세상이 오직 이런 방식을 통해서만 회복될 수 있다는 것을 우리에게 암시하는 위대한 통로다.

먹히는 자가 먹는 자에게 사랑과 신뢰를 보내고, 피해자가 가해자에게 용서와 사랑을 고백하는 것보다 더 처절한 일은 없을 것이지만, 그것이 실제로 가능하다면 그보다 더 위대한 일도 없을 것이다. 세상의 유일한 피해자라고 할 수 있는 하나님께서 친히 모든 가해자들을 위해 자신을 약속의 표식에 묶어놓으시고 급기야는 자신을 내어주는 일을 통해 세상의 회복을 시작하신 것이다. 우리에게 누군가를 향한 용서가 가능하다면, 바로 그 사랑에 설득당하는 길뿐이다.

예수님이 나 같은 자도
받으셨는데

그렇게 보면 때로 짐승이 사람보다 낫다는 생각이 든다. 소는 언젠가 자기가 먹힐 것을 알고 있지 않을까? 하지만 끝까지 충성을 다하지 않는가? 어떤 권사님에게서 들은 얘기다. 요즘에도 그런 일이 있는지 모르겠지만, 과거에 시골에서는 집에서 키우던 개를 잡아먹는 일들이 종종 있었다.

오래 전, 어떤 분이 집에서 키우던 개를 잡아먹으려고 이웃들과 함께 개를 데리고 강가로 갔다. 나무에 개를 매달려고 개와 실랑이를 하는 순간 개가 몸부림하며 벗어나 도망쳐버렸다. 그래서 이웃끼리 허망하게 웃으면서 입맛만 다시다가 집으로 돌아왔는데 집에 와보니 도망쳤던 개가 꼬리를 흔들면서 반기고 있었다. 순진한 눈빛으로 자기를 잡아먹으려던 주인을 반갑게 맞이하는 개를 보는 순간, 주인은 그 개를 결코 잡아먹지 않기로 결심했을 뿐 아니라, 그 후로 개고기를 아예 끊었다고 한다. 개의 용서와 사랑이 주인을 회심시켰던 것이다. 개 이야기를 거룩하신 하나님의 일에 비교한 것이 하나님에 대한 모독이 되지는 않을까 두렵다. 하지만 역설적으로, 하나님의 용서와 사랑 앞에 더디 반응하는 우리에게 자극적인 도전이 될 수도 있다는 생각이 든다.

어떤 모임에서 들은 이야기가 있다. 남편들이 너무 힘든 상황에서, 힘을 쥐어짜서라도 살기 위해 자신을 설득하는 말이 있다고 한다. "내가 그 여자와도 사는데 뭘 못하겠어?" 한편, 아내들 역시 견디기 힘들 만큼 어려울 때, 힘을 쥐어짜서라도 살기 위해 자신을 설득하는 말이 있다고 한다. "내가 그 인간도 사람 만들었는데, 뭘 못하겠어?" 하지만 우리는 남편이건 아내건 늘 이렇게 말할 수 있어야 한다. "예수님이 나 같은 자도 받으셨는데, 내가 누군들 못 받겠어?"

그 어떤 압박과 두려움과 불안과 고통의 칼날도 하나같이 무기력하게 만드는 하나님의 사랑, 우리를 살리기 위한 하나님의 집착적 사랑을 결코 잊지 않는다면 오늘 하루만큼은 제대로 살아낼 수 있다.

이 땅에서의 삶은 지난 모든 시간들처럼 순식간에 지나가고야 말

것이다. 그러므로 오늘 하나님의 사랑을 가지고 사는 것만이 가장 위대하며, 그 사랑을 가지고 사는 일은 어떤 상황에서도 가능하다는 진실을 잊지 않는다면 하루하루를 충실하게 살아낼 수 있다. 그런 하루하루가 반복되는 동안, 어느새 우리는 상상할 수 없었던 새 날을 향해 가고 있는 자신을 틀림없이 발견하게 될 것이다.

20

가나안의 길,
이스라엘의 길

노아의

허물과 수치

우리가 성경을 좋아하는 이유 중 하나는 성경이 내숭을 떨지 않기 때문이다. 성경은 노아를 의로운 자라 소개했음에도 불구하고, 그의 인간적 연약함과 허물을 있는 그대로 드러낸다. 중요한 것은 노아의 의로움이 아니라, 하나님의 뜻을 드러내는 것이기 때문이다. 방주에서 나온 노아는 포도농사를 지었다.

> 노아가 농사를 시작하여 포도나무를 심었더니 창 9:20

흥미롭게도 오늘날 최초 포도 원산지로 알려진 곳은 아르메니아 인데, 바로 방주가 머물렀던 아라랏 지역이다. 노아가 포도주를 담가 마시고 취한 사건은 방주에서 나온 지 꽤 시간이 흐른 뒤였을 것으로 추측된다.

포도주를 마시고 취하여 그 장막 안에서 벌거벗은지라 **창 9:21**

과수원을 하시는 농부 집사님께 물으니, 포도는 잘 보존된 가지를 땅에 비스듬히 심으면 첫 해에는 뿌리를 내리고 둘째 해에는 자라고, 빠르면 셋째 해부터는 제대로 된 열매를 딸 수 있다고 한다. 따라서 환경적으로 지금과 큰 차이가 없다면 포도를 심고 열매를 따서 발효된 포도주를 마실 때까지 최소 4~5년의 시간이 지났을 거라 예상할 수 있다.

사람은 환경에 적응하기 시작하면 마음이 느슨해지기 마련인데, 방주에서 나온 지 4~5년이 지났다면, 홍수사건의 긴장감은 느슨해지고 인간의 자기중심적 면모들이 자연스럽게 드러날 만하다고 추측할 수 있다. 더구나 힘든 포도농사 끝에 수확을 마무리하고 몸과 마음을 쉴 때가 되었다면, 더 안일해졌을 가능성이 높다.

노아에게 외로움은 일상이었을 것이다. 홍수 전에는 당대 사람들과 거리를 두고 살 수밖에 없었고, 방주를 짓는 동안에는 거의 격리되다시피 했으며, 홍수 중에는 모든 이웃이 사라지는 것을 보아야 했다.

또 홍수가 끝난 후에는 그야말로 아무도 남은 자가 없었다. 사람은 나이가 들면 친구가 그리워지는 법인데, 노아 주변에는 친구는커녕 최소 500년 이상 차이 나는 자식들뿐이었다. 얼마나 외로웠겠는가? 그 외로움의 그림자가 그날따라 노아를 더욱 압도했는지도 모른다. 혹은 술에 취하면 옷을 벗게 되는 어떤 심리상태에 있었을까?

분명한 것은 노아에 대한 자식들의 반응으로 보아, 노아의 처신이 일상도, 정상도 아니었다는 사실이다. 그것은 자식들에게 부끄러움을 일으키는, 비일상적이고 비정상적인 허물과 수치였다. 술에 잔뜩 취한 아버지가 인사불성이 되어, 무의식중에 옷을 다 벗고 자고 있는 행동은 분명 아담과 하와가 벌거벗은 것을 수치로 인식하기 시작했던 타락의 고통을 느끼게 한다.

아버지의 허물을
덮어주지 못한 아들

노아에게 닥친 심각한 문제는 거기서 끝나지 않았다. 무엇보다 아들의 반응이 문제가 되었다.

가나안의 아버지 함이 그의 아버지의 하체를 보고 밖으로 나가서 그의 두 형제에게 알리매 창 9:22

이미 창세기 9장 18절에서 세 아들 중 둘째인 함이 강조되었는데, 이번에도 함이 부각된다.

> 방주에서 나온 노아의 아들들은 셈과 함과 야벳이며 함은 가나안
> 의 아버지라 노아의 이 세 아들로부터 사람들이 온 땅에 퍼지니
> 라 창 9:18-19

특이한 것은 창세기 10장에 따르면 가나안은 함의 네 아들 중 막
내였는데, 9장에서는 계속해서 함을 '가나안의 아버지'라 소개하고,
더 나아가 9장 25절 이하에서는 함과 가나안을 동일시한다는 점이다.
따라서 거기에 어떤 실마리가 있어 보인다. 함은 아버지의 수치를 가
장 먼저 발견했다. 하지만 그것은 우연한 발견이 아니라 의도적인 관
찰이었다. 함이 아버지 노아의 벌거벗은 하체를 '봤다'는 말로 번역되
는 히브리어 '라아'는 '우연히'가 아니라 '작심하고 자세히 관찰했다'
는 뜻이다. 눈으로는 아버지의 수치를 만족스럽게 응시했고, 입으로
는 형제들에게 알림으로써 아버지의 수치를 드러내기를 즐겼다. 여기
서 '알렸다'는 뜻의 '나가드'는 단순히 말한 것을 넘어 광고했다는 의
미다.

노아가 실성한 게 아니라면, 이후 노아의 격한 반응을 통해 우리
는 함의 행동이 심상치 않은 것이었음을 직감할 수 있다. 함의 행동은
불의를 품은 자가 의로운 자의 허물을 발견하는 기쁨 같은 것이었다.
하나님이 의롭다 하신 자의 허물과 수치를 가슴 아파하는 대신 즐기

는 마음은, 하나님의 의로움을 멸시하는 사탄의 사악함이라고 할 수 있다. 의인의 수치를 즐기는 것은 사탄이 가장 선호하는 왜곡된 승리감이다. 하지만 노아가 비록 수치와 허물로 무너진 것 같을지라도, 하나님께서 그를 이미 은혜로 받으셨다는 사실을 잊으면 안 된다. 따라서 하나님의 은혜가 우리를 지배한다면, 누군가의 수치를 보면 가슴 아파하는 것이 정상이다. 그것이 공동체를 허무는 심각한 문제가 아니라면 가만히 덮어주어야 한다.

하나님은 후에 자녀가 부모를 때리거나 저주하는 것을 자식의 생명 값을 내놔야 할 만큼 심각한 문제로 다루신다. 아버지의 결정적인 허물과 수치를 관찰과 말놀이 소재로 삼아, 자기는 그렇지 않은 존재임을 즐기는 것은 부모를 때리거나 저주하는 것과 다름없는 사악함이다. 특히 방주에서 나온 노아 일가족에게 가장 중요한 것은 하나님의 말씀을 듣는 것이었다. 그들은 어떤 상황과 처지, 어떤 감정 상태에 있을지라도, 우선 하나님의 말씀을 듣고 그에 따르는 것이 가장 중요하다는 것을 뼈저리게 깨달았다.

하지만 함은 아버지의 수치를 보았을 때, 하나님께 듣기보다 그 수치를 빌미로 자기 존재감을 즐기고 입방아를 찧었다. 그런 욕망은 얼마나 하나님과 동떨어진 것인가? 그 욕망의 목소리는 이렇게 말한다.

"내가 누구보다 먼저 알았어. 이 일도 바로 먼저 알게 된 내 덕분에 시작되었다는 것을 잊지 말아야 할 거야." "내가 얼마나 중요한 사람인지 모두들 잘 기억하고 있어야 해." "내가 제일 먼저 말했던 거 몰

가나안의 길, 이스라엘의 길

랐어? 내가 먼저 찾은 거잖아." "내가 낸 아이디어잖아. 기억하지? 알
아달라는 말은 아니지만, 그게 사실이니까 하는 말이야." 자기도 모르
는 사이에 자신의 존재를 치켜세우게 만드는 욕망이다.

함에게서 아버지의 수치스러운 상황에 대하여 들은 셈과 야벳은,
함이 자기들에게 말하기 전에 처음부터 어떻게 했어야 했는지를 행동
으로 보여준다. 물론, 함을 가르치기 위한 행동은 아니었지만, 결과적
으로는 그렇게 되었을 것이다.

> 셈과 야벳이 옷을 가져다가 자기들의 어깨에 메고 뒷걸음쳐 들어
> 가서 그들의 아버지의 하체를 덮었으며 그들이 얼굴을 돌이키고
> 그들의 아버지의 하체를 보지 아니하였더라 창 9:23

노아가 술에서 깨어나자, 누군가가 그간 있었던 일을 전해주었다.

> 노아가 술이 깨어 그의 작은 아들이 자기에게 행한 일을 알고
> 창 9:24

그 일을 전해준 사람이 적어도 아버지의 수치를 선전하고 다닌
함은 아니었을 것이다. 수치를 가만히 가려준 셈과 야벳도 아니었을
것이다. 아마도 아내 혹은 며느리들 중 하나이거나 손주들이 와서 할
아버지 귀에 속삭이듯 말해주었을지도 모른다. 아마도 아내가 "당신

대체 무슨 생각으로 그런 거예요?"라며 말해주었을 가능성이 가장 클 것 같다. 물론 고자질은 아니었을 것이다.

함을 장악한
죄의 어둠을 저주하다

그 말을 전해들은 노아의 반응이 심상치 않았다. 노아는 깊은 수치를 느꼈던 게 분명하다. 하지만 우리에게 알려진 홍수 전의 노아라면, 이 정도 수치는 꿀꺽 삼키고 지나갈 수 있었을 것이다. 자신의 잘못에서 비롯된 것이니 뭐라 할 수 있겠는가? 하나님께 자신의 허물을 고백하고 자녀들을 품고 가면 그만이었을 문제로 여겨진다.

만약 우리가 노아의 상황이었다면 어땠을까를 상상해보자. 자녀 중 하나가 내 모습을 보고 허물을 가만히 덮어줄 생각은 하지 않고, 나를 자세히 관찰하면서 내 수치를 즐기고, 다른 식구에게 쪼르르 가서 입방아를 찧으며 흉을 보았다면, 내 마음에는 어떤 생각이 일어날까? 자존심이 상하고 기분이 몹시 나쁘겠지만, 뭐라고 말하기도 어려운 일이라는 생각에 속앓이 하게 될지도 모른다.

하지만 노아의 태도를 보면 그는 이 사태를 다른 관점에서 파악했던 게 틀림없다. 노아는 분명 홍수 심판 이전에 있었던 인간의 언약 파기, 곧 하나님의 사랑과 신뢰의 질서가 멸시당하는 고통이 자기 가정 안에서 다시 시작되고 있음을 느꼈을 것이다. 그는 자기를 내어주는 사랑과 신뢰로 가득한 하나님의 질서가 멸시받고, 자기 존재감을 사

가나안의 길, 이스라엘의 길

랑하는 죄의 본능이 다시 고개를 들기 시작했다고 판단했던 것 같다. 함에 대한 노아의 과격한 반응이 그것을 뒷받침한다고 할 수 있다.

> 이에 이르되 가나안은 저주를 받아 그의 형제의 종들의 종이 되기를 원하노라 하고 또 이르되 셈의 하나님 여호와를 찬송하리로다 가나안은 셈의 종이 되고 하나님이 야벳을 창대하게 하사 셈의 장막에 거하게 하시고 가나안은 그의 종이 되게 하시기를 원하노라 하였더라 창 9:25-27

완전히 편파적인 저주와 축복이었다. 함과 그의 아들 가나안을 동일시해서, 가나안에게 저주를 퍼붓는다. 일단 상식적으로는 '그깟 일 가지고 그렇게 어마어마한 저주를 퍼부을 수 있을까?'라고 생각할 수도 있다. 하지만 우리는 무엇보다 이렇게 과감하게 말해야 할 것 같다. 우리에게 과연 '단지 그깟 일'이라고 말할 수 있는 것이 있는가? 우리의 선택과 결정은 단지 그깟 일이 아니다. 평생에 걸쳐 형성된 가치관이 어떤 순간에 겉으로 드러나는 것이다.

아버지 노아에 대한 아들 함의 태도는 노아와 언약적으로 연결되어 있는 하나님에 대한 태도도 그랬으리라는 것을 반영하는 것이 아닌가? 따라서 그것은 단지 그깟 일이 아니라, 그가 하나님을 어떤 분으로 생각하고 있었는지를 드러내는 문제였다. 지극히 소소한 일상에서의 일이 국가적 이슈가 되는 경우가 얼마나 많은가? 세계를 뒤흔드는 거대한 전쟁의 고통 역시, 전쟁 당사자에게 어린 시절 일상에서 학습된 '그깟 일'에서 시작되었다.

다른 한편으로, 우리는 노아의 저주 선언이 어떤 의미였던가를 다음과 같은 방식으로 이해할 수 있다. 팀 켈러 목사와 함께한 목회자 세미나 대담시간에 노진산 목사가 이렇게 질문했다. "목사님을 안지 30년이 되었고, 목사님의 모든 책을 읽었는데, 목사님은 참 온전하신 분이라는 생각이 듭니다. 목사님도 유혹을 받으시나요? 목사님도 죄를 지을 기회가 있으신가요?" 그때, 팀 켈러 목사가 한 마디만 하겠다고 했다. "사탄아 물러가라." 물론, 노진산 목사는 사탄이 아니다. 그 말이 어떤 의미를 담은 진담어린 농담인지 우리는 알고 있다.

나는 노아의 경우도 마찬가지라고 생각한다. 함을 저주한 게 아니라, 함을 장악한 것으로 보이는 죄의 어두움을 저주한 것이다. 다시 시작하는 새로운 세상에, 과거 파멸의 정신이 다시 일어나고 있는 것을 두려운 마음으로 저주한 것이다.

노아의 저주는
돌이킬 기회를 준 것

노아는 자신의 허물을 모르지 않았을 것이다. 먼저 자신을 부끄러워해야 한다는 것도 알았을 것이다. 하지만 그가 더 중요하게 생각한 것은, 사랑과 신뢰로 이어지는 하나님의 통치 질서에서 벗어나 스스로 하나님이 되려고 하는, 자기 존재를 숭배하려고 하는 태도가 얼

가나안의 길, 이스라엘의 길

마나 치명적인 죄인가 하는 것이었다. 노아는 그것이 온 세상을 어떻게 완전한 파멸에 빠뜨렸던가를 온몸으로 생생하게 기억하고 있었다. 따라서 함에게서 그런 사악함을 느낀 순간, 그 악함에 대한 저주가 노아 내면에서 거의 저절로 솟구쳤으리라 짐작할 수 있다.

안타깝게도 함과 가나안을 저주한 이 구절은 수 세기 동안 아프리카 원주민들을 함의 자손으로 규정하는 근거 없는 오류를 낳았다. 그로 인해 그들을 노예로 삼는 것을 정당화하는 구절로 악용되기도 했다. 실제로 이 구절에는 그런 근거가 없다. 노아의 저주는 운명적 선언이라기보다는 돌이킬 기회를 주는 것이었다.

베드로는 예수님에게서 '사탄'이라는 이야기를 들었지만, 결국 돌이켜 예수님의 영원한 제자가 되었다. 하지만 함은 아버지의 경고에도 불구하고 끝내 하나님의 언약적 질서, 사랑과 신뢰의 질서로 다시 돌이킨 것 같지 않다. 그는 끝내 멸망해야 할 가나안 족속의 길을 열었다. 물론 함 자손들 중에서도 하나님의 사랑과 신뢰의 질서를 깨닫고 회심하는 자들은 얼마든지 하나님의 백성으로 편입될 수 있었다.

노아 일가족이 방주에서 나와 새 출발을 시작할 때, 그들 사이에, 또 그들과 그들이 하는 일 사이에, 그들과 세상 만물 사이에 얼마나 많은 사건과 이야기들이 있었겠는가? 특히 개척자들의 삶에서는 예측할 수 없는 일들이 끝없이 일어날 수밖에 없다.

하지만 성경은 방주에서 나온 노아 가족의 삶을 소개할 때, 오직 이 에피소드만 소개한다. 그리고 유독 둘째아들 함에게 드리운 어두운 그림자에 포커스를 맞추면서 특히 가나안을 지목하고 있다. 함을 가나안의 아버지로 소개하고, 더 나아가 함을 가나안과 동일시하면서 이야기를 전개한다. 이유가 무엇일까?

이미 말했듯이, 모세가 창세기를 기록할 때 창세기의 최초 독자는 모세와 함께 출애굽 한 광야 이스라엘 백성이다. 그들은 지금 가나안 땅을 향해 행진하는 중이다. 하지만 그 땅에는 이미 가나안 칠족이라 불리는 일곱 족속들이 수백 년 전부터 정착해서 살고 있었다. 그 땅에 들어가 그들을 몰아내고 이스라엘의 소유권을 주장한다는 것은 현실적으로나 심리적으로나 결코 간단치 않은 일이었다. 만일 가나안 족속들을 몰아내고 그 땅을 차지하려 한다면, 몇 가지 핵심적인 질문들에 대한 답을 분명히 가지고 있어야만 했다.

첫째, 가나안 땅을 차지하려는 것은 세계 모든 자들이 따르고 있는, 자기 영역 확보와 확장을 위해 잔인한 살상도 불사하는 폭력의 길과 완전히 다른 길인 게 분명한가? 다시 말하면, 하나님이 주시는 매우 합당하고 거룩한 역사적, 신학적 명분이 있는가? 둘째, 가나안 땅에 들어가면 일단 치열한 피의 전쟁이 불가피할 텐데, 갓 출애굽 한 오합지졸 이스라엘에게 과연 오랜 세월 가나안에 정착해 정치·군사적으로 안정된 세력에 맞서 싸울 힘이 있는가?

첫 번째 질문에 대한 대답이 바로 이 본문이고, 두 번째 질문에 대한 대답이 창세기부터 신명기까지의 말씀이 다루는, 하나님이 싸우신다는 믿음에 관한 이야기다. 이 두 가지 질문에 대한 대답이 분명해야

가나안의 길, 이스라엘의 길

만 이스라엘 백성은, 또 우리는 때로 막연해 보이고 불확실해 보이고, 두려움뿐인 것 같은 전망 앞에서도 결연한 의지와 확신으로 각자의 가나안을 향해 진군할 수 있다.

어떤 경우에도 왜 싸워야 하는지, 어떻게 싸울 수 있는지가 분명해야만 우리는 '과연 해낼 수 있을까?'라는 질문에 '예스'라고 대답할 수 있을 것이다. 광야도 그렇지만 가나안도 하나님의 땅이다. 모든 땅의 원주인은 하나님이시다. 따라서 하나님의 땅은 사탄의 형상을 구축하는 자들이 아니라 하나님의 형상을 회복하는 자들이 채워가야 한다. 자신을 내어주는 사랑과 전적인 신뢰의 길을 저버리고, 하나님의 인내를 멸시하고, 하나님의 형상으로 존재하는 길을 떠나 짐승의 탈을 쓴 자들로 인해 더럽혀진 땅은 거주자가 바뀌어야 한다. 그것이 노아 홍수사건이 주는 대단히 중요한 교훈이었고, 이제 우리가 자신과의 싸움, 현실과의 싸움에서 감당해야 할 과제다.

그 땅에서 살려 할 때 불가피하게 맞닥뜨려야 하는 피의 전쟁에서 승리하는 방법은 병력과 전략과 전술이 아니라, 하나님과 맺어진 생명의 관계, 곧 하나님의 말씀을 따르는 순종, 내어주는 사랑과 전적인 신뢰 속에서 하나님이 왕이심을 삶을 통해 선명하게 고백하는 것이다. 이 싸움은 끝내 새 하늘과 새 땅이 임할 때까지 이어지게 될 것이고, 그 땅을 차지하는 자들은 온유한 자, 곧 그 길을 먼저 가신 어린 양의 피에 적셔진 자들이 될 것이다.

우리는 오늘도, 예수님을 따라가면 결코 승부가 날 것 같지 않고,

계산되지 않은 현실 앞에 서 있는지도 모른다. 하지만 예수님이 살아 계신 진정한 통치자라는 사실을 믿는다면, 계산되지 않아도, 보이지 않아도 힘내어 그 길을 갈 수 있다. 하나님께서는 계획하신 대로 선한 일을 계속해나가고 계신다. 우리 각자가 그 작은 증거 중 하나가 될 수 있다면 참 좋겠다. 우리의 어떠함과 관계없이 그 길에 자신을 던짐으로써 하나님의 선한 일들이 이루어지는 은혜를 구한다.

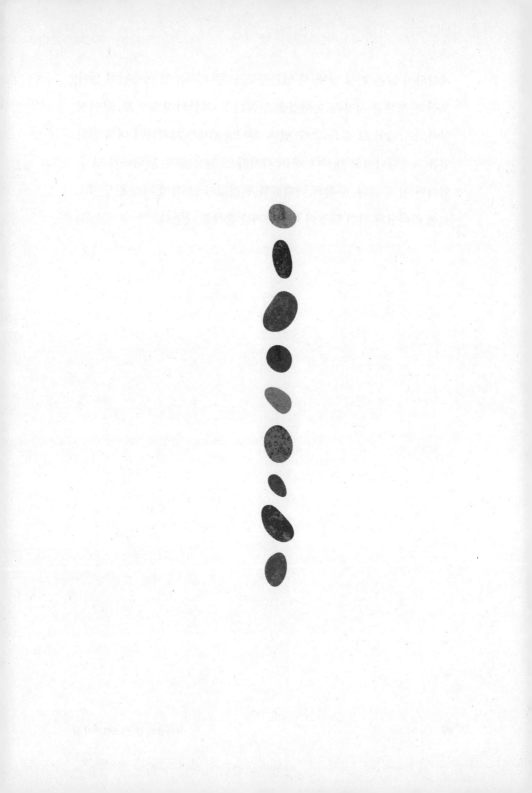